新旧徹底比較!!

決定版 新しい 広大地評価 の実務

吉田正毅（弁護士）

山田美典（税理士・公認会計士）

村上直樹（不動産鑑定士）

［著］

ぎょうせい

はじめに

　平成30年1月1日より、広大地の評価が廃止され、地積規模の大きな宅地の評価が新設されます。この改正は、最近の土地等の相続税評価における最も注目すべき改正と言われています。なお、広大地の評価も更正の期限の関係上、廃止されても5年間は検討が必要となる可能性があります。

　広大地の評価は、減額率の高さと適用要件の難しさから、資産税の中で税務当局と納税者との間で最も紛争となることが多いと言われています。そのため、広大地の評価を取り扱った書籍も多く出版されています。しかし、広大地の評価に関する書籍は、架空事例を用いて解説したものが多く、国税不服審判所の裁決例や裁判所の裁判例にフォーカスをあてたものはあまり多くありませんでした。また、裁決例や裁判例を紹介した書籍であっても、法令解釈、事実認定、あてはめといった、法律家であれば当然知りたいと思う情報に整理されておらず、裁決例や裁判例を転記しただけのものや、裁決事例集や税務訴訟資料の出典が記載されていないために、原典に当たって検証することができないものでした。

　本書では、広大地の評価に関する裁決例や裁判例を要件ごとに法令解釈、事実認定、あてはめに整理し、検討しています。また、裁決例や裁判例を引用する場合、出典を明らかとし、個人的見解と裁決例や裁判例で示された見解を明確に区別しています。これにより、国税不服審判所や裁判所で示された見解を踏まえて実務を行うことが容易になります。

　地積規模の大きな宅地の評価についても、国税庁から公表された通達解説（情報）や評価明細書の新様式、適用要件チェックシートを基

に実務での使いやすさを重視するとともに、広大地の評価と比較検討し、裁判例や裁決例を基に今後も論点となりうるポイントを整理しています。

　税理士、不動産鑑定士、弁護士の3者で統一して本書を執筆することも検討しましたが、それぞれの専門職に対する分かりやすさを重視して、税理士は税理士の視点から、不動産鑑定士は不動産鑑定士の視点から、弁護士は弁護士の視点から、それぞれの経験を踏まえて各自が責任をもって担当箇所を執筆することとなりました。そのため、一部やむをえず重複した箇所もありますが、結果として分かりやすく読みやすい書籍になったのではないかと思います。

　以上のとおり、本書は、実務での使いやすさ、分かりやすさを重視しながら、裁決例や裁判例を踏まえた理論をバックボーンとしています。

　本書が、少しでも読者の皆様のお役に立ったならば、著者として望外の幸せです。

　本書は、私が平成25年7月から平成28年7月まで名古屋国税不服審判所で国税審判官として勤務する中で同僚の方々からいただいた数多くの貴重なアドバイスや経験が礎となっています。当時お世話になった皆様に心より感謝申し上げます。

　最後になりますが、本書の出版にあたっては、株式会社ぎょうせいの出版の皆様に本書の構成やコンセプトに関する貴重なアドバイスのほか、編集作業などで多大なご尽力をいただき、大変お世話になりました。この紙面を借りて、厚く御礼申し上げます。

　2017年11月

　　　　　　　　　　　執筆者を代表して　吉田　正毅

目　　次

はじめに

Ⅰ　改正後 —地積規模の大きな宅地の評価—

第1章　地積規模の大きな宅地の評価のポイント　　2
山田　美典

1　財産評価基本通達とは ・・・・・・・・・・・・・・・・・・・・・・・・・・・・・・ 2

2　改正前の広大地評価 ・・・・・・・・・・・・・・・・・・・・・・・・・・・・ 3

3　改正後の地積規模の大きな宅地の評価 ・・・・・・・・・・・・・・ 4

4　税理士が指摘する地積規模の大きな宅地の評価のポイント・・ 5

5　不動産鑑定士が指摘する注意すべきポイント ・・・・・・・・・・・ 5

6　弁護士が指摘する注意すべきポイント ・・・・・・・・・・・・・・・・ 6

第2章　地積規模の大きな宅地の評価の判定実務　　8
村上　直樹

コラム1　改正による課税の簡便性・・・・・・・・・・・・・・・・・・・・・ 13
コラム2　宅地造成費・・・・・・・・・・・・・・・・・・・・・・・・・・・・・・・・・ 17

第3章　地積規模の大きな宅地の評価の申告実務　　18
山田　美典

1　改正後の地積規模の大きな宅地の評価　概論 ・・・・・・・・・・18

2　地積規模の大きな宅地の意義 ・・・・・・・・・・・・・・・・・・・・・・19

3　地積規模の大きな宅地の評価方法 ・・・・・・・・・・・・・・・・・・27

1

第4章　広大地と地積規模の大きな宅地の比較　52
吉田　正毅

1　はじめに ・・・・・・・・・・・・・・・・・・・・・・・・・・・・・・52

2　地積規模の大きな宅地 ・・・・・・・・・・・・・・・・・・・・・53

3　通達改正の趣旨 ・・・・・・・・・・・・・・・・・・・・・・・・・53

4　地積規模の大きな宅地の評価と広大地の評価の比較 ・・・・54

5　相続時精算課税制度を利用した広大地評価の適用 ・・・・・・63

第5章　地積規模の大きな宅地の評価の論点　64
吉田　正毅

1　地積規模の大きな宅地の評価について ・・・・・・・・・・・・・64

2　宅地の評価単位 ・・・・・・・・・・・・・・・・・・・・・・・・・64

3　奥行価格補正率が争われた事例 ・・・・・・・・・・・・・・・・71

4　財産評価通達17の「路線」の意義が争われた事例 ・・・・・72

5　不整形地補正率が争いとなった事例 ・・・・・・・・・・・・・・74

6　今後の展望 ・・・・・・・・・・・・・・・・・・・・・・・・・・・75

資料1　財産評価基本通達の一部改正（平成29年9月20日付）・・76

資料2　「財産評価基本通達の一部改正について」通達等の
あらましについて（情報）（平成29年10月3日付）・・・・96

資料3　「地積規模の大きな宅地の評価」の適用要件チェック
シート（平成29年11月9日）・・・・・・・・・・・・・・・106

資料4　「地積規模の大きな宅地の評価」の適用対象の判定の
ためのフローチャート ・・・・・・・・・・・・・・・・・・108

Ⅱ　改　正　前——広大地評価——

第1章　概　論

目　次

1　税理士が押さえておくべき広大地の評価のポイント‥‥‥ 110
山田　美典

2　不動産鑑定士が押さえておくべき「広大地の評価」・「地積
規模の大きな宅地の評価」両通達のポイント‥‥‥‥‥‥ 113
〜総合不動産会社でマンション用地取得を担当した経験も併せて〜
村上　直樹

　　1　不動産鑑定士が押さえておくべき「広大地の評価」通達
のポイント（改正前）‥‥‥‥‥‥‥‥‥‥‥‥‥‥‥ 114

　　2　不動産鑑定士が押さえておくべき「地積規模の大きな宅
地の評価」通達のポイント（改正後）‥‥‥‥‥‥‥‥ 118

　　3　フリンジ・ベネフィット‥‥‥‥‥‥‥‥‥‥‥‥‥ 119

　　4　不動産鑑定士の責務‥‥‥‥‥‥‥‥‥‥‥‥‥‥‥ 119

3　宅地建物取引士が押さえておくべき「広大地の評価」・「地
積規模の大きな宅地の評価」両通達のポイント‥‥‥‥ 121
村上　直樹

　　1　「広大地の評価」通達において（改正前）‥‥‥‥‥‥ 122

　　2　「地積規模の大きな宅地の評価」通達において（改正後）‥ 123

　　3　フリンジ・ベネフィット‥‥‥‥‥‥‥‥‥‥‥‥‥ 123

4　弁護士が押さえておくべき広大地の評価のポイント‥‥‥ 124
吉田　正毅

　　1　広大地の評価とは‥‥‥‥‥‥‥‥‥‥‥‥‥‥‥‥ 124

　　2　広大地評価の要件‥‥‥‥‥‥‥‥‥‥‥‥‥‥‥‥ 124

第2章　広大地の評価の沿革　　126
吉田　正毅

　　1　平成6年新設‥‥‥‥‥‥‥‥‥‥‥‥‥‥‥‥‥‥ 126

　　2　平成12年改正‥‥‥‥‥‥‥‥‥‥‥‥‥‥‥‥‥‥ 128

3　争われた事例 ・・・・・・・・・・・・・・・・・・・・・・・・・・・・・・・・・・ 129

　4　平成16年改正 ・・・・・・・・・・・・・・・・・・・・・・・・・・・・・・・・・・ 132

第3章　「広大地の評価」及び開発法の考え方　　134
不動産評価等に詳しい方向き　〜通達改正後にも役立つ〜

村上　直樹

　1　「広大地の評価」（評価通達24–4）の功罪 ・・・・・・・・・・・ 134

　2　「広大地」の認定に関するこれまでの議論の確認 ・・・・・・ 135

　3　「開発許可」というもの ・・・・・・・・・・・・・・・・・・・・・・・・・ 136

　4　「開発許可」実務の現場 ・・・・・・・・・・・・・・・・・・・・・・・・・ 141

　5　「広大地」認定の考え方 ・・・・・・・・・・・・・・・・・・・・・・・・・ 145

　6　広大地評価の依頼を受ける前にあるいは商品化する前に
　　（その1） ・・・・・・・・・・・・・・・・・・・・・・・・・・・・・・・・・・・・・ 146

　7　広大地評価の依頼を受ける前にあるいは商品化する前に
　　（その2） ・・・・・・・・・・・・・・・・・・・・・・・・・・・・・・・・・・・・・ 147

　8　不動産鑑定評価基準の開発法を適用する際の注意点 ・・・ 148

　9　「開発法による価格」の検証手法 ・・・・・・・・・・・・・・・・・・ 151

第4章　不動産鑑定士が「広大地」判定を判断する際の調査
手順と「調査報告」を記述する際の留意事項　　155
〜標準的な不動産の鑑定評価に加えて、特に留意すべき事柄〜

村上　直樹

　Ⅰ　「広大地判定」調査報告の受注・評価対象地の確定・確認・・ 158

　Ⅱ　「広大地判定」と依頼者へ内報 ・・・・・・・・・・・・・・・・・・・・ 159

　　・「マンション適地の判断」〜現役開発担当者ヒアリング結果〜・・ 162

　Ⅲ　調査報告書の作成・発行と依頼者への説明 ・・・・・・・・・・・・ 170

目　次

第5章　広大地評価の申告実務　179
山田　美典

　1　広大地評価　概論 ・・・・・・・・・・・・・・・・・・・・・・・・・・・・・ 179

　2　広大地の意義 ・・・・・・・・・・・・・・・・・・・・・・・・・・・・・・・・ 179

　3　広大地評価通達と評価方法 ・・・・・・・・・・・・・・・・・・・・ 180

　4　広大地評価判定のためのフローチャート ・・・・・・・・・ 182

　5　広大地の評価の計算例 ・・・・・・・・・・・・・・・・・・・・・・・・ 201

　6　申告書に添付する広大地評価説明書 ・・・・・・・・・・・・・ 207

第6章　税務調査の対応　209
山田　美典

　1　相続税にかかる税務調査の実施状況 ・・・・・・・・・・・・・ 209

　2　広大地にかかる税務調査対応 ・・・・・・・・・・・・・・・・・・ 209

第7章　広大地の評価に係る判決及び裁決の検討　213
吉田　正毅

　1　はじめに ・・・・・・・・・・・・・・・・・・・・・・・・・・・・・・・・・・・・ 213

　2　裁決書の読み方 ・・・・・・・・・・・・・・・・・・・・・・・・・・・・・ 215

　3　裁判例及び裁決例の検討 ・・・・・・・・・・・・・・・・・・・・・ 217

　　⑴　広大地の要件　217

　　⑵　評価通達24-4の適法性　218

　　⑶　評価通達24-4の趣旨　220

　　⑷　その地域　222

　　⑸　集合住宅等の敷地用地（マンション適地）　230

　　⑹　標準的な宅地の地積　238

　　⑺　標準的な宅地の地積に比して著しく広大か否か　248

　　⑻　公共公益的施設用地の負担　251

　4　おわりに ・・・・・・・・・・・・・・・・・・・・・・・・・・・・・・・・・・・・ 280

5

資料5　平成16年情報：「財産評価基本通達の一部改正について」
　　　通達のあらましについて（情報）（平成16年6月29日付）
　　　……………………………………………………… 281

資料6　平成17年情報：「広大地の判定に当たり留意すべき事項
　　　（情報）」（平成17年6月17日付）……………… 283

凡　例

1　法令名略称

財産評価基本通達　　　評価通達

※平成29年の改正により、改正された評価通達については、
　改正後の評価通達を「新評価通達」とし、改正前の評価通達
　を「旧評価通達」と称します。

2　判例集等略称

税務訴訟資料　　　　　税資
裁決事例集　　　　　　裁事
判例タイムズ　　　　　判タ

　税務訴訟資料は、国税庁のwebサイト（https://www.nta.
go.jp/ntc/soshoshiryo/index.htm）で閲覧可能です。
　裁決事例集は、国税不服審判所のwebサイト（http://www.
kfs.go.jp/service/JP/index.html）で閲覧可能です。

改正後
── 地積規模の大きな宅地の評価 ──

Ⅰ 改正後─地積規模の大きな宅地の評価─

第1章　地積規模の大きな宅地の評価のポイント

山田　美典

1　財産評価基本通達とは

　本書は、広大地評価の実務に関して、新・旧を徹底比較することを意図して書かれたものです。新旧「広大地」の評価を見ていくにあたり、まず、その評価実務の基礎となっている財産評価基本通達というものを見ておきましょう。

　相続税の申告実務を行う際に、相続財産の中で、土地及び土地の上に存する権利（以下「土地等」といいます。）は、大きな構成比を占めています。相続財産には、土地等のほか、家屋、現金、事業用資産、有価証券、現金、預貯金、家庭用財産、生命保険、退職手当金、立木、その他の財産として自動車、書画・骨董等があります。このうち平成27年分の相続についての国税庁の報告を見ると、相続財産の金額の構成比は、土地38.0%（平成26年41.5%）、現金・預貯金等30.7%（平成26年26.6%）、有価証券14.9%（平成26年15.3%）の順となっており、土地の評価額の構成比の大きさがわかります。

　この土地をどのように評価して相続税申告を行えばよいのでしょうか。財産の評価について、相続税法第22条は「財産の価額は、取得の時における時価による」ことと規定しています。土地等の時価の算定方法としては、近隣土地等の取引事例を不動産業者に確認しておおよその時価を算定する、あるいは、不動産鑑定士に依頼して、原価法、取引事例比較法、収益還元法といった鑑定評価理論に基づく方法を使って評価額を算定してもらう方法が考えられますが、いずれにしても手間と費用と時間がかかります。

　国税庁は、相続税法第22条の時価の解釈として財産評価基本通達

第1章 地積規模の大きな宅地の評価のポイント

を策定し、その第1条（評価の原則）において、「財産の価額は、時価によるものとし、時価とは、課税時期（相続、遺贈若しくは贈与により財産を取得した日（中略））において、それぞれの財産の現況に応じ、不特定多数の当事者間で自由な取引が行われる場合に通常成立すると認められる価額をいい、その価額は、この通達の定めによって評価した価額による。」として、以下第2条以下で、財産の種類ごとに個別的に財産の評価方法を規定し公表しています。したがって、相続税の申告実務は、この財産評価基本通達に基づき算定された時価によることとなっています。

　しかしながら、現実の土地等の評価は諸要因（自然的、社会的、経済的、行政的条件）が合わさって形成されているといえ、評価対象土地の実際の時価を適正に算定することの難しさはあり、財産評価基本通達はあくまでも相続・贈与の際の申告に使用する土地等の時価を算定する方法であるとして国税庁によって示されているということを理解しておく必要があります。

　財産評価基本通達の規定の中にも、第5条にこの通達に定めのない財産の評価についての記載があるとともに、第6条にこの通達の定めにより難い場合の評価について記載があります。

　以上のような内容の財産評価基本通達（本書では「評価通達」といいます。）を正しく理解した上で、実際の土地評価実務に適用する際には、評価通達を基本に考えていくことは当然ですが、通達の条文だけの理解では実際の土地等の評価の実務に単純に適用できない事例が多数出てくる可能性があることを十分に理解しておく必要があると考えています。

2　改正前の広大地評価

　本書で取り上げる広大地評価とは、相続財産の中の土地等の評価のうち、広大地といわれる地積が著しく広大な土地の評価について、

3

旧評価通達24-4に定められていた財産評価です。その詳細は本書の**Ⅱ**で解説していきますが、「その地域における標準的な宅地に比して著しく地積が広大」、「都市計画法に規定する開発行為を行うとした場合に公共公益的施設用地の負担が必要」と認められるものといった通達の適用要件については、その適用判断の難しさから、資産税専門の税理士と不動産鑑定士の協力を仰がないと広大地評価を用いて申告することができず、通常の税理士では適用判断は難しく、一部の広大地専門家向けの制度になっていたのも事実といえましょう。

3 改正後の地積規模の大きな宅地の評価

改正前の評価通達24-4(1)広大地の評価の取扱いを廃止し、地積規模の大きな宅地の評価を新設し、各土地の個性に応じた形状・面積に基づき評価することとされました（新評価通達20-2）。改正通達は、平成30年1月1日以後の相続等により取得した財産の評価に適用されます。

旧通達で問題となった、適用要件は大幅に見直しされ、適用要件の明確化がなされました。この結果、改正前で「広大地評価」の適用に関して、標準的な宅地の面積に比して著しく地積が広大な宅地であるかどうか、公共公益的施設用地の負担が必要かどうかといった、相対的な判断が必要であった部分はなくなり、評価の対象とする土地の地積、所在（地区区分、用途地域、容積率）といった形式的要件により判断できる方法に変更されました。

形式的な要件事実の確認により、土地評価に詳しくない税理士にとってもある程度の適用判断ができるように改められたといえます。そのため、以前は不動産鑑定士の協力を仰ぐ等、土地評価に関し専門的な検討を必要としていたのが、ある程度は税理士単独でも広大地評価実務ができるようになったといえましょう。

第1章 地積規模の大きな宅地の評価のポイント

4 税理士が指摘する地積規模の大きな宅地の評価のポイント

　形式的には評価通達に定める適用要件は明確になりました。その詳細は本書の**Ⅱ**で解説していきますが、地積規模の大きな宅地の評価のポイントは、実は改正前の広大地評価から連続していて広大地評価の論点について十分に理解することでないかと考えています。

　改正後は地積規模の大きな宅地の評価と名称が変更され、要件が形式的要件のみに変更されていますが、過去の評価通達を読み解き、相続財産評価の中で広大地の評価が何をポイントにしてどのように変更されてきたかを理解することは、広大地の評価の実務を行うに際してきわめて重要なものといえると考えます。

　確かに形式的な要件事実にあてはめて、地積規模の大きな宅地の評価は第一義的には実施できると思いますが、既述しましたように、土地等の時価評価は、本来一概に行えるような簡単なものでなく、あくまでも評価通達で行う評価実務は、相続税法に関連して定められた一つの評価方法であるといった認識をもち、実務を理解することが一番のポイントであると考えています。

　したがって、本書を最大限に利用して、広大地評価についての理論、実務、過去の裁判例等の理解を十分に行い、過去何が相続税の広大地評価の税務実務で論点になっていたのか。その論点を押さえたうえで実際の広大地評価を適正に実施するにはどうすればよいかといった観点を常にもち、考えながら、新しい広大地の評価、すなわち地積規模の大きな宅地の評価を実施すべきであると考えています。

5 不動産鑑定士が指摘する注意すべきポイント

　相続及び相続税に関連して、相続財産である大半の不動産は「財産評価基本通達」を適用すれば大凡「税務知識」のみで評価可能です。しか

5

しながら、「広大地の評価」通達は、その適用に際して、「税務知識」だけでは判定・判断できない「難解な」通達です。その一方、「広大地の評価」通達は適用できるかできないかでその不動産の評価額が大きく異なるという「厄介な」通達でもあります。そのため、「広大地の評価」通達に関連したビジネスは税理士にとどまらず、弁護士・不動産鑑定士・宅地建物取引士・土地家屋調査士など多くの士業も参入しているのが現状であり、その意味においてビジネス領域の「すそ野」は広いといえます。

そのような「難解」かつ「厄介な」通達が今回改正されることとなりました。「広大地の評価」通達が改正され、これに代わる「地積規模の大きな宅地の評価」通達が新たに施行されるに至りました。

本書では、不動産鑑定士は、不動産鑑定士の視点に加えて、不動産開発を手掛けた実務経験から「開発許可」という切り口を加えて、その最前線を執筆しました。

この「広大地の評価」通達は平成29年12月31日までの相続（あるいは贈与）において適用されますが、本書が出版されるのはその適用期限（更正の請求を含めると5年間余りは可能）の直前となります。

不動産鑑定士が指摘する注意すべきポイントとしては以下を考えています。

まず、「広大地」に代わる「地積規模の大きな宅地」通達への解説・理解が必要であること、

次に、その解説・理解に際しては、「広大地の評価」通達からの考え方の「流れ」を把握しておくことが必要と判断していること、また、「広大地の評価」通達の総括と今まで述べられてこなかった新たな「開発許可」という観点を執筆してご紹介する必要性があることと考えています。

6 弁護士が指摘する注意すべきポイント

広大地の評価が廃止され、地積規模の大きな宅地の評価が新設され

たことにより、従来争点となっていた広大地の評価の要件が地積規模の大きな宅地の評価において問題となることはありません。そのため、地積規模の大きな宅地の評価をするにあたっては、広大地の評価を理解することは今後不要になるのではないかとも思われます。しかし、評価通達は、相続税法第22条の時価を算定する方法ですので、本来、広大地として評価した場合であっても、地積規模の大きな宅地として評価した場合であっても、同一の土地を評価した場合、同じ評価額となるはずです。もし、それぞれの評価額が大きく異なる場合、それは相続税法第22条の時価と認められるのかという疑問が生じます。

　本書では、広大地の評価と地積規模の大きな宅地の評価を徹底比較し、それぞれ趣旨及び減価の理由についても記載しています。また、広大地に関する裁決例や裁判例をその趣旨から整理しており、国税不服審判所や裁判所が、広大地として減価される根拠をどのように考えているのかを理解することができます。もし、地積規模の大きな宅地として評価した場合の評価額が、広大地として評価した場合の評価額と比べて著しく異なる場合、上記のそれぞれの評価の趣旨に立ち戻り、相続税法第22条の時価として相当かを検討いただければと思います。地積規模の大きな宅地の評価では、減価が不十分であると考えられる場合は、さらに評価通達6のこの通達の定めにより難い場合に該当しないかを検討していただきたいと思います。

　以上のとおり、地積規模の大きな宅地の評価を理解するには、広大地の評価の趣旨等を適切に理解することも重要と考えています。

　地積規模の大きな宅地の評価を適用することは簡単になりましたが、その評価額が相続税法第22条の時価として適当かという問題は今後も問題となりえます。本書は、地積規模の大きな宅地の評価をする際に、相続税法第22条の時価として適切かを、広大地の評価の観点からも検討ができるようになっているものと思います。

7

Ⅰ 改正後―地積規模の大きな宅地の評価―

第2章　地積規模の大きな宅地の評価の判定実務

村上　直樹

今回の財産評価基本通達改正において、

旧　24-4　広大地の評価　が削除され、

新　20-2　地積規模の大きな宅地の評価　が新設されます。

今回の通達改正は各方面に大きなインパクトを与えるものです。

この通達改正に関しては、各方面より様々な意見が、パブリックコメント等を通じて、寄せられました。

また、国税庁から詳細な通達等のあらまし（情報）や適用要件チェックシート等が提示されています。

資料2の「1　地積規模の大きな宅地の評価　2　通達改正の趣旨」（97頁）は略さず一読ください。

本書を手に取りお読みになっている方は、相続税に関して、とりわけ旧24-4 広大地の評価に関して、係わりのある方かと存じます。もしそうであれば、この通達改正が新通達適用となる後の土地の評価のみを考えるのではなく、今回の通達改正が何故に行われたのか、旧24-4 広大地の評価の適用判断の解釈に影響を与えるのではないか、との考えも併せて意識しておくことが重要かと存じます。

国税庁情報の中でも、「1　**地積規模の大きな宅地の評価**　3　通達改正の概要等(1)イ③開発分譲業者の事業収益・事業リスク等の負担による減価」（98頁）がカウントされている点に注目してください。

筆者は不動産鑑定士です。不動産鑑定士ではありますが、東京建物株式会社において、長年開発用地の取得や再開発に携わってまいりました。その開発現場での実務経験は、新20-2 地積規模の大きな宅地の評価ではその適用判断に影響を与えませんが、旧24-4 広

第**2**章 地積規模の大きな宅地の評価の判定実務

大地の評価においてはその適用判断に影響を与えるものです（後述
II第3章・第4章）。

それでは、新20-2地積規模の大きな宅地の評価を把握していきま
しょう。新通達の原文は**資料1**（78～80頁）でご確認ください。

新評価通達20-2の適用対象となる「地積規模の大きな宅地」は、
原則「三大都市圏においては500㎡以上の地積の宅地、それ以外の地
域においては1,000㎡以上の地積の宅地」をいいます。

細かいことですが、「土地」ではなく「宅地」となっていることに
注目してください。

これは、都市計画法施行令第19条第1項及び第2項に定める面積

市街化区域	
三大都市圏	500平方メートル
それ以外の地域	1,000平方メートル

に基づくものです。

また、次の(1)から(3)までのいずれかに該当するものを除くとされて
います。

(1)　市街化調整区域（都市計画法第34条第10号又は第11号の規定
　　に基づき宅地分譲に係る同法第4条《定義》第12項に規定する開
　　発行為を行うことができる区域を除く。）に所在する宅地

(2)　都市計画法第8条《地域地区》第1項第1号に規定する工業専用
　　地域に所在する宅地

(3)　容積率（建築基準法（昭和25年法律第201号）第52条《容積率》
　　第1項に規定する建築物の延べ面積の敷地面積に対する割合をいう。）
　　が10分の40（東京都の特別区（地方自治法（昭和22年法律第67号）
　　第281条《特別区》第1項に規定する特別区をいう。）においては10
　　分の30）以上の地域に所在する宅地

9

I 改正後—地積規模の大きな宅地の評価—

(1)から(3)をわかりやすく書くと下記のとおりです。

---

(1) 市街化調整区域（略）に所在する宅地

(2) 都市計画法第8条《地域地区》第1項第1号に規定する工業専用地域に所在する宅地

(3) 容積率（略）が10分の40（東京都との特別区（略）においては10分の30）以上の地域に所在する宅地

上記の3項目を除外するのは、一般住宅の用に供するための画地分割（戸建分譲）を前提として考えると、わかりやすくなります。市街化調整区域内や工業専用地域内あるいは容積率が原則10分の40（400％）（東京都の特別区においては10分の30（300％））を超える地域内では、全くあるいはおおよそ、地積規模が大きいからといって、戸建分譲用地（開発行為に当たるか当たらないかは不問）にされることはないものと想定されるからです。

次に、「規模格差補正率」の算式が掲げられています。

その算式の詳細は、以下のとおりです。

（算式）

$$規模格差補正率＝\frac{Ⓐ × Ⓑ ＋ Ⓒ}{地積規模の大きな宅地の地積（Ⓐ）} × 0.8$$

上の算式中の「Ⓑ」及び「Ⓒ」は、地積規模の大きな宅地が所在する地域に応じ、それぞれ次に掲げる表のとおりとする。

イ 三大都市圏に所在する宅地

地積㎡	地区区分 記号		普通商業・併用住宅地区、普通住宅地区	
			Ⓑ	Ⓒ
500以上	1,000未満		0.95	25
1,000 〃	3,000 〃		0.90	75
3,000 〃	5,000 〃		0.85	225
5,000 〃			0.80	475

10

第**2**章 地積規模の大きな宅地の評価の判定実務

ロ　三大都市圏以外の地域に所在する宅地

地区区分	地区区分	普通商業・併用住宅地区、普通住宅地区	普通商業・併用住宅地区、普通住宅地区
地積㎡	記号	Ⓑ	Ⓒ
1,000以上　3,000未満		0.90	100
3,000　〃　5,000〃		0.85	250
5,000　〃		0.80	500

(注) 1　上記算式により計算した規模格差補正率は、小数点以下第2位未満
　　　を切り捨てる。
　　 2　「三大都市圏」とは、次の地域をいう。
　　　イ　首都整備法（昭和31年法律第83号）第2条《定義》第3項に規
　　　　　定する既成市街地又は同条第4項に規定する近郊整備地帯
　　　ロ　近畿圏整備法（昭和38年法律第129号）第2条《定義》第3項に
　　　　　規定する既成都市区域又は同条第4項に規定する近郊整備区域
　　　ハ　中部圏開発整備法（昭和41年法律第102号）第2条《定義》第
　　　　　3項に規定する都市整備区域

　この算式が適用される宅地は、皆様よくご存知の路線価図における
地区区分と言えばわかりやすいのですが、その地区区分の中の、「普
通商業・併用住宅地区」及び「普通住宅地区」として定められた地域
に所存するものに限られます。

　また、新20-4「間口が狭小な宅地等の評価」（**資料1**の82頁）に
おいて、新20-2との併用が適用可能となります。

　同様に、新21-2「倍率方式による評価」（**資料1**の82〜84頁）にお
いても、新20-2による評価（有利である場合）による旨定められました。

　さらに、「付表1　奥行価格補正率表」が「新評価通達20-2　地積
規模の大きな宅地の評価」の改正に平仄を合わせる形で、適用対象地
区である、「普通商業・併用住宅地区」及び「普通住宅地区」の一部
においてのみ改正があったことを示す下線が付され、価格が低くなる
方への微修正が施されています（**資料1**の88頁）。

11

I 改正後—地積規模の大きな宅地の評価—

　この「付表1　奥行価格補正率表」の変更を合わせて考えれば、「規模格差補正率」の算式数値は、筆者の個人的感想ではありますが、実際の土地取引等のデータを相当数収集し分析・解析した結果に基づいて定められたものに間違いないものと思われます。そうでなければ、「付表1　奥行価格補正率表」の変更にまで至るというような細かな「気配り」は到底なしえません。これも私見ですが、これ以上細かく区分する必要はなく、ちょうど良い具合に納まっている感があります。

〈旧24-4「広大地の評価」と新20-2「地積規模の大きな宅地の評価」との違い〉

　旧通達「広大地の評価」と新通達「地積規模の大きな宅地の評価」との違いを述べておきます。言うまでもないことですが、この二つの評価通達は全く異なるものです。

　旧24-4「広大地の評価」通達で、広大地とは

　（広大地の評価）

24-4　その地域における標準的な宅地の地積に比して著しく地積が広大な宅地で都市計画法第4条《定義》第12項に規定する開発行為（以下本項において「開発行為」という。）を行うとした場合に公共公益的施設用地の負担が必要と認められるもの（22-2《大規模工場用地》に定める大規模工場用地に該当するもの及び中高層の集合住宅等の敷地用地に適しているもの（その宅地について、経済的に最も合理的であると認められる開発行為が中高層の集合住宅等を建築することを目的とするものであると認められるものをいう。）を除く。以下「広大地」という。）の価額は、原則として、次に掲げる区分に従い、それぞれ次により計算した金額によって評価する。

とされています。

第2章 地積規模の大きな宅地の評価の判定実務

　広大地と判定されるためには、上記の要件を満たさなくてはいけません。その判定・判断が難解である、とされてきました。
　それが、旧評価通達前半部分の「その地域における標準的な宅地の地積に比して著しく地積が広大な宅地」であるか否かの判断は、新評価通達では、不要となります。
　地区区分のなかの、「普通商業・併用住宅地区」と「普通住宅地区」に限られるものと定義づけられていますし、「地積規模の大きな宅地」の面積規模もあらかじめ定義されているからです。

改正による課税の簡便性

　同じ土地をAさんが相続する際の（課税上の）評価額と、Bさんが相続する際の（課税上の）評価額とは同じ（課税上の観点からは公平）であるはずです。
　しかしながら、旧24-4「広大地の評価」の適用判断に当たって、フロントに立つであろう税理士等の都市計画法、建築基準法、その他条例及び行政指導など、税法以外の不動産に関する法律、法令等の解釈知識の有無によってAさんとBさんの評価額に往々にして差が出てしまう「不公平」が、今回の通達改正により大幅になくなるという観点からも、歓迎すべきものと考えます（課税の公平性）。
　また、上記に加えて、
① 対象地が所在する都道府県及び市区町村によりその条例・「開発指導要綱」等が異なること
② 事案によっては課税時期においての（全国的・地域的・個別的を総合した）不動産市況に関する分析結果により異なること
等により広大地の適用判断が「揺れる」場合が往々にしてありました。
　この適用判断の「難解さ」が不要になった点も歓迎すべきものと考えます（課税の簡便性）。

13

Ⅰ 改正後―地積規模の大きな宅地の評価―

続いて、旧評価通達後半部分の「都市計画法第4条第12項に規定する開発行為を行うとした場合に公共公益的施設用地の負担が必要と認められるものをいいます。」もなくなります。

新評価通達においては、「開発」あるいは「開発行為」という文字がどこにも見当たらないのです。

したがって、「開発行為」に係る論点も不要となります。「公共公益的施設用地の負担が必要と認められる」に係る判定も不要となります。旧通達「広大地の評価」では、前半部分の判定・判断に加えて、「開発行為」や「公共公益的施設用地の負担」という文言があるために、その適用判断について、都市計画法、建築基準法、その他条例及び行政指導など、税法以外の不動産に関する法律、法令等の知識・実務経験・判断等が必要とされます。

次ページの「「地積規模の大きな宅地の評価」の適用対象の判定のためのフローチャート」をご覧ください。

お手元に、

1. 路線価図

2. 評価対象地の面積

3. 都市計画図

を揃えることができれば、さしたる疑問の余地なく、「地積規模の大きな宅地の評価」の適用対象か否かを判定できることとなります。

これにより判定に際して、不動産及び不動産評価に関する専門的な知識に基づく判断が不要となります。このことは、課税の公平性という観点からも良い方向に改正されるものであると、私見を述べておきます。

旧24-4「広大地の評価」の「ただし、大規模工場用地に該当するもの及び中高層の集合住宅等の敷地用地に適しているものは除く。」という部分は、新20-2 地積規模の大きな宅地の評価における、

14

第 2 章 地積規模の大きな宅地の評価の判定実務

「地積規模の大きな宅地の評価」の適用対象の判定のためのフローチャート

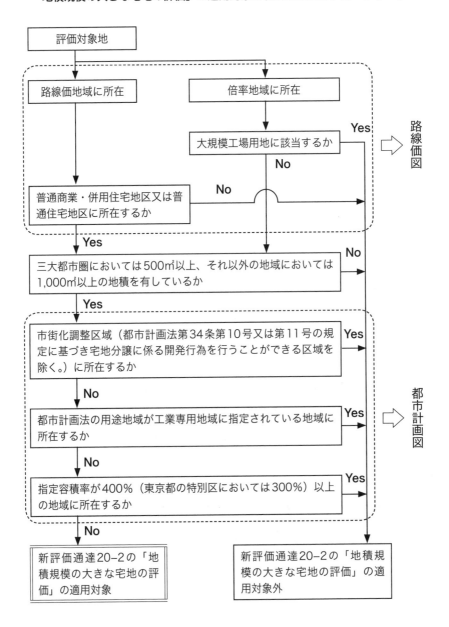

I 改正後—地積規模の大きな宅地の評価—

> 次の(1)から(3)までのいずれかに該当するものを除くとされています。
> (1) 市街化調整区域（略）に所在する宅地
> (2) 都市計画法第8条《地域地区》第1条第1項に規定する工業専用地域に所在する宅地
> (3) 容積率（略）が10分の40（東京都との特別区（略）においては10分の30）以上の地域に所在する宅地

という部分に、より適切な表現において承継されています。

旧24-4「広大地の評価」と、新20-2「地積規模の大きな宅地の評価」とを適用した場合の評価額の違いについては第4章をご覧ください。

旧40-2「広大な市街地農地等の評価」では、広大地と宅地造成費の重複適用はできません。

根拠は、平成16年6月29日付資産評価企画官情報第2号・資産課税課情報第10号です。以下該当箇所を抜粋いたします。

「なお、市街地農地等を広大地として評価する場合には、広大地補正率の中に宅地造成費等を考慮してあることから、通達上の造成費については控除しないで評価することになる点に留意が必要である。」

加えて、今回の評価通達の改正を実務において検討する際には、改正されてはいませんが、評価通達7-2（評価単位）にもう一度目を通してください。

この評価通達を住宅地に限って要約すれば、「宅地の価格は、利用の単位となっている1区画の宅地を評価単位とする」というものです（合わせて、質疑応答事例「土地の評価単位——地目の異なる土地を一団として評価する場合」[1]も併せて目を通しておいてください）。

当該通達7-2の持つ意味がこれまで以上に大きなものとなるから

---

[1] 国税庁「土地の評価単位」(http://www.nta.go.jp/shiraberu/zeiho-kaishaku/shitsugi/hyoka/04/01.htm)（本書36頁以降）

16

です。500㎡を少し欠ける「評価対象地」の場合、地積測量のやりなおしや隣地買収あるいは同一所有者の場合の用途変更等、本件通達適用を巡る「狂騒曲」のようなものが将来聞こえてくるかもしれません。

さらに、**資料2**の「1　地積規模の大きな宅地の評価　3　通達改正の概要等(1)ハ(イ)（注2）評価対象となる宅地の正面路線が2以上の地区にわたる場合」（101頁）もご覧ください。「当該宅地の過半の属する地区をもって、当該宅地の全部が所在する地区とする。」とされています。「利用の単位となっている1区画の宅地」を如何に把握するかによって「地積規模の大きな宅地」に該当するか否かの判定が違ってくる場合が想定されることになります。

宅地造成費

「宅地造成費」に関して、国税庁ホームページ→路線価図→平成29年→日本地図にて例：東京都→「宅地造成費の金額表」に準拠することとなります。これは、「1平方メートル当たりの造成費の金額」は、整地、土盛りまたは土止めに要する費用の額がおおむね同一と認められる地域ごとに、国税局長が定めています。」というものです。

「「市街地農地」「市街地周辺農地」「市街地山林」(注)及び「市街地原野」を評価する場合における宅地造成費の金額」ではありますが、おおむね都道府県別に掲載されており、不動産鑑定士が税務上の鑑定評価に限らず、日常の鑑定評価の際にも（対役所用には特に）使い勝手が良いものです。

ちなみに、この路線価図の各県別には「鉱泉地の評価」「雑種地の評価」「耕作権の評価」「占用権の評価」「森林の立木の標準価額表」「伐採制限等を受けている山林の評価」など、対象不動産が特殊な種別等の場合（対役所用には特に（再掲）に使えそうな「公的アイテム」が掲載されていますので、この機会に覗いてみることを推奨します。

Ⅰ 改正後―地積規模の大きな宅地の評価―

第3章　地積規模の大きな宅地の評価の申告実務

山田　美典

1　改正後の地積規模の大きな宅地の評価　概論

　改正前の評価通達24-4（広大地の評価）の取扱いを廃止した上で、評価通達20-2（地積規模の大きな宅地の評価）を新設し、各土地の個性に応じて形状（奥行・不整形）、面積に基づき評価することとされたとともに、その適用要件が明確化されました。

　改正後の評価額は以下の算式となります。

**　路線価 × 地積 × 補正率[※1] × 規模格差補正率[※2]**

　（※1）奥行距離や不整形地を考慮した補正率

　（※2）地積を考慮した補正率

　改正前の広大地評価は、面積に応じて比例的に減額する評価方法であったため、土地の形状が考慮されておらず、土地の形状次第では実際の取引価格と相続税評価額が大きくかい離することがありました。

　また、改正前の広大地評価に関する適用要件が明確ではない部分が多々あったため、実務上、広大地評価の適用可否の判断が難しい面がありました。

　改正通達は、平成30年1月1日以後の相続・贈与等により取得した財産の評価に適用します。その内容を確認し、申告実務についてみていきたいと思います。

　新設された評価通達20-2（地積規模の大きな宅地の評価）は、次の通りです（重要な部分については下線表示）。

（地積規模の大きな宅地の評価）
20-2　地積規模の大きな宅地（三大都市圏において500㎡以上の地積の宅地、それ以外の地域においては1,000㎡以上の地積をいい、次の

第3章 地積規模の大きな宅地の評価の申告実務

(1)から(3)までのいずれかに該当するものを除く。以下本項において「地積規模の大きな宅地」という。）で14-2《地区》の定めにより<u>普通商業・併用住宅地区及び普通住宅地区</u>として定められた地域に所在するものの価額は、15《奥行価格補正》から前項までの定めにより計算した価額に、その宅地の地積の規模に応じ、次の算式により求めた規模格差補正率を乗じて計算した価額によって評価する。

(1) <u>市街化調整区域</u>（都市計画法第34条第10号又は第11号の規定に基づき宅地分譲に係る同法第4条《定義》第12項に規定する開発行為を行うことができる区域を除く。）に所在する宅地

(2) 都市計画法第8条《地域地区》第1項第1号に規定する<u>工業専用地域</u>に所在する宅地

(3) <u>容積率</u>（建築基準法（昭和25年法律第201号）第52条《容積率》第1項に規定する建築物の延べ面積の敷地面積に対する割合をいう。）が<u>10分の40</u>（<u>東京都の特別区</u>（地方自治法（昭和22年法律第67号）第281条《特別区》第1項に規定する特別区をいう。）においては<u>10分の30</u>）<u>以上</u>の地域に所在する宅地

2 地積規模の大きな宅地の意義

地積規模の大きな宅地の評価は、戸建住宅用地として分割分譲する場合に発生する減価、すなわち、①潰れ地の負担による減価、②工事・整備費用等の負担による減価、③開発分譲事業者の事業収益・事業リスク等の負担による減価を反映させることを趣旨とするものなので、その対象は、戸建住宅用地として利用される標準的宅地となります。

それは、三大都市圏においては500㎡以上の地積の宅地、それ以外の地域においては1,000㎡以上の地積の宅地で、かつ、評価通達14-2（地区）に定める「普通商業・併用住宅地区」及び「普通住宅地区」に所在するものをいいます。

(注)「三大都市圏」とは、次の地域をいいます。

　イ　首都圏整備法第2条第3項に規定する既成市街地又は同条第4項

19

I 改正後―地積規模の大きな宅地の評価―

に規定する近郊整備地帯
ロ　近畿圏整備法第2条第3項に規定する既成都市区域又は同条第4項に規定する近郊整備区域
ハ　中部圏開発整備法第2条第3項に規定する都市整備区域

　三大都市圏について、首都圏、近畿圏、中部圏で具体的にどの地域が該当するのか、国土交通省による首都圏、近畿圏、中部圏の政策区域図を以下に収録しておきましたので、ご参考にしてください。

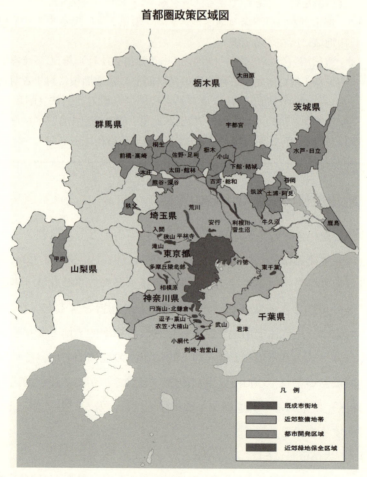

出典：http://www.mlit.go.jp/kokudokeikaku/vision/s-plan/s-planmap.pdf

第3章 地積規模の大きな宅地の評価の申告実務

近畿圏政策区域図

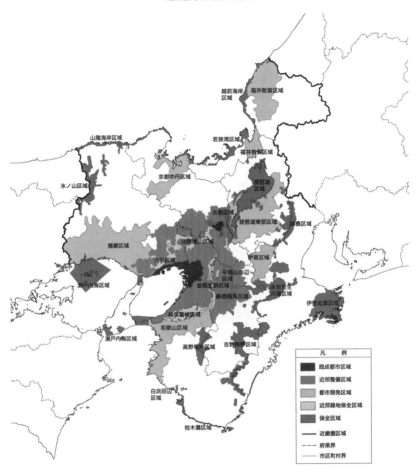

出典：http://www.mlit.go.jp/kokudokeikaku/vision/seisaku-e-map/k-seisaku-map.pdf

I 改正後―地積規模の大きな宅地の評価―

中部圏政策区域図

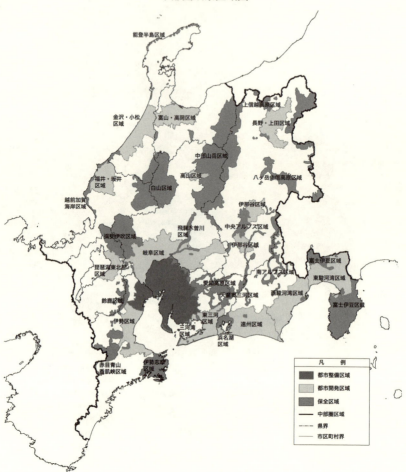

出典：http://www.mlit.go.jp/kokudokeikaku/vision/seisaku-e-map/c-seisaku-map.pdf

第**3**章 地積規模の大きな宅地の評価の申告実務

また、この地積規模の大きな宅地からは、次の①から④までのいずれかに該当するものを除きます。法的規制や標準的な宅地の利用方法を考えた場合、上記の戸建住宅用地の分割分譲に伴う減価の趣旨に合わないためです。

① 市街化調整区域に所在する宅地（都市計画法の規定に基づき宅地分譲に係る開発行為を行うことができる区域を除く）

② 都市計画法に規定する工業専用地域に所在する宅地

③ 容積率が400％（東京都の特別区においては300％）以上の地域に所在する宅地

④ 倍率地域に所在する評価通達22-2（大規模工場用地）に定める大規模工場用地

これらを地積規模の大きな宅地から除外する理由は、次の通りです。

①は、市街化調整区域は市街化を抑制すべき区域であり、原則として宅地開発を行うことができない地域であるからです。しかし、例外的に開発行為（ただし、一定規模以上の店舗等の開発許可でなく、宅地分譲）ができる区域があり、市街化調整区域でもこの宅地分譲ができる例外的な場合については認めています。

②は、工業専用地域は、工業の利便を増進する地域で、建築基準法により住宅の建築はできないためです。

③は、容積率が400％（東京都の特別区においては300％）以上の地域に所在する宅地はマンション敷地として一体的に利用されることが標準的であり、戸建住宅用地として分割分譲されないと考えられることから除外されています。

④は、大規模工業用地に該当する場合は、別に評価通達22（大規模工場用地の評価）から22-3（大規模工場用地の路線価及び倍率）までに定められている大規模工場用地として評価することになっていることから除外されています。

I 改正後─地積規模の大きな宅地の評価─

　なお、大規模工場用地は、路線価地域においては、評価通達14-2（地区）に定める「大工場地区」に所在するものに限られるため、地積規模の大きな宅地の、「普通商業・併用住宅地区」及び「普通住宅地区」に所在するものの条件に該当せず、除外されますので、倍率地域に所在する大規模工場用地について、評価通達21-2で除外する旨規定されています。

　新通達に定める地積規模の大きな宅地に該当するかどうかの判定を、フローチャート（108頁）で示しますと、次の通りとなります。

---

(1)　最初に、評価対象土地が路線価地域に所在するか、倍率地域に所在するかで場合分けします。

(2)　路線価地域に所在する場合は、普通商業・併用住宅地区又は普通住宅地区に所在するかを調べます。

⇨Yesならば(4)へ

(3)　倍率地域に所在する場合は、大規模工場用地に該当するかどうかを調べます。

⇨Noならば(4)へ

　　Yesならば、評価通達22（大規模工場用地の評価）の規定に従います。

(4)　三大都市圏で地積500㎡以上（三大都市圏以外は1,000㎡以上）かどうか

⇩Yes

(5)　次のいずれかに該当するかどうかを調べます。

　①　市街化調整区域に所在するか（都市計画法に規定する開発行為を行うことができる区域を除く）

⇩No

　②　都市計画法に規定する工業専用地域に所在するか

⇩No

　③　容積率が400％（東京都23区以外は300％）以上の地域に所在するか

⇩No

「地積規模の大きな宅地の評価」の対象

24

第**3**章 地積規模の大きな宅地の評価の申告実務

　以上の条件をクリアすると、地積規模の大きな宅地の評価の適用対象となります。

　このように、「地積規模の大きな宅地」の適用要件は明確化がなされました。一方、改正前の「広大地評価」の適用に関しては、標準的な宅地の面積に比して著しく地積が広大な宅地であるかどうか、公共公益的施設用地の負担が必要かどうか、マンション適地かどうかといった適用要件に関し、専門的な判断が必要とされ、そのため、土地評価の専門家である不動産鑑定士の協力を仰ぐことが求められる等、広大地の土地評価に関しては、税理士単独で判断できず、土地評価に関する専門家の検討結果を必要としていました。

　それに対して、評価の対象とする土地の地積（三大都市圏で500㎡以上、それ以外の地域では1,000㎡以上）と、普通商業・併用住宅地区又は普通住宅地区に所在するかどうか、それ以外としては、評価通達の定める地区、都市計画法の用途地域、指定容積率の三つの側面から、明確に適用要件を定められているため、適用できるかどうかの判断が画一化されています。

　なお、路線価地域でなく倍率地域に所在する場合は、評価通達21−2により、普通住宅地区に所在するものとして前ページの(2)の要件を満たすことから、(3)から(5)の要件を満たせば上記の判定をクリアできることになります。

　新評価通達のポイントを旧評価通達との比較でまとめてみると、次の通りとなります。

（注）表中の「17年情報」とは、平成17年6月17日付資産評価企画官情報第1号（本書の**資料6**）のことです。

25

Ⅰ 改正後—地積規模の大きな宅地の評価—

通達番号・名称	新評価通達20-2 （地積規模の大きな宅地の評価）	旧評価通達24-4 （広大地の評価）
通達の適用年月日（相続等）	平成30年1月1日以降	平成29年12月31日まで
ポイント1　対象地の所在等		
評価対象地の所在 ―大規模工場用地への適用	No（倍率地域―適用不可） 評価通達21-2 No（路線価地域は評価通達 14-2（地区）「大工場地区」 に所在するため適用不可）	No（適用不可） 17年情報
適用可能な地区区分	普通商業・併用住宅地区又 は普通住宅地区のみ	普通商業・併用住宅地区又 は普通住宅地区プラス中小 工場地区
ポイント2　容積率、マンション適地等		
マンション適地、又は既 にマンション等の敷地用 地として開発を了してい る土地への適用	Yes（マンション適地も適用 可能）	No（マンション適地は適用 不可）
現に宅地として有効利用さ れている建築物の敷地用地	Yes（適用可能）	No（適用不可）
容積率による判断基準 ―適用不可の場合	No（指定容積率400％（東 京都特別区300％）以上 の地域に所在する場合マン ション敷地として利用され ることが標準的）	原則No（指定容積率300％ 以上の地域に所在する場合 マンション適地に該当）
容積率による判断基準 ―適用可の場合	Yes（指定容積率400％（東 京都特別区300％）未満の 地域に所在）	Yes（指定容積率200％以 下の地域に所在する場合、 周囲の状況や専門家の意見 から明らかにマンション適 地と判断できる場合はNo）
適用する容積率の範囲	指定容積率のみ	指定容積率と基準容積率も 考慮
ポイント3　面積が広大の判定		
「その地域」、「標準的な宅 地の面積」、「著しく面積 が広大」の認定	No（著しく面積が広大な 土地か認定不要。形式的面 積基準のみによる。三大都 市圏500㎡以上、それ以外 1,000㎡以上の地積）	Yes（認定必要。原則として 各自治体が定める開発許可 を要する面積基準以上の宅 地　市街化区域　三大都市 圏500㎡、それ以外の地域 1,000㎡、非線引き都市計 画区域3,000㎡等）
ポイント4　開発行為の必要性		
「開発行為」を行うとした 場合に「公共公益的施設 用地」負担の必要性	No（公共公益的施設用地負 担必要なし）路地状開発も 適用可能	Yes（公共公益的施設用地負 担必要あり）路地状開発は 適用不可

第**3**章 地積規模の大きな宅地の評価の申告実務

3 地積規模の大きな宅地の評価方法

次に、改正通達、新評価通達20-2（地積規模の大きな宅地の評価）の評価方法を検討します。

(1) 路線価地域の場合

地積規模の大きな宅地について、評価通達15（奥行価格補正）から20（不整形地の評価）及び20-3（無道路地の評価）から20-6（容積率の異なる2以上の地域にわたる宅地の評価）までの定めにより計算した価額、その宅地の地積の規模に応じ、次の算式より定めた規模格差補正率を乗じて計算した価額によって評価します。

（算式）

正面路線価×奥行価格補正率×地積×不整形地補正率などの各種画地補正率×規模格差補正率

$$規模格差補正率 = \frac{Ⓐ \times Ⓑ + Ⓒ}{地積規模の大きな宅地の地積（Ⓐ）} \times 0.8$$

上記算式により計算した規模格差補正率は、小数点以下第2位未満を切り捨てます。

上の算式中の「Ⓑ」及び「Ⓒ」は、地積規模の大きな宅地が所在する地域に応じ、それぞれ次に掲げる表のとおりとなります。

イ 三大都市圏に所在する宅地

地積㎡	地区区分 記号	普通商業・併用住宅地区、普通住宅地区 Ⓑ	Ⓒ
500以上 1,000未満		0.95	25
1,000 〃 3,000 〃		0.90	75
3,000 〃 5,000 〃		0.85	225
5,000 〃		0.80	475

27

Ⅰ 改正後—地積規模の大きな宅地の評価—

ロ　三大都市圏以外の地域に所在する宅地

地積㎡	記号	普通商業・併用住宅地区、普通住宅地区	
		Ⓑ	Ⓒ
1,000以上　3,000未満		0.90	100
3,000 〃　5,000〃		0.85	250
5,000 〃		0.80	500

　三大都市圏と三大都市圏以外で地積に応じた規模格差補正率を次表にまとめてみます。

三大都市圏		三大都市圏以外	
地積	規模格差補正率（　）内は広大地補正率	地積	規模格差補正率（　）内は広大地補正率
500㎡	0.80 (0.575)		
1,000㎡	0.78 (0.55)	1,000㎡	0.80 (0.55)
2,000㎡	0.75 (0.50)	2,000㎡	0.76 (0.50)
3,000㎡	0.74 (0.45)	3,000㎡	0.74 (0.45)
4,000㎡	0.72 (0.40)	4,000㎡	0.73 (0.40)
5,000㎡	0.71 (0.35)	5,000㎡	0.72 (0.35)

　規模格差補正率の方が、従来の広大地補正率より評価減割合は少なくなるのは明瞭ですが、規模格差補正率では、奥行価格補正率、不整形地補正率等、各種の画地補正率を併用して適用できること、規模格差補正率は、その適用判断に迷うことなく適用し評価減できることを考えてみた場合、一概に納税者にとって不利になったとはいえないと考えます。

　特に従来の広大地評価では、賃貸マンション、賃貸アパート等の建物がある場合は適用ができませんでした。また、戸建住宅適地かマンション適地かの判断が難しい場合、そして、公共公益的施設（開発道

第 **3** 章 地積規模の大きな宅地の評価の申告実務

路等）の負担が生じるか否かの判断がつかない場合、建設許可の関係
で路地状開発が行われる可能性が高いと見込まれる場合等について適
用を見送るケースが圧倒的に多かったと思います。これに対して、地
積規模の大きな宅地では、適用要件が明確であるため、以上の場合で
も規模格差補正率による評価減と他の画地補正率の適用による評価減
が可能です。また、広大地では容積率300％以上の場合、広大地評価
補正率は適用不可でしたが、規模格差補正率は、三大都市圏以外で容
積率400％未満のケースでは適用可能です。

　反対に広大地評価が適用できて、規模格差補正率が適用できない
ケースとしては、次のケースが考えられます。

　路線価地域に所在する場合、広大地評価では、適用地区が中小工場
地区について適用可能と考えられるため、中小工場地区内の宅地で地
積規模の大きな宅地の要件を満たしている場合。また、この他に、基
準容積率が300％未満で指定容積率が300％の場合、開発許可を要す
る面積基準未満（例えば、三大都市圏500㎡未満）のミニ開発分譲が
多い地域に所在する土地の場合に可能性があるといえます。

　ただし、以上について実務上のケースは少ないでしょう。そしてま
た、実務上は上記のケースで広大地評価の適用を納税者側が立証しな
ければならず実際の適用は難しい面もあります。

⑵　倍率地域の場合

　評価通達21-2《倍率方式による評価》により評価した価額が、そ
の宅地が標準的な間口距離及び奥行距離を有する宅地であるとした場
合の1㎡当たりの価額を評価通達14《路線価》に定める路線価とし、
かつ、その宅地が評価通達14-2《地区》に定める普通住宅地区に所
在するものとして「地積規模の大きな宅地の評価」（評価通達20-2）
の定めに準じて計算した価額を上回る場合には、「地積規模の大きな

29 ──●

Ⅰ 改正後—地積規模の大きな宅地の評価—

宅地の評価」（評価通達20-2）の定めに準じて計算した価額により
評価します。

なお、「その宅地が標準的な間口距離及び奥行距離を有する宅地で
あるとした場合の1㎡当たりの価額」は、評価対象となる近傍宅地の
固定資産税評価に係る標準宅地の1㎡当たりの価額を基に計算します
が、当該標準宅地が固定資産税評価に係る各種補正の適用を受ける場
合には、その適用がないものとしたときの1㎡当たりの価額に基づき
計算することに留意します。

⑶ 規模格差補正率と各種補正率の適用関係

広大地評価では、宅地の面積のみで減額率を決めていましたが、土
地の形状により市場価格に影響するはずの減額がまったく考慮されて
おらず、広大地の評価において、不整形地も整形地も面積が同じなら
ば同じ減額として評価されるという問題点がありました。これに対し
て、地積規模の大きな宅地では、評価の対象とする実際の土地の形状
に基づき評価する方法に変更されました。

奥行価格補正率や二方路線影響加算率、側方路線影響加算率、さら
に三方又は四方路線影響加算率、無道路地、間口狭小、がけ地補正と
いった各補正率、そして不整形地補正率といった道路への面し方や奥
行距離の長さ、不整形地の程度に応じた増額率や減額率を適用し、よ
り実際の土地の時価に近い形での評価方法に変更されます。

具体的には、評価通達15以下の画地補正項目が使えます。

評価通達15　　　　奥行価格補正

　　　　16　　　　側方路線影響加算

　　　　17　　　　二方路線影響加算

　　　　18　　　　三方又は四方路線影響加算

　　　　20　　　　不整形地の評価

新20-3	無道路地の評価		
新20-4	間口が狭小な宅地等の評価		
新20-5	がけ地等を有する宅地の評価		
新20-6	容積率の異なる2以上の地域にわたる宅地の評価		
24-2	土地区画整理事業施行中の宅地の評価		
24-6	セットバックを必要とする宅地の評価		
24-7	都市計画道路予定地の区域内にある宅地の評価		

　以下に各種画地補正率を重複適用できるかについて一覧でまとめます。広大地補正率では、各種画地補正率やセットバック、造成費等が含まれているとされているので、評価通達24-7都市計画道路予定地の区域内にある宅地の評価を除きすべて×となります。

新財産評価基本通達に定める画地補正	規模格差補正率との重複適用	旧財産評価基本通達に定める画地補正	広大地補正率との重複適用
15　奥行価格補正	○	15　奥行価格補正	×
16　側方路線影響加算	○	16　側方路線影響加算	×
17　二方路線影響加算	○	17　二方路線影響加算	×
18　三方又は四方路線影響加算	○	18　三方又は四方路線影響加算	×
20　不整形地の評価	○	20　不整形地の評価	×
20-3　無道路地の評価	○	20-2　無道路地の評価	×
20-4　間口が狭小な宅地の評価	○	20-3　間口が狭小な宅地の評価	×
20-5　がけ地等を有する宅地の評価	○	20-4　がけ地等を有する宅地の評価	×
20-6　容積率の異なる2以上の地域にわたる宅地評価	○	20-5　容積率の異なる2以上の地域にわたる宅地評価	×
24-6　セットバックを必要とする宅地の評価	○	24-6　セットバックを必要とする宅地の評価	×
24-7　都市計画道路予定地の区域内にある宅地の評価	○	24-7　都市計画道路予定地の区域内にある宅地の評価	○

I 改正後—地積規模の大きな宅地の評価—

⑷　市街地農地等への「地積規模の大きな宅地の評価」の適用

　市街地農地等（以下、市街地農地、市街地周辺農地、市街地山林及び市街地原野を市街地農地等といいます。）については、旧評価通達24-4に準じて評価することとされていましたが、今後は、通常の市街地農地等と同様、評価通達39《市街地周辺農地の評価》、40《市街地農地の評価》、49《市街地山林の評価》及び58-3《市街地原野の評価》の定めにより評価することとなりました。

　市街地農地等については、評価通達39、40、49及び58-3の定めにおいて、その農地等が宅地であるとした場合を前提として評価（宅地比準方式により評価）します。開発分譲業者が、地積規模の大きな市街地農地等を造成し、戸建住宅用地として分割分譲する場合には、地積規模の大きな宅地の場合と同様に、それに伴う減価が発生するので、市街地農地等については、「地積規模の大きな宅地の評価」の適用要件（路線価地域では、普通商業・併用住宅地区及び普通住宅地区に所在する等）を満たせば、その適用対象となります。

　なお、従来の広大地評価に係る広大地補正率では、宅地造成費相当額が考慮されていましたが、「地積規模の大きな宅地の評価」に係る規模格差補正率は、地積規模の大きな宅地を戸建住宅用地として分割分譲する場合に発生する減価のうち、主に地積に依拠するものを反映しているものであり、宅地造成費相当額は反映していないため、「地積規模の大きな宅地の評価」の適用対象となる市街地農地等については、「地積規模の大きな宅地の評価」を適用した後、個々の農地等の状況に応じた宅地造成費相当額を別途控除して評価します。

　宅地造成費は、平坦地と傾斜地の区分により、平坦地ならば、整地費（整地費、伐採・抜根費、地番改良費）、土盛費、土止費に区分されて財産評価基準書において規定されており、傾斜地の場合は傾斜度に応じた宅地造成費が規定されています。現地・現物で調査して実態

32

第**3**章 地積規模の大きな宅地の評価の申告実務

に合った宅地造成費を計上する必要があります。前述しましたように減価率の数値は従来の広大地評価の方が高い数字になっており、地積規模の大きな市街地農地等の評価額の方が高くなるケースが多くなる可能性があり、宅地造成費の計上を適正に見積もることにより、評価額をある程度おさえることができると考えられます。一般に市街地農地は整地費、土盛費、土止費を、市街地山林・市街地原野は傾斜地の場合の宅地造成費を計上することになります。

(5) 雑種地への「地積規模の大きな宅地の評価」の適用

雑種地の価額は、状況が類似する付近の土地に比準した価額により評価します（評価通達82）。評価対象となる雑種地の状況が宅地に類似する場合には宅地に比準して評価することとなり、農地等に類似する場合には農地等に比準して評価することとなります。市街化区域内の農地等の価額は宅地比準方式により評価することとしていますから、市街化区域内の雑種地についても、宅地比準方式により評価することとなります。

このような宅地に状況が類似する雑種地又は市街地農地等に類似する雑種地について、「地積規模の大きな宅地の評価」の適用要件を満たす場合には、宅地と同様に、戸建住宅用地としての分割分譲に伴い発生する減価を評価額に反映させる必要があり、「地積規模の大きな宅地の評価」の適用要件（路線価地域にあっては、普通商業・併用住宅地区及び普通住宅地区に所在する等）を満たせば、その適用対象となります。

(6) 土地評価単位について

実際に「地積規模の大きな宅地」を適用し土地を相続税評価する際には、評価単位の問題が出てきます。

33

I 改正後―地積規模の大きな宅地の評価―

　評価単位とは、評価対象とする土地をどのような単位で評価するかということであり、「地積規模の大きな宅地」に該当するかどうかが問題となってきます。

①　地目区分毎の土地評価

　評価単位を考える際には、まず、土地の評価上の区分として地目があり、土地は原則的な取り扱いでは、宅地、田、畑、山林、原野、雑種地といった地目毎に評価することになっています（評価通達7）。地目は次の通り9区分に分類されています。

① 宅地　　　　　　　　　⑥ 牧場

② 田　　　　　　　　　　⑦ 池沼

③ 畑　　　　　　　　　　⑧ 鉱泉地

④ 山林　　　　　　　　　⑨ 雑種地

⑤ 原野

　土地の地目は全て課税時期の現況によって判定することとなっており、地目の区分は不動産登記事務取扱手続準則（平成17年2月25日付民二第456号法務省民事局長通達）第68条及び第69条に準じて判定します。同準則に定める地目の定め方の概要は次のとおりです。

(1)　宅地　建物の敷地及びその維持若しくは効用を果たすために必要な土地

(2)　田　農耕地で用水を利用して耕作する土地

(3)　畑　農耕地で用水を利用しないで耕作する土地

(4)　山林　耕作の方法によらないで竹木の生育する土地

(5)　原野　耕作の方法によらないで雑草、かん木類の生育する土地

(6)　牧場　家畜を放牧する土地

(7)　池沼　かんがい用水でない水の貯留池

(8)　鉱泉地　鉱泉（温泉を含む。）の湧出口及びその維持に必要な土地

(9) 雑種地　以上のいずれにも該当しない土地
　　（注）駐車場（宅地に該当するものを除きます。）、ゴルフ場、遊園地、運動場、鉄軌道等の用地は雑種地となります。

　土地の価額は、原則としてこの9区分の地目毎に評価します。しかし、このような土地の評価原則である地目毎の評価では、現実に一体利用されている一団の土地に2以上の地目がある場合には、その一団の土地をそれぞれの地目毎に区分して評価することは、一体利用されているにもかかわらず、不合理な分割をして評価することになる場合が出てきます。

　そのため、特例的な取り扱いで、一体として利用されている一団の土地が2以上の地目からなる場合は、その一団の土地は、そのうちの主たる地目からなるものとして、その一団の土地ごとに評価します（評価通達7但し書き）。

　例えば、大規模な工場用地で、建物が建っている宅地以外に駐車場として利用されている雑種地が、一団として利用されている場合には、宅地と雑種地の地目で分けずに、建物（宅地）を主として、駐車場（雑種地）を従として考えて評価します。

　建物の敷地となっている宅地と、その他の雑種地からなる次の図のようなゴルフ練習場で考えてみましょう。

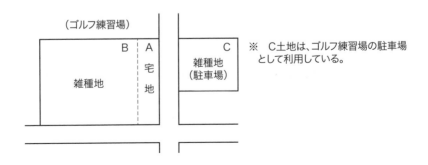

Ｉ 改正後—地積規模の大きな宅地の評価—

　土地の価額は、原則として地目の別に評価しますが、２以上の地目からなる一団の土地が一体として利用されている場合には、その一団の土地はそのうちの主たる地目からなるものとして、その一団の土地ごとに評価します。

　したがって、図のように、Ａ土地及びＢ土地の一団の土地がゴルフ練習場として一体利用されている場合には、その一部に建物があっても建物敷地以外の目的による土地（雑種地）の利用を主としていると認められることから、その全体が雑種地からなるものとして雑種地の評価方法に準じて評価することになります。

　なお、駐車場の用に供されているＣ土地は、不特定多数の者の通行の用に供されている道路によりＡ土地及びＢ土地とは物理的に分離されていますから、これらの土地とは区分して評価します。

　次に示すのは、国税庁ホームページにある質疑応答事例です。
　土地の評価単位——地目の異なる土地を一団として評価する場合
【照会要旨】

　市街化調整区域以外の都市計画区域で市街地的形態を形成する地域において、市街地農地、市街地山林、市街地原野及び宅地と状況が類似する雑種地のいずれか２以上の地目が隣接している場合で、全体を一団として評価することが合理的と認められる場合とは、具体的にはどのような場合ですか。

【回答要旨】

　以下の事例①〜④のような場合に、農地、山林及び雑種地の全体を一団として評価することが合理的と認められます。なお、事例⑤のような場合はそれぞれを地目の別に評価します。

— 36

第 **3** 章 地積規模の大きな宅地の評価の申告実務

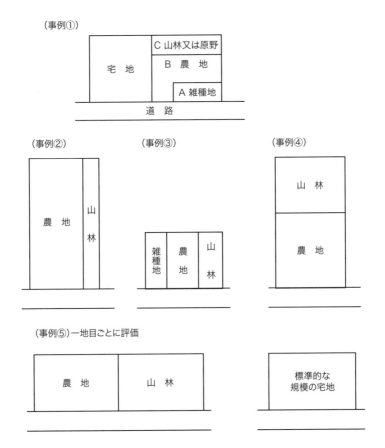

　以上のように、9区分に分類される地目による土地の評価上の区分を行った後に、宅地の場合の土地の評価単位を、次に見ていきましょう。

② 宅　地

　宅地は、一画地の宅地（利用の単位となっている一区画の宅地をいいます。）を評価単位とします（評価通達7-2）。

　相続税の土地評価は、利用単位で行います。土地の権利者をあらわす不動産登記は一筆ごとに行いますが、一画地の宅地は、必ずしも一筆の宅地からなるとは限らず、二筆以上の宅地からなる場合もあり、一筆の宅地が二画地以上の宅地として利用されている場合もありま

37

I 改正後—地積規模の大きな宅地の評価—

す。相続税評価は、利用単位ごとに行うのです。

一画地は、さらに権利関係で区分されます。

① 自己（所有者）の自由な使用収益権が得られるかどうか。

② 何らかの権利の目的となっている宅地で所有者の自由な使用収益権に制約が付されているかどうかによって判定します。

以上から、自用地、貸家建付地、貸地はそれぞれ別の評価単位となります。さらに貸家建付地や貸地の評価単位は、その土地上の建物1棟ごとの敷地で区分されます。特に貸家が複数棟ある場合は、各棟の敷地ごとに一画地の宅地として評価します。

貸家等では、「地積規模の大きな宅地」として評価の対象となるには、1棟の敷地面積が三大都市圏で500㎡以上（地方都市では、1,000㎡以上）であることが必要となります。

ただし、使用貸借（無償使用）に供している土地は自用地として一体化されます。「地積規模の大きな宅地」として評価の対象とするために、貸家建付地を使用貸借（無償使用）に変更した方が相続税評価額が下がるケースもあるかもしれません。

国税庁のホームページの質疑応答事例[1]を参考にし、さらに宅地の評価単位を見てみましょう。

宅地の価額は、1画地の宅地（利用の単位となっている1区画の宅地をいいます。）ごとに評価します。

この場合における「1画地の宅地」の判定は、原則として、①宅地の所有者による自由な使用収益を制約する他者の権利（原則として使用貸借による使用借権を除く）の存在の有無により区分し、②他

1　国税庁「宅地の評価単位」(http://www.nta.go.jp/shiraberu/zeiho-kaishaku/shitsugi/hyoka/01.htm#a-02)。なお、「地積規模の大きな宅地の評価」の質疑応答事例が平成29年11月24日に新設されましたので、ご参照ください。(https://www.nta.go.jp/shiraberu/zeiho-kaishaku/shitsugi/hyoka/01.htm#a-03b)

第 3 章 地積規模の大きな宅地の評価の申告実務

者の権利が存在する場合には、その権利の種類及び権利者の異なるごとに区分するので、具体的には、例えば次のように判定します。

なお、贈与、遺産分割等による宅地の分割が親族間等で行われた場合において、例えば分割後の画地が宅地として通常の用途に供することができないなどその分割が著しく不合理であると認められるときは、その分割前の画地を「1画地の宅地」とします。

(1) 所有する宅地を自ら使用している場合には、事業用（店舗）か居宅用かにかかわらず、その全体を1画地の宅地とします。自用の宅地であれば、他人の権利（借地権、賃借権、借家権等）による制約がないので、その全体を一体として利用することが可能です。したがって、自用の宅地は、その全体を利用の単位として評価することになります。

また、旧評価通達24-4に定める各要件を満たすものであれば、地積規模の大きな宅地の評価もできるものと考えられます。

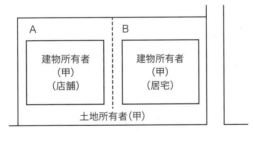

(2) 所有する宅地の一部について普通借地権又は定期借地権等を設定させ、他の部分を貸家の敷地の用に供している場合には、それぞれの部分を1画地の宅地とします。A土地には借地権が、B土地には借家権という他人の権利が存し、また、権利を有する者（借地権者、借家権者）が異なることから、利用の単位はそれぞれ異なると認められるため、別個に評価します。

39

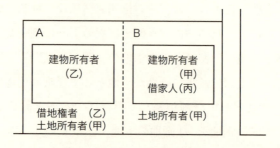

(3) 普通借地権又は定期借地権等の目的となっている宅地を評価する場合において、貸付先が複数であるときには、同一人に貸し付けられている部分ごとに1画地の宅地とします。

　A、B土地には、ともに他人の権利（借地権）が存し、いずれも貸宅地として利用していますが、異なる者の権利の対象となっている（借地権者が異なる）ことから、利用の単位が異なると認められるため、別個に評価します。

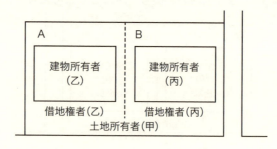

(4) 貸家建付地を評価する場合において、貸家が数棟あるときには、原則として、各棟の敷地ごとに1画地の宅地とします。1画地の宅地の判定は、宅地の評価は、評価通達7-2の定めにより、1画地の宅地（利用の単位となっている1区画の宅地）を評価単位とすることになっています。

　1画地の宅地の判定は、原則として、

① 宅地の所有者による自由な使用収益を制約する他者の権利の存在の有無
② 他者の権利が存在する場合には、その権利の種類及び権利者の異なるごとに区分します。

したがって、貸家建付地を評価する場合において、貸家が数棟あるときは、原則として各棟の敷地ごとに1区画の宅地として評価します。

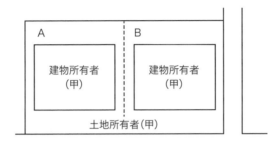

建築会社や住宅メーカーに家賃保証してもらい一括借上げ契約を結んでいる場合があります。このような場合は一括借上げ契約の内容をよく検討する必要があります。各貸家の棟ごとに契約された契約書を1通の契約書にまとめたに過ぎない内容であり、各建物の各々が独立した構造を持ち、借上げ会社の敷地利用権が各建物の敷地の範囲毎に及んでいる場合が該当します。

これに対して、2棟の建物の間に物理的に区分するフェンス等がなく2棟の建物が同時期に建築され、一括借上げの契約を同一の建築会社に同時期に締結している場合を考えてみましょう。建物は2棟ありますが、借家人は同一の建築会社であり、建物も同時に建築され、一括借上げ契約を2棟まとめて締結していることから、借家人の敷地に有する使用借権は全体を一つのものと考えることができます。このような場合はこの敷地全体を1画地とし

I 改正後―地積規模の大きな宅地の評価―

て評価すべきと考えられます。

　また、旧評価通達24-4に定める各要件を満たすものであれば、地積規模の大きな宅地の評価もできるものと考えられます。

(5)　所有する宅地の一部を自己が使用し、他の部分を使用貸借により貸し付けている場合には、その全体を1画地の宅地として評価します。したがって、次図については、A、B土地全体を1画地の宅地として評価します。なお、使用貸借に係る使用権の価額は、零として取り扱い、使用貸借により貸し付けている宅地の価額は自用地価額で評価します。使用借権は、対価を伴わずに貸主、借主間の人的つながりのみを基盤とするもので借主の権利は極めて弱いことから、宅地の評価に当たってはこのような使用借権の価額を控除すべきではなく、所有する宅地の一部を自己が使用し、他の部分を使用貸借により貸し付けている場合には、全体を自用の土地として1画地の宅地として評価します。

　また、旧評価通達24-4に定める各要件を満たすものであれば、地積規模の大きな宅地の評価もできるものと考えられます。

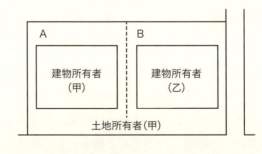

第3章 地積規模の大きな宅地の評価の申告実務

⑺ 不動産鑑定士による鑑定評価による申告

相続税法上の土地評価は、評価通達に従い、路線価地域にあっては路線価方式により、倍率地域にあっては、固定資産税評価額により評価額を算出し、相続税申告書を作成しますが、その評価額が通常の取引価額を著しく上回る場合は、不動産鑑定による鑑定評価額を用いることが考えられます。

新評価通達20-2（地積規模の大きな宅地の評価）による土地評価は、各土地の個性に応じて形状（奥行・不整形）、面積に基づき評価することとされましたが、以下の算式により評価された評価額に反映されない土地の減価要因がある場合も想定されます。

路線価 × 地積 × 補正率[※1] × 規模格差補正率[※2]

（※1）奥行距離や不整形地を考慮した補正率

（※2）地積を考慮した補正率

詳細については、本書 **Ⅱ** 第4章を参照していただく必要がありますが、評価通達はあくまでも土地評価を各種画地補正率を使って簡便的に算定していることを考えてみれば、土地の時価について不動産鑑定理論を使ってより正確に算定し、それが評価通達による評価額と大きな相違があるようであり、それが次の通り、不動産鑑定評価額の方が低く評価できるケースであるならば、

評価通達による相続税評価額 ＞ 不動産鑑定評価額

不動産鑑定士による鑑定額による土地評価額により申告書を作成することを考えてみる必要があるでしょう。

本書は、地積規模の大きな宅地の評価、及び広大地評価の理論と実務のポイントを鑑定理論、そして多数の裁決例の分析により解説した実務書であり、全体を通読し、地積規模の大きな宅地（広大地）の価格形成の理論的背景までを十分に理解することにより、税務申告で考

えられる、より適切な土地評価額が何であるかを考えることができると考えています。

⑻ 申告書作成にあたり留意すべき事項

① 新しい申告書様式

国税庁のホームページに新しい、平成30年分以降用の「土地及び土地の上に存する権利の評価明細書」が掲載されており、平成30年1月1日以降に相続、遺贈又は贈与により取得した財産については、平成30年分以降用を使用し、平成29年12月31日までに相続、遺贈又は贈与により取得した財産については、その年分に応じた様式を使用します。

平成16年から29年分用の「土地及び土地の上に存する権利の評価明細書」では、第2表に広大地の評価額欄がありましたが、平成30年分以降用の「土地及び土地の上に存する権利の評価明細書」では、第2表の広大地の評価額欄は削除されており、第1表に、「6　地積規模の大きな宅地」の欄が追加されています。

6　地積規模の大きな宅地		(1㎡当たりの価額) 円	
（AからFまでのうち該当するもの）　　規模格差補正率※ 　　　　　　　　　　　円　×　　　0. ※規模格差補正率の計算 （地積（Ⓐ））　　（Ⓑ）　　（Ⓒ）　　（地積（Ⓐ））　　　（小数点以下2 {（　　　　㎡×　　　＋　　　）÷　　　　㎡}×　0.8＝0.　位未満切捨て）			G

「土地及び土地の上に存する権利の評価についての調整率表（平成30年分以降用）」も新しくなっており、「⑨規模格差補正率を算定する際の表」が追加されています。

⑨　規模格差補正率を算定する際の表

イ　三大都市圏に所在する宅地

地積㎡　　地区区分　記号	普通商業・併用住宅 普通住宅 Ⓑ	Ⓒ
500以上1,000未満	0.95	25
1,000 〃 3,000 〃	0.90	75
3,000 〃 5,000 〃	0.85	225
5,000 〃	0.80	475

ロ　三大都市圏以外の地域に所在する宅地

地積㎡　　地区区分　記号	普通商業・併用住宅 普通住宅 Ⓑ	Ⓒ
1,000以上3,000未満	0.90	100
3,000 〃 5,000 〃	0.85	250
5,000 〃	0.80	500

第**3**章 地積規模の大きな宅地の評価の申告実務

② 国税庁資産評価企画官情報第5号・資産課税課情報第17号 「財産評価基本通達の一部改正について」通達等のあらましについて（情報）（平成29年10月3日付）

標題の通達等のあらまし（情報）（以下、「改正通達のあらまし（情報）」といいます。）において、地積規模の大きな宅地の評価に関するいくつかの重要な留意事項が記載されていますので確認しておきましょう。

●基準とする容積率について

「指定容積率とは、建築基準法第52条第1項に規定する建築物の延べ面積の敷地面積に対する割合をいう。」

「専門機関の実態調査等の結果に基づき、指定容積率を基準とすることとした。」[2]

容積率には基準容積率もありますが、指定容積率を基準に判定することが明記されています。

●指定容積率の異なる2以上の地域にわたる場合の判定

「評価対象となる宅地が指定容積率の異なる2以上の地域にわたる場合には、建築基準法の考え方に基づき、各地域の指定容積率に、その宅地の当該地域内にある各部分の面積の敷地面積に対する割合を乗じて得たものの合計により容積率を判定する。」[3]

容積率の異なる地域にわたる場合は、加重平均で算出した容積率によって判定することが示されています。

●正面路線が異なる地区にわたる場合の判定

「評価対象となる宅地の正面路線が2以上の地区にわたる場合には、地区について都市計画法の用途地域を判断要素の一つとして設定していることから、建築基準法における用途地域の判定の考え方

---

2 改正通達のあらまし（情報）3(1)ロ③（注1）、（注2）（本書の資料2・100頁）
3 改正通達のあらまし（情報）3(1)ロ③（注1）（本書の資料2・100頁）

45

Ⅰ 改正後―地積規模の大きな宅地の評価―

を踏まえ、当該宅地の過半の属する地区をもって、当該宅地の全部
が所在する地区とする。」[4]

　正面路線が異なる地区にわたる場合は、面積が広い方に属する地区
にあるものとして判定することが示されています。

● 市街化調整区域の開発可能地域でも宅地分譲ができることが要件

　「都市計画法第34条第10号又は第11号の規定に基づき開発許可
の対象とされる建築物の用途等は、地区計画、集落地区計画又は条
例により定められるため、それぞれの地域によってその内容が異な
ることになる。したがって、地区計画又は集落地区計画の区域（地
区整備計画又は集落地区整備計画が定められている区域に限る。）
内、及び条例指定区域内に所在する宅地であっても、例えば、一定
規模以上の店舗等の開発は認められるが、宅地分譲に係る開発は認
められていないような場合には、「地積規模の大きな宅地の評価」
の適用対象とならないことに留意する必要がある。」[5]

● 宅地転用が見込めない農地は対象外

　「市街地農地等について、宅地への転用が見込めないと認められ
る場合には、戸建住宅用地としての分割分譲が想定されないことか
ら、「地積規模の大きな宅地の評価」の適用対象とならないことに
留意する。」[6]

③　チェックリストの記載事項

「（平成30年1月1日以降用「地積規模の大きな宅地の評価」の適
用要件チェックシート）」（106 ～ 107頁）が公表されています。

　内容的に重要な記載は、三大都市圏の一覧表であると思います。こ
の表により、評価対象地が、首都圏、近畿圏、中部圏のどの県のどの

4　改正通達のあらまし（情報）3(1)ハ（イ）（注2）（本書の資料2・101頁）
5　改正通達のあらまし（情報）3(1)ロ①（注）（本書の資料2・99頁）
6　改正通達のあらまし（情報）3(2)（注）（本書の資料2・104頁）

都市に所在するのか、該当の記載があるのか（全域あるいは一部）をチェックする必要があります。一部に記載されている市町村の場合は、その一部が区域指定されており、当該評価対象地の所在する市町村の役所の窓口に行き確認する必要があります。

④ 具体的な計算例[7]

「地積規模の大きな宅地の評価」の具体的な計算例を平成30年分以降用の「土地及び土地の上に存する権利の評価明細書」及び「市街地農地等の評価明細書」を用いて示せば、次のとおりになります。

(設例1) 宅地の場合

三大都市圏内に所在する面積750㎡の宅地
※他の地積規模の大きな宅地の評価の適用要件は満たしています。

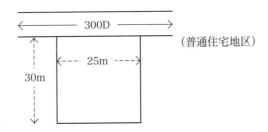

【計算】
1　規模格差補正率

$$\frac{750㎡ \times 0.95 + 25}{750㎡} \times 0.8 = 0.78$$

2　評価額

　　　（路線価）　　（奥行価格補正率）　　（面積）　　（規模格差補正率）
　　300,000円　×　0.95　×　750㎡　×　0.78　＝166,725,000円

（注）規模格差補正率は、小数点以下第2位未満を切り捨てて求める。

---

[7] 改正通達のあらまし（情報）3⑷（本書の資料2・104頁以下）

I 改正後―地積規模の大きな宅地の評価―

(設例2) 市街地農地の場合

　三大都市圏以外の地域内に所在する面積1,500㎡の畑
※1　他の地積規模の大きな宅地の評価の適用要件は満たしています。
　2　宅地造成費として、整地（1㎡当たり600円）を要します。

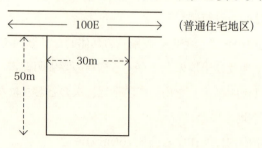

【計算】

1　規模格差補正率

$$\frac{1,500㎡ \times 0.90 + 100}{1,500㎡} \times 0.8 = 0.77$$

2　1㎡当たりの価額

　　　　（路線価）　（奥行価格補正率）（規模格差補正率）　（整地費）
　　（100,000円　×　0.89　×　0.77）　－　600円　＝　67,930円

3　市街地農地の評価額

　　67,930円　×1,500㎡　＝　101,895,000円

（注1）規模格差補正率は、小数点以下第2位未満切捨て
（注2）市街地農地等については、「地積規模の大きな宅地の評価」を適用した後、「市街地農地等の評価明細書」において、宅地造成費相当額を別途控除して評価します。

第3章 地積規模の大きな宅地の評価の申告実務

設例1

土地及び土地の上に存する権利の評価明細書（第1表）

	局(所)	署
	年分	ページ

（平成三十年分以降用）

（住居表示）	（ ）	所有者	住所（所在地）		使用者	住所（所在地）		地形図及び参考事項
所在地番			氏名（法人名）			氏名（法人名）		

| 地目 | 地積 | 路 線 価 | | | | 正面 | 側方 | 側方 | 裏面 |

地 目		地 積		路 線 価				
(宅地) 原野			正面	側方	側方	裏面	
田 畑 雑種地		㎡	円	円	円	円	
山林 [ ]	750		300,000				

間口距離	25 m	利用区分	自 用 地 貸家建付借地権 貸 宅 地 転 貸 借 地 権 貸家建付地 転 借 権 借 地 権 借家人の有する権利 私 道	地区区分	ビル街地区 高度商業地区 繁華街地区 普通商業・併用住宅地区	(普通住宅地区) 中小工場地区 大工場地区
奥行距離	30 m					

自用地1平方メートル当たりの価額	**1 一路線に面する宅地** （正面路線価）　　　　　　（奥行価格補正率） 300,000 円 × 0.95					（1㎡当たりの価額）円 285,000	A
	2 二路線に面する宅地 (A)　[側方 路線価] 　（奥行価格 補正率）　[側方 二方 路線影響加算率] 裏面 円 + (円 × . × 0.)					（1㎡当たりの価額）円	B
	3 三路線に面する宅地 (B)　[側方 路線価] 　（奥行価格 補正率）　[側方 二方 路線影響加算率] 裏面 円 + (円 × . × 0.)					（1㎡当たりの価額）円	C
	4 四路線に面する宅地 (C)　[側方 路線価] 　（奥行価格 補正率）　[側方 二方 路線影響加算率] 裏面 円 + (円 × . × 0.)					（1㎡当たりの価額）円	D
	5-1 間口が狭小な宅地等 （AからDまでのうち該当するもの）　（間口狭小 補正率）　（奥行長大 補正率） 円 × (. × .)					（1㎡当たりの価額）円	E
	5-2 不整形地 （AからDまでのうち該当するもの）　不整形地補正率※ 円 × 0. ※不整形地補正率の計算 （想定整形地の間口距離）　（想定整形地の奥行距離）　（想定整形地の地積） m × m = ㎡ （想定整形地の地積）（不整形地の地積）（想定整形地の地積）（かげ地割合） （ ㎡ － ㎡ ） ÷ ㎡ = % （不整形地補正率表の補正率）（間口狭小補正率）（小数点以下2位未満切捨て）[不整形地補正率] 0. × . = 0.① ①、②のいずれか低い率、0.6を限度とする。 （奥行長大補正率）（間口狭小補正率） . × . = 0.② 0.					（1㎡当たりの価額）円	F
	6 地積規模の大きな宅地 （AからFまでのうち該当するもの）　規模格差補正率※ 285,000 × 0.78 ※規模格差補正率の計算 （地積（Ⓐ））　　（Ⓑ）　　（Ⓒ）　　（地積（Ⓐ））　　（小数点以下2位未満切捨て） {(750 ㎡ × 0.95 + 25) ÷ 750 ㎡} × 0.8 = 0.78					（1㎡当たりの価額）円 222,300	G
	7 無 道 路 地 （F又はGのうち該当するもの）　　　　（※） 円 × (1 － 0.) ※割合の計算（0.4を限度とする。） （正面路線価）（通路部分の地積）（F又はGのうち該当するもの）（評価対象地の地積） (円 × ㎡) ÷ (円 × ㎡) = 0.					（1㎡当たりの価額）円	H
	8 がけ地等を有する宅地 （AからHまでのうち該当するもの）　[南 、東 、西 、北]（がけ地補正率） 円 × 0.					（1㎡当たりの価額）円	I
	9 容積率の異なる2以上の地域にわたる宅地 （AからIまでのうち該当するもの）　（控除割合（小数点以下3位未満四捨五入）） 円 × (1 － 0.)					（1㎡当たりの価額）円	J
	10 私 道 （AからJまでのうち該当するもの） 円 × 0.3					（1㎡当たりの価額）円	K

自用地の評価額	自用地1平方メートル当たりの価額 （AからKまでのうちの該当記号） (G)　　222,300 円	地 積 750 ㎡	総 額 （自用地1㎡当たりの価額）×（地積） 166,725,000 円	L

（注）1 5-1の「間口が狭小な宅地等」と5-2の「不整形地」は重複して適用できません。
　　　2 5-2の「不整形地」の「AからDまでのうち該当するもの」欄の価額について、AからDまでの欄で計算できない場合には、（第2表）の「備考」欄等で計算してください。

（資4-25-1-A4統一）

49

I 改正後—地積規模の大きな宅地の評価—

設例2

土地及び土地の上に存する権利の評価明細書（第1表）

局(所)	署
年分	ページ

（平成三十年分以降用）

（住居表示）（　　　　　　）	所有者	住所（所在地）		使用者	住所（所在地）	
所在地番		氏名（法人名）			氏名（法人名）	

地目	地積	路線価				地形図及び参考事項
宅地　原野 田　　畑 山林　[　]	㎡ 1,500	正面 100,000 円	側方 円	側方 円	裏面 円	

間口距離	30 m	利用区分	自用地　貸家建付借地権 貸宅地　転貸借地権 貸家建付地　転借権 借地権　借家人の有する権利 私道	地区区分	ビル街地区　　（普通住宅地区） 高度商業地区　中小工場地区 繁華街地区　　大工場地区 普通商業・併用住宅地区
奥行距離	50 m				

				(1㎡当たりの価額) 円	
自用地1平方メートル当たりの価額	1　一路線に面する宅地 （正面路線価）　　　　　（奥行価格補正率） 100,000 円 × 0.89			89,000	A
	2　二路線に面する宅地 (A) 　　[側方 裏面]路線価 （奥行価格補正率）[側方 二方]路線影響加算率 円 ＋ （ 円 × ． × ０．）			(1㎡当たりの価額) 円	B
	3　三路線に面する宅地 (B) 　　[側方 裏面]路線価 （奥行価格補正率）[側方 二方]路線影響加算率 円 ＋ （ 円 × ． × ０．）			(1㎡当たりの価額) 円	C
	4　四路線に面する宅地 (C) 　　[側方 裏面]路線価 （奥行価格補正率）[側方 二方]路線影響加算率 円 ＋ （ 円 × ． × ０．）			(1㎡当たりの価額) 円	D
	5-1　間口が狭小な宅地等 （AからDまでのうち該当するもの）（間口狭小補正率）（奥行長大補正率） 円 × （ ． × ． ）			(1㎡当たりの価額) 円	E
	5-2　不 整 形 地 （AからDまでのうち該当するもの）　　不整形地補正率※ 円 × ０． ※不整形地補正率の計算 （想定整形地の間口距離）（想定整形地の奥行距離）（想定整形地の地積） 　 m × 　 m ＝ 　 ㎡ （想定整形地の地積）（不整形地の地積）　　（想定整形地の地積）（かげ地割合） （ 　 ㎡ － 　 ㎡ ） ÷ 　 ㎡ ＝ ％ （不整形地補正率表の補正率）（間口狭小補正率）（小数点以下2位未満切捨て）[不整形地補正率 ０． × ． ＝ 0. ①　 ①、②のいずれか低い （奥行長大補正率）（間口狭小補正率） 率、0.6を限度とする。] ． × ． ＝ 0. ②			(1㎡当たりの価額) 円	F
	6　地積規模の大きな宅地 （AからFまでのうち該当するもの）　規模格差補正率※ 89,000 円 × 0.77 ※規模格差補正率の計算 （地積(Ⓐ)）　(Ⓑ)　(Ⓒ)　（地積(Ⓐ)）（小数点以下2位未満切捨て） { (1,500 ㎡× 0.90 + 100) ÷ 1,500 ㎡ } × 0.8 ＝ 0.77			(1㎡当たりの価額) 円 68,530	G
	7　無 道 路 地 （F又はGのうち該当するもの）　　　　　　　（※） 円 × （ 1 － 0. ） ※割合の計算（0.4を限度とする。） （正面路線価）（通路部分の地積）（F又はGのうち該当するもの）（評価対象地の地積） 円 × 　 ㎡ ÷ （ 　 ㎡ ÷ 　 ㎡ ） = 0.			(1㎡当たりの価額) 円	H
	8　がけ地等を有する宅地 （AからHまでのうち該当するもの）　［南、東、西、北］（がけ地補正率） 円 × ０．			(1㎡当たりの価額) 円	I
	9　容積率の異なる2以上の地域にわたる宅地 （Aからiまでのうち該当するもの）（控除割合（小数点以下3位未満四捨五入）） 円 × （ 1 － 0. ）			(1㎡当たりの価額) 円	J
	10　私 道 （AからJまでのうち該当するもの） 円 × 0.3			(1㎡当たりの価額) 円	K

自用地の評価額	自用地1平方メートル当たりの価額 （AからKまでのうちの該当記号） (G) 68,530 円	地積 1,500 ㎡	総額 （自用地1㎡当たりの価額）×（地積） 102,795,000 円	L

（注）1　5-1の「間口が狭小な宅地等」と5-2の「不整形地」は重複して適用できません。
　　　2　5-2の「不整形地」の「AからDまでのうち該当するもの」欄の価額について、AからDまでの欄で計算できない場合には、（第2表）の「備考」欄等で計算してください。

（資4-25-1-A4統一）

50

設例2

市 街 地 農 地 等 の 評 価 明 細 書

市 街 地 農 地　　市 街 地 山 林
市街地周辺農地　　市 街 地 原 野

（平成十八年分以降用）

所 在 地 番		
現 況 地 目		① 地積　**1,500** ㎡

評価の基とした宅地の1平方メートル当たりの評価額	所 在 地 番		
	② 評価額の計算内容		③ （ 評 価 額 ）　　　　　円
評価する農地等が宅地であるとした場合の1平方メートル当たりの評価額	④ 評価上考慮したその農地等の道路からの距離、形状等の条件に基づく評価額の計算内容		⑤ （ 評 価 額 ）　　　　　円　　**68,530**

宅地造成費の計算

平坦地	整地費	整 地 費	（ 整地を要する面積 ）　　　　（ 1 ㎡当たりの整地費 ）　　**1,500** ㎡ ×　**600** 円	⑥　**900,000**　円
		伐採・抜根費	（ 伐採・抜根を要する面積 ）　　（ 1 ㎡当たりの伐採・抜根費 ）　　㎡ ×　　　円	⑦　円
		地盤改良費	（ 地盤改良を要する面積 ）　　（ 1 ㎡当たりの地盤改良費 ）　　㎡ ×　　　円	⑧　円
	土盛費		（ 土盛りを要する面積 ）（平均の高さ）（ 1 ㎡当たりの土盛費 ）　　㎡ ×　　m ×　　円	⑨　円
	土止費		（ 擁 壁 面 の 長 さ ）（平均の高さ）（ 1 ㎡当たりの土止費 ）　　m ×　　m ×　　円	⑩　円
	合計額の計算		⑥ ＋ ⑦ ＋ ⑧ ＋ ⑨ ＋ ⑩	⑪　**900,000**　円
	1 ㎡当たりの計算		⑪ ÷ ①	⑫　**600**　円
傾斜地	傾斜度に係る造成費		（ 傾 斜 度 ）　　　度	⑬　円
	伐採・抜根費		（伐採・抜根を要する面積）　（ 1 ㎡当たりの伐採・抜根費 ）　　㎡ ×　　　円	⑭　円
	1 ㎡当たりの計算		⑬ ＋ （ ⑭ ÷ ① ）	⑮　円

市 街 地 農 地 等 の 評 価 額	（⑤ － ⑫ （ 又 は ⑮ ））× ① (注) 市街地周辺農地については、さらに0.8を乗ずる。	**101,895,000** 円

(注) 1　「②評価額の計算内容」欄には、倍率地域内の市街地農地等については、評価の基とした宅地の固定資産税評価額及び倍率を記載し、路線価地域内の市街地農地等については、その市街地農地等が宅地である場合の画地計算の内容を記載してください。なお、画地計算が複雑な場合には、「土地及び土地の上に存する権利の評価明細書」を使用してください。

2　「④評価上考慮したその農地等の道路からの距離、形状等の条件に基づく評価額の計算内容」欄には、倍率地域内の市街地農地等について、「③評価額」欄の金額と⑤評価額」欄の金額とが異なる場合に記載し、路線価地域内の市街地農地等については記載の必要はありません。

3　「傾斜地の宅地造成費」に加算する伐採・抜根費は、「平坦地の宅地造成費」の「伐採・抜根費」の金額を基に算出してください。

(資4－26－A4統一)

Ⅰ 改正後―地積規模の大きな宅地の評価―

第4章　広大地と地積規模の大きな宅地の比較

吉田　正毅

1　はじめに

　平成29年度税制改正の大綱において、相続税等の財産評価の適正化として、相続税の時価主義の下、実態を踏まえて、広大地の評価についての見直しを行うとされました[1]。

　具体的には、以下のとおりです。

> 　広大地の評価について、現行の面積に比例的に減額する評価方法から、各土地の個性に応じて形状・面積に基づき評価する方法に見直すとともに、適用要件を明確化する。

　上記の税制改正大綱をうけて、「財産評価基本通達」の一部改正（案）の概要が公表され、意見公募手続が実施されました。「財産評価基本通達」の一部改正（案）では、以下のとおり、広大地の評価に係る評価通達24-4は削除され、新たに地積規模の大きな宅地の評価に係る評価通達20-2が新設されるとされました[2]。

> 1　広大地の評価（評価通達20-2、24-4）
>   (1)　地積規模の大きな宅地の評価を新設し、各土地の個性に応じて形状・面積に基づき評価することとします。
>   (注) 市街地農地等の評価における「宅地であるとした場合の1平方メートル当たりの価額」についても、同様に評価します。
>   なお、これに伴い、広大地の評価を廃止します。
>   (2)　地積規模の大きな宅地の判定について、地区区分や都市計画法の区域区分等を基にすることとし、適用要件を明確化します。

1　「平成29年度税制改正の大綱」45頁（https://www.mof.go.jp/tax_policy/tax_reform/outline/fy2017/20161222taikou.pdf）
2　「財産評価基本通達」の一部改正（案）の概要

第 4 章 広大地と地積規模の大きな宅地の比較

　上記の意見公募手続の結果を受けて、市街地農地について地積規模の大きな宅地の評価が適用されることを明確化する修正等がされたうえで、正式に評価通達20-2として地積規模の大きな宅地の評価が新設され、同通達24-4の広大地の評価が廃止されることとなり、平成30年1月1日より適用されることとなりました。

2　地積規模の大きな宅地

　新設される地積規模の大きな宅地に係る評価通達20-2（以下「通達20-2」といいます。）は、**資料1**の78～80頁のとおりです。
　地積規模の大きな宅地の要件を図示すると以下のとおり整理が可能です。

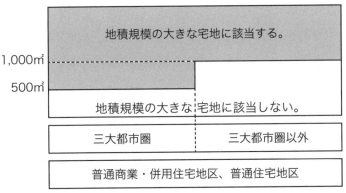

※ただし、通達20-2(1)ないし(3)の要件に該当するものを除く。

3　通達改正の趣旨

(1)　通達改正の趣旨

　広大地の評価では、広大地補正率が、個別の土地の形状等とは関係なく面積に応じて比例的に減額するものでしたので、社会経済情勢の変化に伴い、広大地の形状によっては、それを加味して決まる取引価額と相続税評価額が乖離する場合が生じていました。また、広大地の

53

Ⅰ 改正後―地積規模の大きな宅地の評価―

評価の適用要件は、「定性的（相対的）」なものであったことから、広大地に該当するか否かの判断に苦慮するなどの問題も生じていました。

そこで、上記１のとおり、平成29年度税制改正の大綱が示され、「地積規模の大きな宅地の評価」を新設し、その適用要件については、地区区分や都市計画法の区域区分等を基にすることにより「定量的（絶対的）」なものとして明確化を図ったとされています[3]。

(2) 通達改正の概要

「地積規模の大きな宅地の評価」は、新たに「規模格差補正率」を設け、「地積規模の大きな宅地」を戸建住宅用地として分割分譲する場合に発生する減価のうち、主に地積に依拠する①戸建住宅用地としての分割分譲に伴う潰れ地の負担による減価、②戸建住宅用地としての分割分譲に伴う工事・整備費用等の負担による減価、③開発分譲業者の事業収益・事業リスク等の負担による減価を反映させることとしたとされています[4]。

したがって、広大地の評価に係る広大地補正率は、土地の個別的要因に基づいて最も経済的・合理的な使用の観点から算定された鑑定評価額を基に統計学の手法を用いて設定しており、土地の個別的要因に係る補正が全て考慮されたものであったのに対し、「規模格差補正率」は、主に地積に依拠する減価を反映したものとなります。

4 地積規模の大きな宅地の評価と広大地の評価の比較

(1) 面積基準について

地積規模の大きな宅地の評価は、通達20−2括弧書きにおいて、面

---

3 国税庁「『財産評価基本通達の一部改正について』通達等のあらましについて（情報）」2頁（https：//www.nta.go.jp/shiraberu/zeiho-kaishaku/joho-zeikaishaku/hyoka/171005/pdf/01.pdf）（本書資料2）

4 前掲注3・国税庁・3頁（本書98頁）

54

第4章 広大地と地積規模の大きな宅地の比較

積基準を設けています。

　広大地の評価においては、評価対象地が都市計画法施行令第19条第1項及び第2項の規定に基づき各自治体の定める開発許可を要する面積基準以上であれば、原則として、その地域の標準的な宅地に比して著しく地積が広大であると判断することができるとされていました[5]。具体的には、以下の面積基準が挙げられていました。

イ　市街化区域、非線引き都市計画区域及び準都市計画区域（ロに該当するものを除く。）
　　・・・・・・・・・・ 都市計画法施行令第19条第1項及び第2項に定める面積[※]
※(イ) 市街化区域
　　　三大都市圏・・・・・・・・・・・・・・・・・・・・・・・・・・・ 500㎡
　　　それ以外の地域・・・・・・・・・・・・・・・・・・・・・・・・1,000㎡
　(ロ)　非線引き都市計画区域及び準都市計画区域・・・・・・・・・・3,000㎡
ロ　非線引き都市計画区域及び準都市計画区域のうち、用途地域が定められている区域・・・・・・・・・・・・・・・・・・・・・・・市街化区域に準じた面積

　地積規模の大きな宅地の評価の面積基準は、上記の広大地の評価の市街化区域の面積基準と同様の基準が用いられていることが分かります。国税庁は、「地積規模の大きな宅地の評価」は、戸建住宅用地として分割分譲する場合に発生する減価を反映させることを趣旨とするものであることから、戸建住宅用地としての分割分譲が法的に可能であり、かつ、戸建住宅用地として利用されるのが標準的である地域に所在する宅地が対象となることから、上記の基準としたとしています[6]。

　また、広大地の評価の場合、「原則として」という限定が付され、面積基準には例外があるとされていましたが、地積規模の大きな宅地の評価の面積基準は、そのような限定は付されず、面積基準により形

5　国税庁「広大地の評価における「著しく地積が広大」であるかどうかの判断」（https://www.nta.go.jp/shiraberu/zeiho-kaishaku/shitsugi/hyoka/18/02.htm）
6　前掲注3・国税庁・4頁（本書98頁）

55

式的に判断されるように改正されたものといえます。

⑵　市街化調整区域に関する除外事由について

　地積規模の大きな宅地の評価は、通達20-2⑴において市街化調整区域に関する除外事由を設けています。

　広大地の評価においては、市街化調整区域は市街化を抑制すべき区域で、原則、周辺地域住民の日常生活用品の店舗や農林漁業用の一定の建築物などの建築の用に供する目的など、一定のもの以外は開発行為を行うことができない区域であることから、市街化調整区域内の宅地は、通常、広大地の評価を行うことはできないとされています。一方、都市計画法の規定により開発行為を許可することができることとされた区域内の土地等（例えば、都市計画法第34条第11号の規定に基づき都道府県等が条例で定めた区域内の宅地）で、都道府県等の条例の内容により戸建分譲を目的とした開発行為を行うことができる場合には、市街化調整区域内の宅地であっても広大地の評価における他の要件を満たせば広大地の評価を行うことができるとされています[7]。

　地積規模の大きな宅地の評価についても、通達20-2⑴において、市街化調整区域に所在する宅地を地積規模の大きな宅地から除外し、括弧書きで、都市計画法第34条第10号又は第11号の規定に基づき宅地分譲に係る開発行為を行うことができる区域を除くとしており、上記の広大地の評価の可否と同じ基準を設けていることが分かります。

　国税庁は、市街化調整区域であっても、都市計画法第34条第10号又は第11号の規定に基づき宅地分譲に係る開発行為を行うことができる区域については、戸建住宅用地としての分割分譲が法的に可能であることから、これらの区域内に所在する宅地について、地積規模を

7　国税庁「市街化調整区域内における広大地の評価の可否」
　　(https://www.nta.go.jp/shiraberu/zeiho-kaishaku/shitsugi/hyoka/18/07.htm)

第**4**章 広大地と地積規模の大きな宅地の比較

満たす場合には「地積規模の大きな宅地」に該当するものとしたとしています[8]。

(3)　工業専用地域に関する除外事由について

地積規模の大きな宅地の評価は、通達20-2(2)において、工業専用地域に所在する宅地の除外規定を設けています。

広大地の評価は、大規模工場用地に該当するものを除くとしているほか、裁決例や裁判例の傾向をみると、基本的に戸建住宅の敷地として分譲しようとした場合に道路の負担が必要とされる場合に広大地に該当するとしています。

工業専用地域は、住宅を建築することはできないため（建築基準法48条12項及び別表第二（を））、戸建住宅の敷地として分譲を想定することはできません。そのため、広大地と認められない地域と同様の除外規定と理解できます。

国税庁は、工業専用地域に所在する宅地については、地積規模が大きいものであっても、基本的に戸建て住宅用地としての分割分譲に伴う減価が発生する余地がないことから「地積規模の大きな宅地」に該当しないものとしたとしています[9]。

(4)　容積率に関する除外事由について

地積規模の大きな宅地の評価は、通達20-2(3)において容積率400％以上（東京都特別区においては300％以上）である宅地の除外規定を設けています。

広大地の評価では、指定容積率が300％以上の地域内にある場合には、戸建住宅の敷地用地として利用するよりも中高層の集合住宅等の

8　前掲注3・国税庁・4頁（本書99頁）
9　前掲注3・国税庁・5頁（本書100頁）

敷地用地として利用する方が最有効使用と判断される場合が多いことから、原則としてマンション適地に該当し、広大地の評価はできないこととされています[10]。

国税庁は、建築基準法52条1項の指定容積率が400％（東京都の特別区内においては300％）以上の地域に所在する宅地については、マンション敷地等として一体的に利用されることが標準的であり、戸建住宅用地として分割分譲が行われる蓋然性が乏しいと考えられることから、「地積規模の大きな宅地」に該当しないものとしたとしています[11]。広大地の評価と異なるのは、「原則として」という文言がなくなった点で、指定容積率を基準として形式的に判断されるようになりました。

なお、広大地の評価では、参考情報として建築基準法52条2項の基準容積率についての記載がありましたが、地積規模の大きな宅地の評価では、基準容積率は使えないという点に留意が必要です[12]。

⑸　大規模工場用地に関する除外規定について

新20-2の地積規模の大きな宅地の評価は、普通商業・併用住宅地区及び普通住宅地区として定められた地域に所在する土地に適用があるものとされています。一方、新21-2で倍率地域の所在する地積規模の大きな宅地については、かっこ書きで大規模工場用地を除くとの除外規定が設けられています。

広大地の評価においては、旧24-4において、かっこ書きで大規模工場用地は除くとされていました。

10　国税庁「広大地の評価における『中高層の集合住宅等の敷地用地に適しているもの』の判断」（https：//www.nta.go.jp/shiraberu/zeiho-kaishaku/shitsugi/hyoka/18/04.htm）
11　前掲注3・国税庁・5頁（本書100頁）
12　「『財産評価基本通達』の一部改正（案）に対する意見募集の結果について」番号5（http：//search.e-gov.go.jp/servlet/PcmFileDownload?seqNo＝0000164860）

第|4|章 広大地と地積規模の大きな宅地の比較

　国税庁は、大規模工場用地に該当する場合は、戸建住宅用地としての分割分譲が行われる蓋然性が乏しいと考えられることから、大規模工場用地については、「地積規模の大きな宅地」に該当しないものとしたとしています[13]。また、大規模工場用地は、路線価地域においては、評価通達14-2《地区》に定める大工場地区に所在するものに限られるため、普通商業・併用住宅地区及び普通住宅地区を適用対象とした場合、大規模工場用地は適用対象から除かれると説明されています[14]。

　したがって、大規模工場用地を除くという点は、広大地の評価と同じ除外規定と理解できます。

(6) 規模格差補正率と広大地補正率の比較

　以上、地積規模の大きな宅地の評価は、広大地の評価と類似している評価ではあるのですが、広大地補正率は、土地の個別的要因に係る補正が全て考慮されたものであったのに対し、規模格差補正率は、主に地積に依拠する減価を反映したものであるため補正率が大きく異なることとなっています。以下の図が、それぞれの補正率を比較した図です。

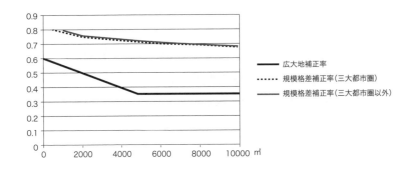

13　前掲注3・国税庁・5頁（本書100頁）
14　前掲注3・国税庁・6頁（本書100頁）

I 改正後―地積規模の大きな宅地の評価―

　広大地補正率に比べて、規模格差補正率がいずれも0.2から0.3程度大きくなっていることが分かります。地積規模の大きな宅地の評価は、規模格差補正率に加えて、評価通達15から20までの定めにより、各土地の個性に応じて評価されることとなりますが、これらの補正を加えても広大地補正率と比べて、評価額は高くなるものと思われます。
　具体例で検討してみましょう。

① 具体例（その1）奥行価格補正及び側方路線影響加算が必要な場合[15]

【普通住宅地区】

宅地の地積は2,145㎡とします。

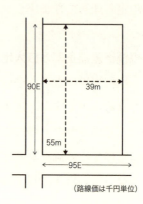

（路線価は千円単位）

【広大地の評価】

　正面路線価：95千円[16]

$$95千円 \times \left(0.6 - 0.05 \times \frac{2,145㎡}{1,000㎡}\right) \times 2,145㎡ = 100,410,131円$$

【地積規模の大きな宅地の評価（三大都市圏に所在する場合）】

　奥行価格補正をし、正面路線を判断します。

　95千円×奥行価格補正率0.88＝83,600円

　　　　　　　こちらが正面路線価となります（通達16(1)）。

---

[15] 国税庁「広大地の評価の計算例（その1）」(https://www.nta.go.jp/shiraberu/zeiho-kaishaku/shitsugi/hyoka/18/08.htm)
[16] 通常の宅地の正面路線価は、路線価に奥行価格補正率を乗じた後の価額で判定しますが、広大地の正面路線価は、面している路線のうち最も高い路線価で判定します。

第 **4** 章 広大地と地積規模の大きな宅地の比較

90千円×奥行価格補正率0.92＝82,800円

奥行価格補正率も改正される点にご留意ください。

側方路線影響加算をします。

83,600円＋（82,800円×側方路線影響加算率0.03）＝86,084円

規模格差補正率を算出します。

$$\frac{2,145\text{㎡}\times 0.9 + 75}{2,145\text{㎡}} \times \ 0.8 \ = \ 0.74 \ （小数点第2位未満切捨て）$$

側方路線影響加算をした後の金額に規模格差補正率を乗じます。

86,084×0.74＝63,702円（小数点以下切捨て）

評価対象地の評価額を算出します。

63,702円×2,145㎡＝136,640,790円

【地積規模の大きな宅地の評価（三大都市圏以外に所在する場合）】

　上記の三大都市圏に所在する場合と規模格差補正率のみが異なります。

規模格差補正率

$$\frac{2,145\text{㎡}\times 0.9 + 100}{2,145\text{㎡}} \times \ 0.8 \ = \ 0.75 \ （小数点第2位未満切捨て）$$

側方路線影響加算をした後の金額に規模格差補正率を乗じます。

86,084×0.75＝64,563円（小数点以下切捨て）

評価対象地の評価額を算出します。

64,563円×2,145㎡＝138,487,635円

②　具体例（その2）不整形地補正が必要な場合[17]

【普通住宅地区】

　宅地の地積は2,800㎡、かげ地地積は200㎡、想定整形地は3,000㎡です。

17　国税庁「広大地の評価の計算例（その2）」(https://www.nta.go.jp/shiraberu/zeiho-kaishaku/shitsugi/hyoka/18/09.htm)

I 改正後―地積規模の大きな宅地の評価―

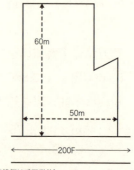

（路線価は千円単位）

【広大地の評価】

　正面路線価：200千円

$$200千円 \times \left(0.6 - 0.05 \times \frac{2,800㎡}{1,000㎡}\right) \times 2,800㎡ = 257,600,000円$$

【地積規模の大きな宅地の評価（三大都市圏に所在する場合）】

　奥行価格補正をします。

　200千円×奥行価格補正率0.86＝172,000円

　かげ地割合を算出します。

$$\frac{3,000㎡ - 2,800㎡}{3,000㎡} = 0.066$$

　不整形地補正をします。

　172,000円×不整形地補正率1.00＝172,000円

　規模格差補正率を算出します。

$$\frac{2,800㎡ \times 0.9 + 75}{2,800㎡} \times 0.8 = 0.74 \text{（小数点第2位未満切捨て）}$$

　不整形地補正後の金額に規模格差補正率を乗じます。

　172,000円×0.74＝127,280円

　評価対象地の評価額を算出します。

　127,280円×2,800㎡＝356,384,000円

　なお、造成費については、考慮しないこととしています。

第|4|章 広大地と地積規模の大きな宅地の比較

【地積規模の大きな宅地の評価（三大都市圏以外に所在する場合）】

　小数点第2位未満を切り捨てるため三大都市圏に所在する場合と規模格差補正率が同じになり、評価額も同じ金額となります。

5　相続時精算課税制度を利用した広大地評価の適用

　地積規模の大きな宅地の評価は、広大地の評価と比較して、他の補正を合わせて考えても減額率が低く、総じて土地の評価額が上がる傾向になると思われます。この点、不整形補正率を最大限に適用すると、ほぼ旧広大地通達の数値と同じとなるとの指摘がされています[18]。

　そこで、広大地評価が廃止される平成30年1月1日より前に相続時精算課税を利用して生前贈与することにより、広大地評価を適用するというタックスプランニングが検討がされています。ただし、贈与時点で広大地として評価減すること自体が税務上通るかどうか明確でない場合は、贈与税が多額にかかる可能性も十分にあります。相続時精算課税の非課税枠は2,500万円ですので、それを超過すると20％の贈与税がかかります。そのため、平成30年1月1日以降に否認リスクの少ない地積規模の大きな宅地の評価により現時点の相続税評価額で固定して生前贈与する方が、税務リスクが少なく安全といえる面もあります。

　もし、広大な土地を所有している場合、このような税務リスクを踏まえたうえで、平成29年の年内というあわただしいスケジュールではありますが、上記のタックスプランニングを検討してみる価値はあるでしょう。

18　下崎寛「広大地通達の廃止と『地積規模の大きな宅地の評価』通達の創設について」税理60巻（平成29年）11号148頁

63

I 改正後—地積規模の大きな宅地の評価—

第5章　地積規模の大きな宅地の評価の論点

吉田　正毅

1　地積規模の大きな宅地の評価について

　地積規模の大きな宅地は、宅地の所在する地域と面積により形式的に該当性が判断され、規模格差補正率が定まるため、広大地の評価のような各要件が問題となることはありません。しかし、広大地の評価においても、その前提として、1画地の宅地の範囲が争点となることが少なくありませんでした。

　そのため、今後も地積規模の大きな宅地に該当するか否かを巡って、評価単位が争点となることが予測されます。

　また、評価対象地について、評価通達15から20までの定めにより計算した価額に規模格差補正率を乗ずるものとされていることから、従来は、広大地の評価により、評価通達15から20までの定めが適用されていなかった土地についてこれらの通達の定めが適用されることになります。さらに評価通達20-3から20-6までの規定も適用されることとなります。

　したがって、地積規模の大きな宅地の評価をするにあたり、これらの評価通達の定めが問題となる可能性もあります。

　以下では、これらが争点となった事例をいくつか紹介します。

2　宅地の評価単位

(1)　宅地の評価単位とは

　宅地の評価単位は、評価通達7-2に定められており、宅地の価額は一筆単位で評価するのではなく、利用の単位となっている[1]画地の宅地ごとに評価するとされています。1画地の宅地をどのように判定するか

について、国税庁はその判定例を紹介しています[1]。この点については、第3章で詳細に論じていますので33頁以下をご覧ください。

　贈与、遺産分割等によって宅地の分割が行われた場合は、原則として、分割後の画地を1画地の宅地として評価するとされています。しかし、例えば、無道路地や奥行きが短小であることによる補正を行う目的で、現実の利用状況を無視した不合理な分割が行われた場合は、実態に即した評価が行えるよう、その分割前の画地を「1画地の宅地」として評価することとされています[2]。このように宅地の評価単位は、評価通達による補正に密接に関連しており、納税者と税務当局で争いとなるおそれを内包しています。

　では、裁判例や裁決例で宅地の評価単位についてどのような判断がされているかみていきましょう。

(2) 法令解釈

　静岡地判平成19年7月12日税資257号順号10752は、評価単位について、「評価通達が定めるところの『利用の単位となっている1区画の宅地』であるか否かを判断するにあたっては、対象地の外観、利用状況及び権利関係等を総合的に斟酌してこれを行うことが相当である。なぜなら、評価通達が定めるところの『利用の単位』を判断するにあたっては、対象地の利用状況あるいは権利関係が重要な要素となることはもちろんのこと、対象地の実際の利用実態を推認させる事情として、対象地の外観も重要な要素をなすものということができる上、前記の課税実務においても、宅地上に設定された権利が使用借権かそれ以外の権利であるのかが1画地であるか否かを判断するにあたっての重要な要素とされてはいるものの、必ずしも、それのみが基準となっ

1　国税庁「宅地の評価単位」(https://www.nta.go.jp/taxanswer/hyoka/4603.htm)
2　谷口浩之編『財産評価基本通達逐条解説』38頁（大蔵財務協会、平成25年）

65

ているものではないと認めることができるからである。」と判示しています。控訴審の東京高判平成20年2月21日税資258号順号10899において、控訴人が上記の判断に対して「国税庁の公式見解として一般に公開されている『質疑応答事例』の記載を引用し、1画地の宅地か否かの判断は、宅地の所有者による自由な使用収益を制約する他者の権利があるかどうかでなされるべきであって、原判決の上記判断の仕方は、課税庁の恣意的な判断を認めるおそれがあるし、上記の国税庁の公式見解を判断基準として理解している国民の信頼を裏切ることにもなるのであって、許されない」旨主張したのに対し、裁判所は「確かに、『利用の単位となっている1区画の宅地』か否かを判断する上で、宅地の所有者による自由な使用収益を制約する他者の権利があるかどうかが重要な要素になることは明らかである。しかし、ここでの問題は『利用の単位』についての判断であるから、対象地の利用状況を考慮すべきは当然であるし、また、利用の範囲を判断する上で、対象地の外観も軽視できないのであって、これらの要素を総合的に判断すべきことに問題はない」として、静岡地裁の上記判断を維持しました。この事案は、さらに上告もされましたが、上告棄却の決定がされています[3]。

　したがって、『利用の単位となっている1区画の宅地』であるか否かを判断するにあたっては、対象地の外観、利用状況及び権利関係等を総合的に斟酌して判断することになります。

(3)　事実認定・あてはめ

■静岡地判平成19年7月12日税資257号順号10752

　ア　事案の概要

　夫から本件土地の持ち分の3分の2の贈与を受けた原告が、「居住用不動産の贈与を受けた配偶者に対する控除の特例」を適用して贈与

3　最判平成20年7月4日税資258号順号10983

第 5 章 地積規模の大きな宅地の評価の論点

税の申告したところ、税務署長が、本件土地の東側部分は、A株式会社へ賃貸されているので、上記特例は居宅の敷地とされている西側部分に係る持ち分のみに適用されるとして更正処分をしたため、原告が本件土地は1画地の土地として評価すべきであるなどとして不服申し立てをした事案です。

本件土地の状況図

路線価
68千円

路線価
95千円

10.3m　　　16.5m

道路
2m

本件居宅

本件倉庫兼事務所

道路
6m

12.0m

出入口　出入口　出入口

倉庫取付屋根

西門　　　東門

庭

イ　認定した事実

A　本件土地の外観について

● 本件土地の西側部分には本件居宅が、東側部分には本件倉庫兼事務所が、それぞれ存在する。両建物の壁及び屋根は近接しており、とりわけ屋根については極めて接近している。もっともこれらが接している部分は全くなく、両建物の間に渡り廊下等の通路も設けられていないから、両建物は、外観上は完全に別個独立の建物ということができる。

● 本件土地西側部分には、その西端に幅約90センチメートルの西門が、その東端に幅約135センチメートルの東門が設置されており、それぞれの門に原告らの表札が掲げられている。西門は西側道路と接しており、同門にはインターホンや郵便受けが設置されており、東門は本件土地の東側部分と接している。

● 本件倉庫兼事務所には3カ所の出入口があるが、東側道路に接するものはなく、いずれも南向きであって、南側敷地に面している。そして、

67

Ⅰ 改正後—地積規模の大きな宅地の評価—

これらの出入口中、最も西寄りにあるものは、本件倉庫兼事務所の倉庫部分への出入口となっており、同倉庫内には、資材等が備え置かれている。また、前記倉庫部分への出入口の上部には、同部分の南側敷地いっぱいまで取付屋根が設置されており、同屋根は、南側敷地端に固定された2本の柱によって支えられている。

● 本件土地西側部分の南側の敷地には、砂利が敷かれ、庭木が植えられているほか庭石が設置されている。これに対し、南側敷地はコンクリートで舗装されており、庭木等は植えられていない。

● 本件土地の西側部分と東側部分には、西側部分が高い状態で最大で約48センチメートルの段差が存在し、東門から本件居宅の玄関に入るまでの間には2段の石段が設けられている。

● 本件土地西側部分と東側部分との間には、南から順に生垣、東門、柵の順で、中途まで境界となるものが設置されている。また、同柵と本件倉庫兼事務所の壁との間には、排水路ではないものの側溝様の窪みが存在し、その上に、転落防止や落ち葉等が入らないようにするために、鉄板様のものが敷かれている。

小括

これらの事実によれば、本件土地は、その外観上、東側部分と西側部分とに分かれているものとみることができる。

B 本件土地の利用状況（西側部分について）

本件土地西側部分は、その上に、乙が所有し、原告らが居住する本件居宅が存在することに加え、その外観上も、庭木が植えられ、東西にそれぞれ門及び表札が設置されていること等を考え併せれば、原告らの居住のために利用されているものと認めることができる。

C 本件土地の利用状況（東側部分について）

● 本件土地東側部分には、Aが所有する本件倉庫兼事務所が存在する。

● 原告ら及びAは、本件土地以外にも駐車場となり得る敷地を所有しているため、南側敷地は、原告らやAが保有する車両の駐車場としては扱われていない。

● 本件各処分に対して原告から異議が出されたことを受けて、当時浜松西税務署員であった丙が、平成16年9月28日から10月18日の間に合

第|5|章| 地積規模の大きな宅地の評価の論点

計9回本件土地の利用状況を調査したところ、うち7回において、南側敷地に工事用の工具や備品等が積まれたワンボックスカーが駐車されていることが見受けられ、10月18日に駐車されていた車については、これがAが所有するものである旨確認することができた。これに加え同年9月30日には、本件倉庫兼事務所前において、5、6人が集まって打ち合わせをしている様子も見受けられたことから、前記丙は、東側部分全体がAにとって必要不可欠な部分であり、同部分については居住用の不動産とは認められない旨判断した。

小括

これらの事実に、本件倉庫兼事務所の倉庫部分への出入口の上部に、南側敷地いっぱいまで取付屋根が設置され、同屋根を支持する柱が南側敷地端に固定されていること、本件倉庫兼事務所の入口は全て南側敷地に面しているため、Aの従業員らが本件倉庫兼事務所に出入りするためには、必然的に南側敷地を利用しなければならないことを考え併せると、東側部分は、Aが業務にあたって利用していたものと推認することができ、本件全証拠によっても同推認を覆すに足りる事情は認められない。

D 本件土地・建物の権利関係（所有権）

本件贈与当時、乙が本件土地全体を所有しており、本件贈与の前後を問わず、本件居宅は乙が、本件倉庫兼事務所はAがそれぞれ所有権を有している。

E 本件土地・建物の権利関係（借地権）

乙らは、昭和58年12月14日、浜松税務署に以下の事項等が記載されている届出書を、昭和56年10月1日付けの土地賃貸借契約書とあわせて提出しており、これらによれば、本件土地東側部分上には昭和56年10月1日からAのために借地権が設定されていたことを認めることができる。

(a) 所在地　　　　　　浜松市
(b) 地目及び面積　　　宅地　198平方メートル
(c) 土地の使用目的　　鉄骨造事務所の敷地として使用する
(d) 契約期間　　　　　昭和56年10月から
(e) 地代の年額　　　　240万円
(f) 土地の形状及び使用状況等を示す略図　　別紙4(1)のとおり

69

I 改正後―地積規模の大きな宅地の評価―

別紙4 (1)

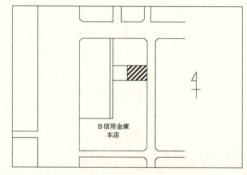

ウ 裁判所の判断

裁判所は、以上の事実を認定し、本件土地の東側部分と西側部分とは、その各々が利用の単位となっている1区画の宅地、すなわち課税単位である1画地として評価すべきものと認められるとしました。

エ コメント

裁判所は、法令解釈で示した通り、対象地の外観、利用状況及び権利関係について、それぞれ詳細に事実を認定し、外観については、東側部分と西側部分に分けられているとまとめ、利用状況についてはそれぞれ東側部分と西側部分の利用状況を業務用と居住目的のためと認定し、東側部分にAのための借地権が設定されていることを認定した上で、結論を導き出しています。なお、この事件は、控訴及び上告がされましたが、地裁の判断が維持されています[4]。

評価単位を検討する際には、上記のとおり、対象地の外観、利用状況及び権利関係についてそれぞれ事実を認定し、どのように小括できるかが重要となるといえます。

また、本件では、利用状況の認定のために異議調査において9回も税務職員が現地調査に赴いている点が注目されます。土地の利用状況の事実認定をする際には、詳細な事実関係の調査が必要といえるでしょう。

---

[4] 東京高判平成20年2月21日税資258号順号10899、最判平成20年7月4日税資258号順号10983

第5章 地積規模の大きな宅地の評価の論点

(4) 地積規模の大きな宅地の評価と評価単位

　広大地の評価が争いとなった事例でも、229頁の別表の番号2、6、9、11、12、15、22、33の裁判例又は裁決例は、評価対象地が広大地に該当するかの判断の前提として評価単位が争点となり、判断が示されています。

　地積規模の大きな宅地の評価は、形式的に地積の要件を満たすか否かが問題となるうえ、規模格差補正率は地積が大きくなるほど大きくなることから、上記の広大地の評価で問題となった以上に評価単位についての争いが顕在化する可能性が高いものと思われます。

3　奥行価格補正率が争われた事例

■東京地判平成27年6月25日税資265号順号12683

　ア　事案の概要

　原告（納税者）は、被告（国、処分行政庁：税務署長）が、土地家屋調査士が作成した地積測量図（本件測量図）に基づき、本件E土地の正面路線価に対する奥行価格補正率を0.96としていることについて、評価通達において、評価の基礎となる画地条件等を確認する際に基礎とすべき資料について特に指定はなく、課税実務上、多くの場合において公図が用いられており、公図を基に奥行距離を計算すると、奥行価格補正率は0.94であるから、奥行価格補正率を0.94に補正するべきであると主張しました。さらに原告は、公図に基づく地積を否定し、申告当時には存在しなかった本件測量図（E土地）に基づいて計算した地積を唯一真実の地積であるとすることは、公図による地積を許容している評価通達8に反するというべきであると主張しました。

　イ　裁判所の判旨

　裁判所は、原告の主張について、「公図に比して本件測量図（E土地）が本件E土地の客観的状況をより正確に記録したものであることは明

71

らかであり、あえて公図に基づき奥行距離等を計算すべき必要性も合理性もない」として、原告の主張を排斥しました。

ウ　コメント

上記の裁判例は、評価対象地についての公図と土地家屋調査士が作成した地積測量図の奥行距離等が異なったため、奥行価格補正率が争いになったものです。上記の事案を踏まえると、奥行価格補正率を検討する際、評価対象地の図面の距離などが正確なものであるか否かの確認が必須といえます。

4　財産評価通達17の「路線」の意義が争われた事例

■平成28年5月6日裁決・裁事103集173頁

ア　事案の概要

審査請求人は、評価通達17及び20-5にいう「路線」とは、以下のaないしcのとおり、建築基準法上の道路に限られると主張しました。

a　本件西側道路のように建築基準法上の道路ではないものについては、当該道路に接するのみでは建物を建築することはできないのであるから、そのような道路に路線価が付されていたとしても、路線価の付された路線として評価通達を適用すべきではない。

b　平成17年7月1日の裁決において、建築基準法上の道路でないものを路線価の付された道路として取り扱うべきでない旨の判断が示されている。

c　S国税局は、「○○○○」において、特定路線価の設定について、建築基準法上の道路以外の道路を対象としない旨を示しており、路線価についても特定路線価と同じであるから、本件西側道路の路線価を利用することは不適切である。

イ　審判所の判旨

評価通達15ないし20-5は、路線価方式により宅地を評価する一連

第5章 地積規模の大きな宅地の評価の論点

本件土地の状況

(注1) ▨▨▨ は、第一種中高層住居専用地域を示す。
(注2) ------ は、本件土地の想定整形地の形状を示す。
(注3) ▬━▬━ は、用途地域の境界を示す。

の定めであるところ、評価通達14は、不特定多数の者の通行の用に供されている道路（路線）ごとに路線価を設定する旨定めるのみで、ここにいう「道路」を建築基準法上の道路に限定する定めは置かれていない。

　この点、請求人らは評価通達にいう「路線」は建築基準法上の道路に限られる旨主張し、その根拠として平成17年7月1日の裁決（沖裁（諸）平17第1号）を掲げるが、当該裁決は、河川区域内に存する河川管理上の通路に付された路線価を正面路線価として評価すべきか否かについて争われたものであり、建築基準法上の道路に限られる旨を判断したものではないから、当該裁決をもって請求人らの主張を採用することはできない。

　また、請求人らは「〇〇〇〇」を根拠として、特定路線価の設定については建築基準法上の道路以外の道路を対象としていない旨主張するが、特定路線価は、「路線価」が付されていない道路のみに接してい

73

Ⅰ 改正後─地積規模の大きな宅地の評価─

る宅地を評価する必要がある場合に、当該道路を路線とみなして路線価を設定するのであって、特定路線価を設定するよう申し出る対象と評価通達14に定める「路線」の定義内容が異なることは当然であるから、特定路線価に関する事項をもって評価通達14に定める「路線」の要件を限定する根拠とはならず、請求人らの主張を採用することはできない。

以上のとおり、評価通達17及び20-5における「路線」は、建築基準法上の道路に限定されないところ、本件西側道路は不特定多数の者の通行の用に供されている道路であるから、評価通達14に定める路線に該当し、本件土地の評価に当たり、評価通達17に定める二方路線影響加算をすべきであり、また、本件土地は、評価通達20-5の(注)3に定める「2以上の路線に接する宅地」に該当する。

　ウ　コメント

上記の裁決は、財産評価通達17の「路線」は、建築基準法上の道路に限定されないということを明らかにしたものといえます。

5　不整形地補正率が争いとなった事例

■平成28年5月6日裁決・裁事103集173頁

　ア　事案の概要

審査請求人は、本件土地について、評価通達20にいう「想定整形地」の間口距離は50.50m、同奥行距離は35.28mとなるから、これを前提にかげ地割合を算定すると25%以上30%未満となり、本件土地の評価につき適用すべき評価通達20に定める不整形地補正率は、0.97となると主張しました。

これに対して、原処分庁は、本件土地について、評価通達20にいう「想定整形地」の間口距離は50.35m、同奥行距離は35.0mとなるから、これを前提にかげ地割合を算定すると20%以上25%未満となり、本件土地の評価につき適用すべき評価通達20に定める不整形地

●──74

補正率は、0.98となると主張しました。

イ　審判所の判旨

　建築計画概要書の写しにある配置図の記載を踏まえると、本件土地の形状及びこれに基づく想定整形地は、別図1（上記三の事例の本件土地の図）のとおりであり、想定整形地の間口距離は50.50m、奥行距離は35.28mである。

　なお、原処分庁は、想定整形地の間口距離は50.35m、奥行距離は35.0mである旨主張するが、その数値は確かな根拠に基づくものではないことから、当該主張を採用することはできない。

ウ　コメント

　上記3の奥行価格補正率が争われた事例と同様、評価対象地の奥行距離等の正確性が争点となっていると理解できます。したがって、上記3と同様、評価対象地の図面の距離などが正確なものであるか否かの確認が必須といえます。

6　今後の展望

　上記で、若干の事例を紹介しましたが、地積規模の大きな宅地の評価においては、広大地の評価のように通達の解釈や当てはめで判断が分かれるというような争訟ではなく、評価対象地の地積、奥行距離、間口距離、地形等についての正確性が争点となる事例が生じる可能性があるものと思われます。しかし、広大地の評価と比較すると、評価対象地の地積等の正確性さえ確認できれば、通達の適用上争訟にまで発展する可能性は低いといえそうです。

　一方、前述のとおり、適用要件が地積で定められており、規模格差補正率は地積が大きくなるほど大きくなることから、広大地の評価と同様にその適用要件の前提として評価単位についての争いが顕在化する可能性は高いものと思われます。

Ⅰ 改正後—地積規模の大きな宅地の評価—

資料1　財産評価基本通達の一部改正

新　旧　対

改　正　後
第2章　土地及び土地の上に存する権利 第2節　宅地及び宅地の上に存する権利 （土地の評価上の区分） 7　土地の価額は、次に掲げる地目の別に評価する。ただし、一体として利用されている一団の土地が2以上の地目からなる場合には、その一団の土地は、そのうちの主たる地目からなるものとして、その一団の土地ごとに評価するものとする。 　なお、市街化調整区域（都市計画法（昭和43年法律第100号）第7条《区域区分》第3項に規定する「市街化調整区域」をいう。以下同じ。）以外の都市計画区域（同法第4条《定義》第2項に規定する「都市計画区域」をいう。以下同じ。）で市街地的形態を形成する地域において、40《市街地農地の評価》の本文の定めにより評価する市街地農地（40-3《生産緑地の評価》に定める生産緑地を除く。）、49《《市街地山林の評価》の本文の定めにより評価する市街地山林、58-3《市街地原野の評価》の本文の定めにより評価する市街地原野又は82《雑種地の評価》の本文の定めにより評価する宅地と状況が類似する雑種地のいずれか2以上の地目の土地が隣接しており、その形状、地積の大小、位置等からみてこれらを一団として評価することが合理的と認められる場合には、その一団の土地ごとに評価するものとする。 　地目は、課税時期の現況によって判定する。   　(1)〜(10)　（省　略） 　(注)　（省　略）   （評価単位） 7-2　土地の価額は、次に掲げる評価単位ごとに評価することとし、土地の上に存する権利についても同様とする。 (1)　（省　略） (2)　田及び畑 　田及び畑（以下「農地」という。）は、1枚の農地（耕作の単位となっている1区画の農地をいう。以下同じ。）を評価単位とする。 　ただし、36-3《市街地周辺農地の範囲》に定める市街地周辺農地、40《市街地農地の評価》の本文の定めにより評価する市街地農地及び40-3《生産緑地の評価》に定める生産緑地は、それぞれを利用の単位となっている団の農地一を評価単位とする。この場合において、(1)の（注）に定める場合に該当するときは、その（注）を準用する。

資料１　財産評価基本通達の一部改正

（平成29年９月20日）

　照　表

（注）下線を付した部分が改正部分である。

改　正　前

第２章　土地及び土地の上に存する権利
第２節　宅地及び宅地の上に存する権利

（土地の評価上の区分）

7　土地の価額は、次に掲げる地目の別に評価する。ただし、一体として利用されている一団の土地が2以上の地目からなる場合には、その一団の土地は、そのうちの主たる地目からなるものとして、その一団の土地ごとに評価するものとする。
　　なお、市街化調整区域（都市計画法（昭和43年法律第100号）第7条《区域区分》第3項に規定する「市街化調整区域」をいう。以下同じ。）以外の都市計画区域（同法第4条《定義》第2項に規定する「都市計画区域」をいう。以下同じ。）で市街地的形態を形成する地域において、40《市街地農地の評価》の本文の定めにより評価する市街地農地（40-3《生産緑地の評価》に定める生産緑地を除く。）、40-2《広大な市街地農地等の評価》の本文の定めにより評価する市街地農地（40-3に定める生産緑地を除く。）、49《市街地山林の評価》の本文の定めにより評価する市街地山林、49-2《広大な市街地山林の評価》の本文の定めにより評価する市街地山林、58-3《市街地原野の評価》の本文の定めにより評価する市街地原野、58-4《広大な市街地原野の評価》の本文の定めにより評価する市街地原野又は82《雑種地の評価》の本文の定めにより評価する宅地と状況が類似する雑種地のいずれか2以上の地目の土地が隣接しており、その形状、地積の大小、位置等からみてこれらを一団として評価することが合理的と認められる場合には、その一団の土地ごとに評価するものとする。
　　地目は、課税時期の現況によって判定する。
(1)～(10)　（同　左）
（注）　（同　左）

（評価単位）

7-2　土地の価額は、次に掲げる評価単位ごとに評価することとし、土地の上に存する権利についても同様とする。

(1)　（同　左）

(2)　田及び畑
　　田及び畑（以下「農地」という。）は、1枚の農地（耕作の単位となっている1区画の農地をいう。以下同じ。）を評価単位とする。
　　ただし、36-3《市街地周辺農地の範囲》に定める市街地周辺農地、40《市街地農地の評価》の本文の定めにより評価する市街地農地、40-2《広大な市街地農地等の評価》の本文の定めにより評価する市街地農地及び40-3《生産緑地の評価》に定める生産緑地は、それぞれを利用の単位となっている一団の農地を評価単位とする。この場合において、(1)の（注）に定める場合に該当するときは、その（注）を準用する。

I 改正後─地積規模の大きな宅地の評価─

改 正 後

(3) 山林

　　山林は、1筆（地方税法（昭和25　年法律第226号）第341条《固定資産税に関する用語の意義》第10号に規定する土地課税台帳又は同条第11号に規定する土地補充課税台帳に登録された1筆をいう。以下同じ。）の山林を評価単位とする。ただし、49《市街地山林の評価》の本文の定めにより評価する市街地山林は、利用の単位となっている一団の山林を評価単位とする。この場合において、(1)の（注）に定める場合に該当するときは、その（注）を準用する。

(4) 原野

　　原野は、1筆の原野を評価単位とする。ただし、58-3《市街地原野の評価》の本文の定めにより評価する市街地原野は、利用の単位となっている一団の原野を評価単位とする。この場合において、(1)の（注）に定める場合に該当するときは、その（注）を準用する。

(5)～(7)　（省　略）
(注)　（省　略）

（路線価方式）
13　路線価方式とは、その宅地の面する路線に付された路線価を基とし、15《奥行価格補正》から20-6《容積率の異なる2以上の地域にわたる宅地の評価》までの定めにより計算した金額によって評価する方式をいう。

（地積規模の大きな宅地の評価）
20-2　地積規模の大きな宅地（三大都市圏においては500㎡以上の地積の宅地、それ以外の地域においては1,000㎡以上の地積の宅地をいい、次の(1)から(3)までのいずれかに該当するものを除く。以下本項において「地積規模の大きな宅地」という。）で14-2《地区》の定めにより普通商業・併用住宅地区及び普通住宅地区として定められた地域に所在するものの価額は、15《奥行価格補正》から前項までの定めにより計算した価額に、その宅地の地積の規模に応じ、次の算式により求めた規模格差補正率を乗じて計算した価額によって評価する。
(1)　市街化調整区域（都市計画法第34条第10号又は第11号の規定に基づき宅地分譲に係る同法第4条《定義》第12項に規定する開発行為を行うことができる区域を除く。）に所在する宅地
(2)　都市計画法第8条《地域地区》第1項第1号に規定する工業専用地域に所在する宅地
(3)　容積率（建築基準法（昭和25年法律第201号）第52条《容積率》第1項に規定する建築物の延べ面積の敷地面積に対する割合をいう。）が10分の40（東京都の特別区（地方自治法（昭和22年法律第67号）第281条《特別区》第1項に規定する特別区をいう。）においては10分の30）以上の地域に所在する宅地

資料1　財産評価基本通達の一部改正

改　正　前

(3)　山林

　　山林は、1筆（地方税法（昭和25年法律第226号）第341条《固定資産税に関する用語の意義》第10号に規定する土地課税台帳又は同条第11号に規定する土地補充課税台帳に登録された1筆をいう。以下同じ。）の山林を評価単位とする。ただし、49《市街地山林の評価》の本文の定めにより評価する市街地山林及び49-2《広大な市街地山林の評価》の本文の定めにより評価する市街地山林は、利用の単位となっている一団の山林を評価単位とする。この場合において、(1)の（注）に定める場合に該当するときは、その（注）を準用する。

(4)　原野

　　原野は、1筆の原野を評価単位とする。ただし、58-3《市街地原野の評価》の本文の定めにより評価する市街地原野及び58-4《広大な市街地原野の評価》の本文の定めにより評価する市街地原野は、利用の単位となっている一団の原野を評価単位とする。この場合において、(1)の（注）に定める場合に該当するときは、その（注）を準用する。

(5)～(7)　（同　左）

(注)　（同　左）

（路線価方式）

13　路線価方式とは、その宅地の面する路線に付された路線価を基とし、15《奥行価格補正》から20-5《容積率の異なる2以上の地域にわたる宅地の評価》までの定めにより計算した金額によって評価する方式をいう。

(新　設)

Ｉ 改正後―地積規模の大きな宅地の評価―

改　正　後

（算式）

$$規模格差補正率＝\frac{Ⓐ　×　Ⓑ　＋　Ⓒ}{地積規模の大きな宅地の地積（Ⓐ）}×0.8$$

　上の算式中の「Ⓑ」及び「Ⓒ」は、地積規模の大きな宅地が所在する地域に応じ、それぞれ次に掲げる表のとおりとする。

イ　三大都市圏に所在する宅地

地積㎡ ／ 記号		普通商業・併用住宅地区、普通　住　宅　地　区	
		Ⓑ	Ⓒ
500以上	1,000未満	0.95	25
1,000 〃	3,000 〃	0.90	75
3,000 〃	5,000 〃	0.85	225
5,000 〃		0.80	475

ロ　三大都市圏以外の地域に所在する宅地

地積㎡ ／ 記号		普通商業・併用住宅地区、普　通　住　宅　地　区	
		Ⓑ	Ⓒ
1,000以上	3,000未満	0.90	100
3,000 〃	5,000〃	0.85	250
5,000 〃		0.80	500

（注）1　上記算式により計算した規模格差補正率は、小数点以下第2位未満を切り捨てる。

　　　2　「三大都市圏」とは、次の地域をいう。
　　　　イ　首都圏整備法（昭和31年法律第83号）第2条《定義》第3項に規定する既成市街地又は同条第4項に規定する近郊整備地帯
　　　　ロ　近畿圏整備法（昭和38　年法律第129　号）第2条《定義》第3項に規定する既成都市区域又は同条第4項に規定する近郊整備区域
　　　　ハ　中部圏開発整備法（昭和41年法律第102号）第2条《定義》第3項に規定する都市整備区域

（無道路地の評価）

<u>20-3</u>　無道路地の価額は、実際に利用している路線の路線価に基づき20《不整形地の評価》又は前項の定めによって計算した価額からその価額の100分の40の範囲内において相当と認める金額を控除した価額によって評価する。この場合において、100分の40の範囲内において相当と認める金額は、無道路地について建築基準法その他の法令において規定されている建築物を建築するために必要な道路に接すべき最小限の間口距離の要件（以下「接道義務」

資料1　財産評価基本通達の一部改正

改　正　前

（無道路地の評価）

<u>20-2</u>　無道路地の価額は、実際に利用している路線の路線価に基づき20《不
整形地の評価》の定めによって計算した価額からその価額の100分の40の範
囲内において相当と認める金額を控除した価額によって評価する。この場合
において、100分の40の範囲内において相当と認める金額は、無道路地につ
いて建築基準法<u>（昭和25年法律第201号）</u>その他の法令において規定されて
いる建築物を建築するために必要な道路に接すべき最小限の間口距離の要件

Ⅰ 改正後—地積規模の大きな宅地の評価—

改　正　後

という。）に基づき最小限度の通路を開設する場合のその通路に相当する部分の価額（路線価に地積を乗じた価額）とする。
(注)（省　略）

（間口が狭小な宅地等の評価）

20-4　次に掲げる宅地（不整形地及び無道路地を除く。）の価額は、15《奥行価格補正》から18《三方又は四方路線影響加算》までの定めにより計算した1平方メートル当たりの価額にそれぞれ次に掲げる補正率表に定める補正率を乗じて求めた価額にこれらの宅地の地積を乗じて計算した価額によって評価する。この場合において、地積が大きいもの等にあっては、近傍の宅地の価額との均衡を考慮し、それぞれの補正率表に定める補正率を適宜修正することができる。
　　なお、20-2《地積規模の大きな宅地の評価》の定めの適用がある場合には、本項本文の定めにより評価した価額に、20-2に定める規模格差補正率を乗じて計算した価額によって評価する。
(1)及び(2)（省　略）

（がけ地等を有する宅地の評価）

20-5　がけ地等で通常の用途に供することができないと認められる部分を有する宅地の価額は、その宅地のうちに存するがけ地等ががけ地等でないとした場合の価額に、その宅地の総地積に対するがけ地部分等通常の用途に供することができないと認められる部分の地積の割合に応じて付表8「がけ地補正率表」に定める補正率を乗じて計算した価額によって評価する。

（容積率の異なる2以上の地域にわたる宅地の評価）

20-6　容積率（建築基準法第52条に規定する建築物の延べ面積の敷地面積に対する割合をいう。以下同じ。）の異なる2以上の地域にわたる宅地の価額は、15《奥行価格補正》から前項までの定めにより評価した価額から、その価額に次の算式により計算した割合を乗じて計算した金額を控除した価額によって評価する。この場合において適用する「容積率が価額に及ぼす影響度」は、14-2《地区》に定める地区に応じて下表のとおりとする。
(算式)（省　略）

○　容積率が価額に及ぼす影響度
　　（省　略）
(注)（省　略）

（倍率方式による評価）

21-2　倍率方式により評価する宅地の価額は、その宅地の固定資産税評価額に地価事情の類似する地域ごとに、その地域にある宅地の売買実例価額、公示価格、不動産鑑定士等による鑑定評価額、精通者意見価格等を基として国税局長の定める倍率を乗じて計算した金額によって評価する。ただし、倍率方式により評価する地域（以下「倍率地域」という。）に所在する20-2《地

資料1　財産評価基本通達の一部改正

改　正　前

（以下「接道義務」という。）に基づき最小限度の通路を開設する場合のその通路に相当する部分の価額（路線価に地積を乗じた価額）とする。
（注）　（同　左）

（間口が狭小な宅地等の評価）
<u>20-3</u>　次に掲げる宅地（不整形地及び無道路地を除く。）の価額は、15《奥行価格補正》の定めにより計算した1平方メートル当たりの価額にそれぞれ次に掲げる補正率表に定める補正率を乗じて求めた価額にこれらの宅地の地積を乗じて計算した価額によって評価する。この場合において、地積が大きいもの等にあっては、近傍の宅地の価額との均衡を考慮し、それぞれの補正率表に定める補正率を適宜修正することができる。

　　(1)及び(2)　（同　左）

（がけ地等を有する宅地の評価）
<u>20-4</u>　がけ地等で通常の用途に供することができないと認められる部分を有する宅地の価額は、その宅地のうちに存するがけ地等ががけ地等でないとした場合の価額に、その宅地の総地積に対するがけ地部分等通常の用途に供することができないと認められる部分の地積の割合に応じて付表8「がけ地補正率表」に定める補正率を乗じて計算した価額によって評価する。

（容積率の異なる2以上の地域にわたる宅地の評価）
<u>20-5</u>　容積率（建築基準法第52条《容積率》に規定する建築物の延べ面積の敷地面積に対する割合をいう。以下同じ。）の異なる2以上の地域にわたる宅地の価額は、15《奥行価格補正》から前項までの定めにより評価した価額から、その価額に次の算式により計算した割合を乗じて計算した金額を控除した価額によって評価する。この場合において適用する「容積率が価額に及ぼす影響度」は、14-2《地区》に定める地区に応じて下表のとおりとする。
（算式）　（同　左）

　○　容積率が価額に及ぼす影響度
　　　（同　左）
（注）　（同　左）

（倍率方式による評価）
<u>21-2</u>　倍率方式により評価する宅地の価額は、その宅地の固定資産税評価額に地価事情の類似する地域ごとに、その地域にある宅地の売買実例価額、公示価格、不動産鑑定士等による鑑定評価額、精通者意見価格等を基として国税局長の定める倍率を乗じて計算した金額によって評価する。

Ⅰ 改正後—地積規模の大きな宅地の評価—

改　正　後
積規模の大きな宅地の評価》に定める地積規模の大きな宅地（22-2《大規模 工場用地》に定める大規模工場用地を除く。）の価額については、本項本文の 定めにより評価した価額が、その宅地が標準的な間口距離及び奥行距離を有 する宅地であるとした場合の1平方メートル当たりの価額を14《路線価》に 定める路線価とし、かつ、その宅地が14-2《地区》に定める普通住宅地区 に所在するものとして20-2の定めに準じて計算した価額を上回る場合には、 20-2の定めに準じて計算した価額により評価する。 **（大規模工場用地の評価）** 22　大規模工場用地の評価は、次に掲げる区分に従い、それぞれ次に掲げると 　ころによる。ただし、その地積が20万平方メートル以上のものの価額は、次 　により計算した価額の100分の95に相当する価額によって評価する。 　(1)　（省　略） 　(2)　倍率地域に所在する大規模工場用地の価額は、その大規模工場用地の固 　　定資産税評価額に倍率を乗じて計算した金額によって評価する。   24-4　（削　除）

資料1　財産評価基本通達の一部改正

改　正　前

（大規模工場用地の評価）
22　大規模工場用地の評価は、次に掲げる区分に従い、それぞれ次に掲げるところによる。ただし、その地積が20万平方メートル以上のものの価額は、次により計算した価額の100分の95に相当する価額によって評価する。
(1)　（同　左）
(2)　倍率方式により評価する地域（以下「倍率地域」という。）に所在する大規模工場用地の価額は、その大規模工場用地の固定資産税評価額に倍率を乗じて計算した金額によって評価する。

（広大地の評価）
24-4　その地域における標準的な宅地の地積に比して著しく地積が広大な宅地で都市計画法第4条《定義》第12項に規定する開発行為（以下本項において「開発行為」という。）を行うとした場合に公共公益的施設用地の負担が必要と認められるもの（22-2《大規模工場用地》に定める大規模工場用地に該当するもの及び中高層の集合住宅等の敷地用地に適しているもの（その宅地について、経済的に最も合理的であると認められる開発行為が中高層の集合住宅等を建築することを目的とするものであると認められるものをいう。）を除く。以下「広大地」という。）の価額は、原則として、次に掲げる区分に従い、それぞれ次により計算した金額によって評価する。
(1)　その広大地が路線価地域に所在する場合
　　その広大地の面する路線の路線価に、15《奥行価格補正》から20-5《容積率の異なる2以上の地域にわたる宅地の評価》までの定めに代わるものとして次の算式により求めた広大地補正率を乗じて計算した価額にその広大地の地積を乗じて計算した金額

$$広大地補正率＝0.6-0.05\times\frac{広大地の地積}{1,000\text{m}^2}$$

(2)　その広大地が倍率地域に所在する場合
　　その広大地が標準的な間口距離及び奥行距離を有する宅地であるとした場合の1平方メートル当たりの価額を14《路線価》に定める路線価として、上記(1)に準じて計算した金額
　　(注)1　本項本文に定める「公共公益的施設用地」とは、都市計画法第4条《定義》第14項に規定する道路、公園等の公共施設の用に供される土地及び都市計画法施行令（昭和44年政令第158号）第27条に掲げる教育施設、医療施設等の公益的施設の用に供される土地（その他これらに準ずる施設で、開発行為の許可を受けるために必要とされる施設の用に供される土地を含む。）をいうものとする。

85

Ⅰ 改正後─地積規模の大きな宅地の評価─

改　正　後

（セットバックを必要とする宅地の評価）

24-6　建築基準法第42条《道路の定義》第2項に規定する道路に面しており、将来、建物の建替え時等に同法の規定に基づき道路敷きとして提供しなければならない部分を有する宅地の価額は、その宅地について道路敷きとして提供する必要がないものとした場合の価額から、その価額に次の算式により計算した割合を乗じて計算した金額を控除した価額によって評価する。

（算式）　（省　略）

（貸宅地の評価）

25　宅地の上に存する権利の目的となっている宅地の評価は、次に掲げる区分に従い、それぞれ次に掲げるところによる。

(1)　借地権の目的となっている宅地の価額は、11《評価の方式》から22-3《大規模工場用地の路線価及び倍率》まで、24《私道の用に供されている宅地の評価》、24-2《土地区画整理事業施行中の宅地の評価》及び24-6《セットバックを必要とする宅地の評価》から24-8《文化財建造物である家屋の敷地の用に供されている宅地の評価》までの定めにより評価したその宅地の価額（以下この節において「自用地としての価額」という。）から27《借地権の評価》の定めにより評価したその借地権の価額（同項のただし書の定めに該当するときは、同項に定める借地権割合を100分の20として計算した価額とする。25-3《土地の上に存する権利が競合する場合の宅地の評価》において27-6《土地の上に存する権利が競合する場合の借地権等の評価》の定めにより借地権の価額を計算する場合において同じ。）を控除した金額によって評価する。

　　　ただし、・・・。

(2)～(5)　（省　略）

改　正　前

2　本項(1)の「その広大地の面する路線の路線価」は、その路線が2
以上ある場合には、原則として、その広大地が面する路線の路線価
のうち最も高いものとする。
3　本項によって評価する広大地は、5,000㎡以下の地積のものとす
る。したがって、広大地補正率は0.35が下限となることに留意する。
4　本項(1)又は(2)により計算した価額が、その広大地を11《評価の方
式》から21-2《倍率方式による評価》まで及び24-6《セットバッ
クを必要とする宅地の評価》の定めにより評価した価額を上回る場
合には、その広大地の価額は11から21-2まで及び24-6の定めに
よって評価することに留意する。

（セットバックを必要とする宅地の評価）
24-6　建築基準法第42条第2項に規定する道路に面しており、将来、建物の
建替え時等に同法の規定に基づき道路敷きとして提供しなければならない部
分を有する宅地の価額は、その宅地について道路敷きとして提供する必要が
ないものとした場合の価額から、その価額に次の算式により計算した割合を
乗じて計算した金額を控除した価額によって評価する。ただし、その宅地を
24-4《広大地の評価》(1)又は(2)により計算した金額によって評価する場合に
は、本項の定めは適用しないものとする。
（算式）（同　左）

（貸宅地の評価）
25　宅地の上に存する権利の目的となっている宅地の評価は、次に掲げる区分
に従い、それぞれ次に掲げるところによる。
(1)　借地権の目的となっている宅地の価額は、11《評価の方式》から22-3
《大規模工場用地の路線価及び倍率》まで、24《私道の用に供されている
宅地の評価》、24-2《土地区画整理事業施行中の宅地の評価》、24-4《広
大地の評価》及び24-6《セットバックを必要とする宅地の評価》から24
-8《文化財建造物である家屋の敷地の用に供されている宅地の評価》まで
の定めにより評価したその宅地の価額（以下この節において「自用地とし
ての価額」という。）から27《借地権の評価》の定めにより評価したその
借地権の価額（同項のただし書の定めに該当するときは、同項に定める借
地権割合を100分の20として計算した価額とする。25-3《土地の上に存
する権利が競合する場合の宅地の評価》において27-6《土地の上に存す
る権利が競合する場合の借地権等の評価》の定めにより借地権の価額を計
算する場合において同じ。）を控除した金額によって評価する。
　　　ただし、・・・。
(2)〜(5)　（同　左）

87

I 改正後—地積規模の大きな宅地の評価—

改　正　後

付表1　奥行価格補正率表

奥行距離（メートル）	ビル街地区	高度商業地区	繁華街地区	普通商業・併用住宅地区	普通住宅地区	中小工場地区	大工場地区
4未満	0.80	0.90	0.90	0.90	0.90	0.85	0.85
4以上　6未満		0.92	0.92	0.92	0.92	0.90	0.90
6〃　8〃	0.84	0.94	0.95	0.95	0.95	0.93	0.93
8〃　10〃	0.88	0.96	0.97	0.97	0.97	0.95	0.95
10〃　12〃	0.90	0.98	0.99	0.99	1.00	0.96	0.96
12〃　14〃	0.91	0.99	1.00	1.00		0.97	0.97
14〃　16〃	0.92	1.00				0.98	0.98
16〃　20〃	0.93					0.99	0.99
20〃　24〃	0.94					1.00	1.00
24〃　28〃	0.95				0.97		
28〃　32〃	0.96		0.98		0.95		
32〃　36〃	0.97		0.96	0.97	0.93		
36〃　40〃	0.98		0.94	0.95	0.92		
40〃　44〃	0.99		0.92	0.93	0.91		
44〃　48〃	1.00		0.90	0.91	0.90		
48〃　52〃		0.99	0.88	0.89	0.89		
52〃　56〃		0.98	0.87	0.88	0.88		
56〃　60〃		0.97	0.86	0.87	0.87		
60〃　64〃		0.96	0.85	0.86	0.86	0.99	
64〃　68〃		0.95	0.84	0.85	0.85	0.98	
68〃　72〃		0.94	0.83	0.84	0.84	0.97	
72〃　76〃		0.93	0.82	0.83	0.83	0.96	
76〃　80〃		0.92	0.81	0.82			
80〃　84〃		0.90	0.80	0.81	0.82	0.93	
84〃　88〃		0.88		0.80			
88〃　92〃		0.86			0.81	0.90	
92〃　96〃	0.99	0.84					
96〃　100〃	0.97	0.82					
100〃	0.95	0.80			0.80		

資料1　財産評価基本通達の一部改正

改　正　前

付表1　奥行価格補正率表

奥行距離（メートル）＼地区区分	ビル街地区	高度商業地区	繁華街地区	普通商業・併用住宅地区	普通住宅地区	中小工場地区	大工場地区
4未満	0.80	0.90	0.90	0.90	0.90	0.85	0.85
4以上 6未満		0.92	0.92	0.92	0.92	0.90	0.90
6 〃 8 〃	0.84	0.94	0.95	0.95	0.95	0.93	0.93
8 〃 10 〃	0.88	0.96	0.97	0.97	0.97	0.95	0.95
10 〃 12 〃	0.90	0.98	0.99	0.99	1.00	0.96	0.96
12 〃 14 〃	0.91	0.99	1.00	1.00		0.97	0.97
14 〃 16 〃	0.92	1.00				0.98	0.98
16 〃 20 〃	0.93					0.99	0.99
20 〃 24 〃	0.94					1.00	1.00
24 〃 28 〃	0.95				0.99		
28 〃 32 〃	0.96		0.98		0.98		
32 〃 36 〃	0.97		0.96	0.98	0.96		
36 〃 40 〃	0.98		0.94	0.96	0.94		
40 〃 44 〃	0.99		0.92	0.94	0.92		
44 〃 48 〃	1.00		0.90	0.92	0.91		
48 〃 52 〃		0.99	0.88	0.90	0.90		
52 〃 56 〃		0.98	0.87	0.88	0.88		
56 〃 60 〃		0.97	0.86	0.87	0.87		
60 〃 64 〃		0.96	0.85	0.86	0.86	0.99	
64 〃 68 〃		0.95	0.84	0.85	0.85	0.98	
68 〃 72 〃		0.94	0.83	0.84	0.84	0.97	
72 〃 76 〃		0.93	0.82	0.83	0.83	0.96	
76 〃 80 〃		0.92	0.81	0.82			
80 〃 84 〃		0.90	0.80	0.81	0.82	0.93	
84 〃 88 〃		0.88		0.80			
88 〃 92 〃		0.86			0.81	0.90	
92 〃 96 〃	0.99	0.84					
96 〃 100 〃	0.97	0.82					
100 〃	0.95	0.80			0.80		

Ⅰ 改正後─地積規模の大きな宅地の評価─

改　正　後

第3節　農地及び農地の上に存する権利

（市街地農地の評価）

40　市街地農地の価額は、その農地が宅地であるとした場合の1平方メートル当たりの価額からその農地を宅地に転用する場合において通常必要と認められる1平方メートル当たりの造成費に相当する金額として、整地、土盛り又は土止めに要する費用の額がおおむね同一と認められる地域ごとに国税局長の定める金額を控除した金額に、その農地の地積を乗じて計算した金額によって評価する。

　　ただし、・・・。

（注）その農地が宅地であるとした場合の1平方メートル当たりの価額は、その付近にある宅地について11《評価の方式》に定める方式によって評価した1平方メートル当たりの価額を基とし、その宅地とその農地との位置、形状等の条件の差を考慮して評価するものとする。

　　　なお、その農地が宅地であるとした場合の1平方メートル当たりの価額については、その農地が宅地であるとした場合において20−2《地積規模の大きな宅地の評価》の定めの適用対象となるとき（21−2《倍率方式による評価》ただし書において20−2の定めを準用するときを含む。）には、同項の定めを適用して計算することに留意する。

40−2　（削　除）

（貸し付けられている農地の評価）

41　耕作権、永小作権等の目的となっている農地の評価は、次に掲げる区分に従い、それぞれ次に掲げるところによる。

⑴　耕作権の目的となっている農地の価額は、37《純農地の評価》から40《市街地農地の評価》までの定めにより評価したその農地の価額（以下この節において「自用地としての価額」という。）から、42《耕作権の評価》の定めにより評価した耕作権の価額を控除した金額によって評価する。

⑵～⑷　（省　略）

第4節　山林及び山林の上に存する権利

（市街地山林の評価）

49　市街地山林の価額は、その山林が宅地であるとした場合の1平方メートル

資料1　財産評価基本通達の一部改正

改　正　前

第3節　農地及び農地の上に存する権利

（市街地農地の評価）

40　市街地農地の価額は、その農地が宅地であるとした場合の1平方メートル当たりの価額からその農地を宅地に転用する場合において通常必要と認められる1平方メートル当たりの造成費に相当する金額として、整地、土盛り又は土止めに要する費用の額がおおむね同一と認められる地域ごとに国税局長の定める金額を控除した金額に、その農地の地積を乗じて計算した金額によって評価する。

　　ただし、・・・。

（注）　その農地が宅地であるとした場合の1平方メートル当たりの価額は、その付近にある宅地について11《評価の方式》に定める方式によって評価した1平方メートル当たりの価額を基とし、その宅地とその農地との位置、形状等の条件の差を考慮して評価するものとする。

（広大な市街地農地等の評価）

40-2　前2項の市街地周辺農地及び市街地農地が宅地であるとした場合において、24-4《広大地の評価》に定める広大地に該当するときは、その市街地周辺農地及び市街地農地の価額は、前2項の定めにかかわらず、24-4の定めに準じて評価する。ただし、市街地周辺農地及び市街地農地を24-4の定めによって評価した価額が前2項の定めによって評価した価額を上回る場合には、前2項の定めによって評価することに留意する。

（注）　本項の適用を受ける農地が市街地周辺農地である場合には、24-4の定めに準じて評価した価額の100分の80に相当する金額によって評価することに留意する。

（貸し付けられている農地の評価）

41　耕作権、永小作権等の目的となっている農地の評価は、次に掲げる区分に従い、それぞれ次に掲げるところによる。

（1）　耕作権の目的となっている農地の価額は、37《純農地の評価》から40-2《広大な市街地農地等の評価》までの定めにより評価したその農地の価額（以下この節において「自用地としての価額」という。）から、42《耕作権の評価》の定めにより評価した耕作権の価額を控除した金額によって評価する。

（2）〜（4）　（同　左）

第4節　山林及び山林の上に存する権利

（市街地山林の評価）

49　市街地山林の価額は、その山林が宅地であるとした場合の1平方メートル

91 ━━━●

Ⅰ 改正後―地積規模の大きな宅地の評価―

改 正 後

当たりの価額から、その山林を宅地に転用する場合において通常必要と認められる1平方メートル当たりの造成費に相当する金額として、整地、土盛り又は土止めに要する費用の額がおおむね同一と認められる地域ごとに国税局長の定める金額を控除した金額に、その山林の地積を乗じて計算した金額によって評価する。

　ただし、・・・。

　なお、・・・。

(注)1　その山林が宅地であるとした場合の1平方メートル当たりの価額は、その付近にある宅地について11《評価の方式》に定める方式によって評価した1平方メートル当たりの価額を基とし、その宅地とその山林との位置、形状等の条件の差を考慮して評価する。

　　　　なお、その山林が宅地であるとした場合の1平方メートル当たりの価額については、その山林が宅地であるとした場合において20-2《地積規模の大きな宅地の評価》の定めの適用対象となるとき（21-2《倍率方式による評価》ただし書において20-2の定めを準用するときを含む。）には、同項の定めを適用して計算することに留意する。

　2　（省　略）

49-2　（削　除）

(保安林等の評価)

50　森林法（昭和26年法律第249号）その他の法令の規定に基づき土地の利用又は立木の伐採について制限を受けている山林（次項の定めにより評価するものを除く。）の価額は、45《評価の方式》から49《市街地山林の評価》までの定めにより評価した価額（その山林が森林法第25条《指定》の規定により保安林として指定されており、かつ、倍率方式により評価すべきものに該当するときは、その山林の付近にある山林につき45から49までの定めにより評価した価額に比準して評価した価額とする。）から、その価額にその山林の上に存する立木について123《保安林等の立木の評価》に定める割合を乗じて計算した金額を控除した金額によって評価する。

(注)　（省　略）

(特別緑地保全地区内にある山林の評価)

50-2　都市緑地法（昭和48　年法律第72号）第12条に規定する特別緑地保全地区（首都圏近郊緑地保全法（昭和41年法律第101号）第4条第2項第3号に規定する近郊緑地特別保全地区及び近畿圏の保全区域の整備に関する法律（昭和42年法律第103号）第6条第2項に規定する近郊緑地特別保全地区を含む。以下本項、58-5《特別緑地保全地区内にある原野の評価》及び123

資料1　財産評価基本通達の一部改正

改　正　前

当たりの価額から、その山林を宅地に転用する場合において通常必要と認められる1平方メートル当たりの造成費に相当する金額として、整地、土盛り又は土止めに要する費用の額がおおむね同一と認められる地域ごとに国税局長の定める金額を控除した金額に、その山林の地積を乗じて計算した金額によって評価する。

　　ただし、・・・。

　　なお、・・・。

（注）1　「その山林が宅地であるとした場合の1平方メートル当たりの価額」は、その付近にある宅地について11《評価の方式》に定める方式によって評価した1平方メートル当たりの価額を基とし、その宅地とその山林との位置、形状等の条件の差を考慮して評価する。

<u>（広大な市街地山林の評価）</u>

<u>49-2　前項本文及びただし書の市街地山林が宅地であるとした場合において、24-4《広大地の評価》に定める広大地に該当するときは、その市街地山林の価額は、前項の定めにかかわらず、24-4の定めに準じて評価する。ただし、その市街地山林を24-4の定めによって評価した価額が前項本文及びただし書の定めによって評価した価額を上回る場合には、前項の定めによって評価することに留意する。</u>

（保安林等の評価）

50　森林法（昭和26年法律第249号）その他の法令の規定に基づき土地の利用又は立木の伐採について制限を受けている山林（次項の定めにより評価するものを除く。）の価額は、45《評価の方式》から<u>49-2《広大な市街地山林の評価》</u>までの定めにより評価した価額（その山林が森林法第25条《指定》の規定により保安林として指定されており、かつ、倍率方式により評価すべきものに該当するときは、その山林の付近にある山林につき45から<u>49-2</u>までの定めにより評価した価額に比準して評価した価額とする。）から、その価額にその山林の上に存する立木について123《保安林等の立木の評価》に定める割合を乗じて計算した金額を控除した金額によって評価する。

（注）　（同　左）

（特別緑地保全地区内にある山林の評価）

50-2　都市緑地法（昭和48年法律第72号）第12条に規定する特別緑地保全地区（首都圏近郊緑地保全法（昭和41年法律第101号）第4条第2項第3号に規定する近郊緑地特別保全地区及び近畿圏の保全区域の整備に関する法律（昭和42年法律第103号）第6条第2項に規定する近郊緑地特別保全地区を含む。以下本項、58-5《特別緑地保全地区内にある原野の評価》及び123

93

Ⅰ 改正後─地積規模の大きな宅地の評価─

改　正　後

–2《特別緑地保全地区内にある立木の評価》において「特別緑地保全地区」
という。）内にある山林（林業を営むために立木の伐採が認められる山林で、
かつ、純山林に該当するものを除く。）の価額は、45《評価の方式》から<u>49</u>
<u>《市街地山林の評価》</u>までの定めにより評価した価額から、その価額に100分
の80を乗じて計算した金額を控除した金額によって評価する。

第5節　原野及び原野の上に存する権利

（市街地原野の評価）

58-3　市街地原野の価額は、その原野が宅地であるとした場合の1平方メートル
　当たりの価額から、その原野を宅地に転用する場合において通常必要と認められ
　る1平方メートル当たりの造成費に相当する金額として、整地、土盛り又は土止
　めに要する費用の額がおおむね同一と認められる地域ごとに国税局長の定める金
　額を控除した金額に、その原野の地積を乗じて計算した金額によって評価する。
　　ただし、・・・。

（注）　その原野が宅地であるとした場合の1平方メートル当たりの価額は、
　　その付近にある宅地について11《評価の方式》に定める方式によって評
　　価した1平方メートル当たりの価額を基とし、その宅地とその原野との
　　位置、形状等の条件の差を考慮して評価するものとする。
　　　<u>なお、その原野が宅地であるとした場合の1平方メートル当たりの価</u>
　　<u>額については、その原野が宅地であるとした場合において20-2《地積規</u>
　　<u>模の大きな宅地の評価》の定めの適用対象となるとき（21-2《倍率方式</u>
　　<u>による評価》ただし書において20-2の定めを準用するときを含む。）に</u>
　　<u>は、同項の定めを適用して計算することに留意する。</u>

58-4　（削　除）

（特別緑地保全地区内にある原野の評価）

58-5　特別緑地保全地区内にある原野の価額は、57《評価の方式》から<u>58-3</u>
　<u>《市街地原野の評価》</u>までの定めにより評価した価額から、その価額に100分
　の80　を乗じて計算した金額を控除した金額によって評価する。

資料1　財産評価基本通達の一部改正

改　正　前

−2《特別緑地保全地区内にある立木の評価》において「特別緑地保全地区」という。）内にある山林（林業を営むために立木の伐採が認められる山林で、かつ、純山林に該当するものを除く。）の価額は、45《評価の方式》から<u>49−2《広大な市街地山林の評価》</u>までの定めにより評価した価額から、その価額に100分の80を乗じて計算した金額を控除した金額によって評価する。

第5節　原野及び原野の上に存する権利

（市街地原野の評価）

58−3　市街地原野の価額は、その原野が宅地であるとした場合の1平方メートル当たりの価額から、その原野を宅地に転用する場合において通常必要と認められる1平方メートル当たりの造成費に相当する金額として、整地、土盛り又は土止めに要する費用の額がおおむね同一と認められる地域ごとに国税局長の定める金額を控除した金額に、その原野の地積を乗じて計算した金額によって評価する。

　　ただし、・・・。

（注）　その原野が宅地であるとした場合の1平方メートル当たりの価額は、その付近にある宅地について11《評価の方式》に定める方式によって評価した1平方メートル当たりの価額を基とし、その宅地とその原野との位置、形状等の条件の差を考慮して評価するものとする。

<u>（広大な市街地原野の評価）</u>

58−4　<u>前項の市街地原野が宅地であるとした場合において、24−4《広大地の評価》に定める広大地に該当するときは、その市街地原野の価額は、前項の定めにかかわらず、24−4の定めに準じて評価する。ただし、市街地原野を24−4の定めによって評価した価額が前項の定めによって評価した価額を上回る場合には、前項の定めによって評価することに留意する。</u>

（特別緑地保全地区内にある原野の評価）

58−5　特別緑地保全地区内にある原野の価額は、57《評価の方式》から<u>58−4《広大な市街地原野の評価》</u>までの定めにより評価した価額から、その価額に100分の80を乗じて計算した金額を控除した金額によって評価する。

Ⅰ 改正後─地積規模の大きな宅地の評価─

資料2 「財産評価基本通達の一部改正について」通達等のあらましについて（情報）（平成29年10月3日付）

1 地積規模の大きな宅地の評価

> 平成29年度税制改正の大綱（平成28年12月22日閣議決定）において、相続税等の財産評価の適正化を図るため、相続税法の時価主義の下、実態を踏まえて、広大地の評価について、現行の面積に比例的に減額する評価方法から、各土地の個性に応じて形状・面積に基づき評価する方法に見直すとともに、適用要件を明確化することとされた。
> 　このことを踏まえ、「地積規模の大きな宅地の評価」を新設し、その適用要件については、地区区分や都市計画法の区域区分等を基にすることにより明確化を図った。
> 　なお、これに伴い「広大地の評価」を廃止した。
> （評価通達7、7-2、13、20-2～20-6、21-2、22、24-6、25、付表1、40、41、49、50、50-2、58-3、58-5＝改正、24-4、40-2、49-2、58-4＝廃止）

1 従来の取扱い

(1) 従来の取扱いの概要

従来、その地域における標準的な宅地の地積に比して著しく地積が広大な宅地で都市計画法第4条第12項に規定する開発行為（以下「開発行為」という。）を行うとした場合に公共公益的施設用地の負担が必要と認められるもの（以下「広大地」という。）の価額は、道路や公園等のいわゆる「潰れ地」が生じることから、原則として、正面路線価に広大地補正率及び地積を乗じて評価することとしていた（旧評価通達24-4）。

なお、広大地の評価の適用要件及び評価方法は次のとおりとしていた。

> 【広大地の評価の適用要件】
> ① その地域における標準的な宅地の地積に比して著しく地積が広大な宅地であること
> ② 開発行為を行うとした場合に公共公益的施設用地（道路、公園等）の負担が必要（潰れ地が生じる）と認められるものであること
> ③ 大規模工場用地に該当するものではないこと及び中高層の集合住宅等の敷地用地に適しているもの（その宅地について、経済的に最も合理的であると認められる開発行為が中高層の集合住宅等を建築することを目的とするものであると認められるもの）ではないこと
>
> 【評価方法（算式）】
> 広大地の評価額 ＝ 正面路線価 × 広大地補正率^(注) × 地積
>
> （注）広大地補正率 ＝ 0.6 － 0.05 × $\dfrac{\text{地積}}{1,000\text{㎡}}$
>
> ※ 広大地補正率は0.35を下限とする。

(2) 従来の広大地の評価に係る広大地補正率と各種補正率の適用関係

従来の広大地の評価に係る広大地補正率は、土地の個別的要因に基づいて最も経済的・合理的な使用の観点から算定された鑑定評価額を基に統計学の手法を用いて設定

資料2「財産評価基本通達の一部改正について」通達等のあらましについて（情報）

しており、土地の個別的要因に係る補正が全て考慮されたものとなっていることから、土地の形状、道路との位置関係等に基づく個別的要因に係る補正、すなわち評価通達15《奥行価格補正》から20《不整形地の評価》まで及び20-3《無道路地の評価》から20-6《容積率の異なる2以上の地域にわたる宅地の評価》までの定めを適用せず、正面路線価、広大地補正率及び地積の3要素を用いて評価することとしていた。

　また、鑑定評価における開発法では、広大地にセットバック部分がある場合、セットバック部分を潰れ地として有効宅地化率を計算していることから、広大地補正率にはセットバック部分のしんしゃくは織り込み済みであるため、広大地補正率を適用する土地については、評価通達24-6《セットバックを必要とする宅地の評価》の定めは適用しないこととしていた。

(3)　広大な市街地農地等の評価について

　市街地農地等（市街地農地、市街地周辺農地、市街地山林及び市街地原野をいう。以下同じ。）が宅地であるとした場合において、旧評価通達24-4に定める広大地に該当するときは、旧評価通達40-2《広大な市街地農地等の評価》、49-2《広大な市街地山林の評価》及び58-4《広大な市街地原野の評価》の定めにより、旧評価通達24-4の定めに準じて評価することとしていた。

　なお、市街地農地等を広大地として評価する場合には、広大地補正率の中で農地等（農地、山林及び原野をいう。以下同じ。）を宅地に転用するための宅地造成費相当額を考慮していることから、宅地造成費相当額を控除せずに評価することとしていた。

2　通達改正の趣旨

　従来の広大地の評価に係る広大地補正率は、個別の土地の形状等とは関係なく面積に応じて比例的に減額するものであるため、社会経済情勢の変化に伴い、広大地の形状によっては、それを加味して決まる取引価額と相続税評価額が乖離する場合が生じていた。

　また、従来の広大地の評価の適用要件は、上記1(1)のとおり「定性的（相対的）」なものであったことから、広大地に該当するか否かの判断に苦慮するなどの問題が生じていた。

　このような状況の下、平成29年度税制改正の大綱（平成28年12月22日閣議決定）において、相続税等の財産評価の適正化を図るため、相続税法の時価主義の下、実態を踏まえて、広大地の評価について、現行の面積に比例的に減額する評価方法から、各土地の個性に応じて形状・面積に基づき評価する方法に見直すとともに、適用要件を明確化する旨明記された。このことを踏まえ、「地積規模の大きな宅地の評価」を新設し、その適用要件については、地区区分や都市計画法の区域区分等を基にすることにより「定量的（絶対的）」なものとし、明確化を図った。

　なお、これに伴い「広大地の評価」を廃止した。

(参考)　平成29年度税制改正の大綱（抄）

二　資産課税

　6　その他

　　(6)　相続税等の財産評価の適正化

　　　　相続税法の時価主義の下、実態を踏まえて、次の見直しを行う。

　　　①、②　（省略）

　　　③　広大地の評価について、現行の面積に比例的に減額する評価方法から、各土地の個性に応じて形状・面積に基づき評価する方法に見直すとともに、適用要

Ⅰ 改正後─地積規模の大きな宅地の評価─

　　件を明確化する。
　④　（省略）

3　通達改正の概要等

⑴　「地積規模の大きな宅地の評価」の概要
　イ　「地積規模の大きな宅地の評価」の趣旨
　　「地積規模の大きな宅地の評価」では、新たに「規模格差補正率」を設け、「地積規模の大きな宅地」を戸建住宅用地として分割分譲する場合に発生する減価のうち、主に地積に依拠する次の①から③の減価を反映させることとした。
　①　戸建住宅用地としての分割分譲に伴う潰れ地の負担による減価 ^(注)
　　地積規模の大きな宅地を戸建住宅用地として分割分譲する場合には、一定の場合を除き、道路、公園等の公共公益的施設用地の負担を要することとなる。この負担により、戸建住宅用地として有効に利用できる部分の面積が減少することになるため、このようないわゆる「潰れ地」部分の負担が減価要因となる。
　（注）　この潰れ地の負担による減価は、主に地積に依拠する一方、奥行距離にも依拠することから、当該減価の一部は普通商業・併用住宅地区及び普通住宅地区の奥行価格補正率に反映させた。具体的には、改正前の数値では潰れ地の負担による減価を反映しきれていない奥行距離に係る奥行価格補正率の数値について、当該減価を適正に反映させるために見直すこととした。
　②　戸建住宅用地としての分割分譲に伴う工事・整備費用等の負担による減価
　　地積規模の大きな宅地を戸建住宅用地として分割分譲する場合には、住宅として利用するために必要な上下水道等の供給処理施設の工事費用の負担を要するとともに、開設した道路等の公共公益的施設の整備費用等の負担が必要となる。
　　また、開発分譲地の販売・広告費等の負担を要する。
　　開発分譲業者は、これらの費用負担を考慮して宅地の仕入れ値（購入価格）を決定することになるため、これらの工事・整備費用等の負担が減価要因となる。
　③　開発分譲業者の事業収益・事業リスク等の負担による減価
　　地積規模の大きな宅地を戸建住宅用地として分割分譲する場合には、開発分譲業者は、開発利益を確保する必要がある。
　　また、開発する面積が大きくなるにつれ販売区画数が多くなることから、開発分譲業者は、完売までに長期間を要したり、売れ残りが生じるというリスクを負う。
　　さらに、開発分譲業者は、通常、開発費用を借入金で賄うことから、開発の準備・工事期間を通じた借入金の金利の負担を要する。
　　開発分譲業者は、これらを踏まえて宅地の仕入れ値（購入価格）を決定するため、これらが減価要因となる。
　ロ　「地積規模の大きな宅地」の意義
　　上記イのとおり、「地積規模の大きな宅地の評価」は、戸建住宅用地として分割分譲する場合に発生する減価を反映させることを趣旨とするものであることから、戸建住宅用地としての分割分譲が法的に可能であり、かつ、戸建住宅用地として利用されるのが標準的である地域に所在する宅地が対象となる。したがって、三大都市圏では500㎡以上の地積の宅地、それ以外の地域では1,000㎡以上の地積の宅地であって、次の①から④に該当するもの以外のものを「地積規模の大きな宅地」とした ^(注1、2)。
　　次の①から④に該当するものを「地積規模の大きな宅地」から除くこととしているのは、法的規制やその標準的な利用方法に照らすと「地積規模の大きな宅地の評

98

資料2「財産評価基本通達の一部改正について」通達等のあらましについて（情報）

価」の趣旨にそぐわないことを理由とするものである。

　なお、「地積規模の大きな宅地の評価」では、社会経済情勢の変化等を踏まえ、原則として、開発行為に係る要件を設けないこととした。

(注1)　「三大都市圏」とは、次の地域をいう。

　　　イ　首都圏整備法第2条第3項に規定する既成市街地又は同条第4項に規定する近郊整備地帯

　　　ロ　近畿圏整備法第2条第3項に規定する既成都市区域又は同条第4項に規定する近郊整備区域

　　　ハ　中部圏開発整備法第2条第3項に規定する都市整備区域

(注2)　三大都市圏では500㎡以上、それ以外の地域では1,000㎡以上という地積規模は、専門機関の実態調査等の結果に基づき設定した。したがって、三大都市圏では500㎡未満、それ以外の地域では1,000㎡未満の地積の宅地については、「地積規模の大きな宅地の評価」の適用はないことに留意する。

① 　市街化調整区域（都市計画法第34条第10号又は第11号の規定に基づき宅地分譲に係る開発行為を行うことができる区域を除く。）に所在する宅地

　　市街化調整区域は、「市街化を抑制すべき区域」（都市計画法7③）であり、原則として宅地開発を行うことができない地域である（都市計画法29、33、34）。このことからすると、市街化調整区域内に所在する宅地については、戸建住宅用地としての分割分譲に伴う減価が発生する余地がないことから、原則として、「地積規模の大きな宅地」に該当しないものとした。

　　しかしながら、市街化調整区域であっても、都市計画法第34条第10号の規定により、同法第12条の4第1項第1号に規定する地区計画の区域（地区整備計画が定められている区域に限る。）内又は集落地域整備法第5条第1項の規定による集落地区計画の区域（集落地区整備計画が定められている区域に限る。）内においては、当該地区計画又は集落地区計画に適合する開発行為を行うことができることとされている。また、都市計画法第34条第11号の規定により、いわゆる条例指定区域内においても、同様に開発行為を行うことができることとされている。

　　これらのことを踏まえると、市街化調整区域であっても、都市計画法第34条第10号又は第11号の規定に基づき宅地分譲に係る開発行為を行うことができる区域については、戸建住宅用地としての分割分譲が法的に可能であることから、これらの区域内に所在する宅地について、地積規模を満たす場合には「地積規模の大きな宅地」に該当するものとした^(注)。

(注) 都市計画法第34条第10号又は第11号の規定に基づき開発許可の対象とされる建築物の用途等は、地区計画、集落地区計画又は条例により定められるため、それぞれの地域によってその内容が異なることになる。したがって、地区計画又は集落地区計画の区域（地区整備計画又は集落地区整備計画が定められている区域に限る。）内、及び条例指定区域内に所在する宅地であっても、例えば、一定規模以上の店舗等の開発は認められるが、宅地分譲に係る開発は認められていないような場合には、「地積規模の大きな宅地の評価」の適用対象とならないことに留意する必要がある。

② 　都市計画法の用途地域が工業専用地域に指定されている地域に所在する宅地

　　工業専用地域は、工業の利便を増進する地域（都市計画法9⑫）であり、同地域内においては、原則として、工業系の用途となじまない用途の建築物の建築が禁止され、住宅の建築はできないこととされている（建築基準法48⑫、別表第二）。

Ⅰ 改正後—地積規模の大きな宅地の評価—

　このことを踏まえると、工業専用地域に所在する宅地については、地積規模が大きいものであっても、基本的に戸建住宅用地としての分割分譲に伴う減価が発生する余地がないことから、「地積規模の大きな宅地」に該当しないものとした^(注)。

　(注)　評価対象となる宅地が2以上の用途地域にわたる場合には、建築基準法上、2以上の用途地域にわたる建築物の敷地については、その全部についてその過半の属する用途地域の制限が適用されることを踏まえ、当該宅地の全部が当該宅地の過半の属する用途地域に所在するものとする。

③　指定容積率が400%（東京都の特別区内においては300%）以上の地域に所在する宅地

　　指定容積率^(注1)が400%（東京都の特別区内においては300%）以上の地域に所在する宅地については、マンション敷地等として一体的に利用されることが標準的であり、戸建住宅用地として分割分譲が行われる蓋然性が乏しいと考えられることから、「地積規模の大きな宅地」に該当しないものとした^(注2)。

　(注1)　指定容積率とは、建築基準法第52条第1項に規定する建築物の延べ面積の敷地面積に対する割合をいう。

　　　　　なお、評価対象となる宅地が指定容積率の異なる2以上の地域にわたる場合には、建築基準法の考え方に基づき、各地域の指定容積率に、その宅地の当該地域内にある各部分の面積の敷地面積に対する割合を乗じて得たものの合計により容積率を判定する。

　(注2)　専門機関の実態調査等の結果に基づき、指定容積率を基準とすることとした。

④　倍率地域に所在する評価通達22-2《大規模工場用地》に定める大規模工場用地

　　大規模工場用地に該当する場合には、別途、評価通達22《大規模工場用地の評価》から22-3《大規模工場用地の路線価及び倍率》までに定めるところにより、大規模な土地であることを前提として評価することとしており、また、大規模工場用地は、大規模な工場用地として利用されることが標準的であると考えられる。

　　このことを踏まえると、戸建住宅用地としての分割分譲が行われる蓋然性が乏しいと考えられることから、大規模工場用地については、「地積規模の大きな宅地」に該当しないものとした。

　　なお、大規模工場用地は、路線価地域においては、評価通達14-2《地区》に定める大工場地区に所在するものに限られるところ、路線価地域の場合、下記ハ（イ）のとおり、「地積規模の大きな宅地の評価」は、普通商業・併用住宅地区及び普通住宅地区に所在する宅地が適用対象となることから、路線価地域に所在する大規模工場用地は、「地積規模の大きな宅地の評価」の適用対象から除かれることになる。

ハ　「地積規模の大きな宅地の評価」の適用対象

　（イ）　路線価地域の場合

　　　路線価地域においては、上記ロの「地積規模の大きな宅地」であって、評価通達14-2《地区》に定める普通商業・併用住宅地区及び普通住宅地区に所在するものを、「地積規模の大きな宅地の評価」の適用対象とした。

　　　普通商業・併用住宅地区及び普通住宅地区に所在する「地積規模の大きな宅地」を適用対象としているのは、これらの地区に所在する宅地は、指定容積率が400%（東京都の特別区内においては300%）以上の地域に所在するものを除けば、戸建住宅用地として利用されることが標準的であると考えられるため、戸建住宅用地として分割分譲する場合に発生する減価を考慮して評価する必要があることを理由とするものである^(注1、2)。

　（注1）　ビル街地区は、大規模な商業用地として利用されることを前提とした地

資料2「財産評価基本通達の一部改正について」通達等のあらましについて（情報）

区であり、当該地区内の宅地については、戸建住宅用地として分割分譲されることは想定されず、それに伴う減価が発生する余地がないことから、「地積規模の大きな宅地の評価」の適用対象とならない。

高度商業地区及び繁華街地区は、主として商業用地として利用されることを前提とした、通常繁華性の高い地区である。これらの地区内の宅地については、中高層の建物の敷地として利用されるのが標準的であり、戸建住宅用地としての分割分譲が行われる蓋然性が乏しいことから、「地積規模の大きな宅地の評価」の適用対象とならない。

中小工場地区は、主として中小規模の工場用地として利用されることを前提とした地区であり、当該地区内の宅地は、中小規模の工場用地として利用されることが標準的であることから、「地積規模の大きな宅地の評価」の適用対象とならない。

大工場地区は、大規模な工場用地として利用されることを前提とした地区である。当該地区内の土地は、大規模な工場用地として利用されることが標準的であり、戸建住宅用地としての分割分譲が行われる蓋然性が乏しいことから、「地積規模の大きな宅地の評価」の適用対象とならない。

(注2)　評価対象となる宅地の正面路線が2以上の地区にわたる場合には、地区について都市計画法の用途地域を判断要素の一つとして設定していることから、建築基準法における用途地域の判定の考え方を踏まえ、当該宅地の過半の属する地区をもって、当該宅地の全部が所在する地区とする。

(ロ)　倍率地域の場合

倍率地域においては、上記ロの「地積規模の大きな宅地」に該当すれば、「地積規模の大きな宅地の評価」の適用対象となる。

二　「地積規模の大きな宅地の評価」に係る具体的評価方法等

(イ)　路線価地域の場合

普通商業・併用住宅地区及び普通住宅地区に所在する「地積規模の大きな宅地」については、正面路線価を基に、その形状・奥行距離に応じて評価通達15《奥行価格補正》から20《不整形地の評価》までの定めにより計算した価額に、その宅地の地積に応じた「規模格差補正率」を乗じて計算した価額によって評価する。

これを具体的な算式で表すと、次のとおりである。

【算式】

地積規模の大きな宅地（一方のみが路線に接するもの）の相続税評価額

$$= \text{正面路線価} \times \text{奥行価格補正率} \times \text{地積} \times \frac{\text{不整形地補正率など}}{\text{の各種画地補正率}}$$

$$\times \text{規模格差補正率}$$

(ロ)　倍率地域の場合

倍率地域に所在する「地積規模の大きな宅地」については、評価通達21-2《倍率方式による評価》本文の定めにより評価した価額が、その宅地が標準的な間口距離及び奥行距離を有する宅地であるとした場合の1平方メートル当たりの価額[注]を評価通達14《路線価》に定める路線価とし、かつ、その宅地が評価通達14-2《地区》に定める普通住宅地区に所在するものとして「地積規模の大きな宅地の評価」（評価通達20-2）の定めに準じて計算した価額を上回る場合には、当該「地積規模の大きな宅地」については、「地積規模の大きな宅地の評価」（評価通達20-2）の定めに準じ

101

I 改正後─地積規模の大きな宅地の評価─

て計算した価額により評価する。

(注)「その宅地が標準的な間口距離及び奥行距離を有する宅地であるとした場合の1平方メートル当たりの価額」は、付近にある標準的な画地規模を有する宅地の価額との均衡を考慮して算定する必要がある。具体的には、評価対象となる宅地の近傍の固定資産税評価に係る標準宅地の1平方メートル当たりの価額を基に計算することが考えられるが、当該標準宅地が固定資産税評価に係る各種補正の適用を受ける場合には、その適用がないものとしたときの1平方メートル当たりの価額に基づき計算することに留意する。

ホ 「地積規模の大きな宅地の評価」に係る規模格差補正率と各種補正率の適用関係

従来の広大地の評価に係る広大地補正率では、上記1(2)のとおり、土地の個別的要因に係る補正が全て考慮されているが、「地積規模の大きな宅地の評価」に係る規模格差補正率は、上記イのとおり、地積規模の大きな宅地を戸建住宅用地として分割分譲する場合に発生する減価のうち、主に地積に依拠するものを反映しているものであり、それ以外の土地の個別的要因に係る補正については考慮していない。

したがって、地積規模の大きな宅地を戸建住宅用地として分割分譲する場合に発生する減価のうち、主に地積に依拠するもの以外の土地の形状、道路との位置関係等に基づく個別的要因に係る補正については、別途、評価通達15《奥行価格補正》から20《不整形地の評価》まで及び20-3《無道路地の評価》から20-6《容積率の異なる2以上の地域にわたる宅地の評価》までの定めを適用して評価上考慮することとなる。また、セットバック部分がある場合には、別途、評価通達24-6《セットバックを必要とする宅地の評価》の定めを適用して評価することとなる。

ヘ 規模格差補正率の計算方法等

(イ) 規模格差補正率の計算方法

「規模格差補正率」は、下記の算式により計算する。

【算式】

$$規模格差補正率 = \frac{Ⓐ \times Ⓑ + Ⓒ}{地積規模の大きな宅地の地積（Ⓐ）} \times 0.8$$

(注)上記算式により計算した規模格差補正率は、小数点以下第2位未満を切り捨てる。

上の算式中の「Ⓑ」及び「Ⓒ」は、地積規模の大きな宅地の所在する地域に応じて、それぞれ下表のとおりとする。

① 三大都市圏に所在する宅地

地積㎡	地区区分 記号	普通商業・併用住宅地区、普通住宅地区	
		Ⓑ	Ⓒ
500以上 1,000未満		0.95	25
1,000 〃 3,000 〃		0.90	75
3,000 〃 5,000 〃		0.85	225
5,000 〃		0.80	475

102

資料２「財産評価基本通達の一部改正について」通達等のあらましについて（情報）

② 三大都市圏以外の地域に所在する宅地

地積㎡ \ 地区区分 記号	普通商業・併用住宅地区、普通住宅地区	
	Ⓑ	Ⓒ
1,000以上　3,000未満	0.90	100
3,000 〃　5,000 〃	0.85	250
5,000 〃	0.80	500

（参考）奥行価格補正率表（抜粋）

奥行距離（メートル） \ 地区区分	普通商業・併用住宅地区		普通住宅地区	
	改正前	改正後	改正前	改正後
24以上　28 未満	1.00	1.00	0.99	0.97
28 〃　32 〃			0.98	0.95
32 〃　36 〃	0.98	0.97	0.96	0.93
36 〃　40 〃	0.96	0.95	0.94	0.92
40 〃　44 〃	0.94	0.93	0.92	0.91
44 〃　48 〃	0.92	0.91	0.91	0.90
48 〃　52 〃	0.90	0.89	0.90	0.89

《規模格差補正率の具体的計算例》
※三大都市圏に所在する地積1,500㎡の宅地の場合

$$規模格差補正率 = \frac{1,500㎡ \times 0.90 + 75}{1,500㎡} \times 0.8 = 0.76$$

（ロ）　規模格差補正率の算式の考え方

「規模格差補正率」が適用される宅地の地積は、三大都市圏では500㎡以上、それ以外の地域では1,000㎡以上であるが、専門機関の分析結果によると、地積規模の大きな宅地を戸建住宅用地として分割分譲する場合に発生する減価は、当初は地積の増加に正比例的に増加するものの、一定の地積規模を超えると、その増加幅は緩やかとなる傾向にある。上記（イ）の算式により計算した「規模格差補正率」は、この傾向を適正に反映したものとして計算される。

また、当該減価の割合は、地積区分ごとに異なる（例えば、上記（イ）の表のとおり、三大都市圏に所在する1,500㎡の宅地の場合、当該宅地の500㎡以上1,000㎡未満の部分の減価の割合（0.95（上記（イ）の表のⒷの数値））と1,000㎡以上1,500㎡までの部分の減価の割合（0.90（上記（イ）の表のⒷの数値））は異なる。）ため、当該宅地に係る「規模格差補正率」は、本来的には、当該宅地を①500㎡未満の部分、②500㎡以上1,000㎡未満の部分及び③1,000㎡以上1,500㎡までの部分に分割し、それぞれの部分に対応する減価の割合を乗じて合算したものに基づき計算することとなる。しかしながら、このような計算方法によると、地積の規模が特に大きくなった場合には「規模格差補正率」の計算過程が複雑なものとなってしまうため、上記（イ）のとおり、簡便に「規模格差補正率」を計算できるようにした。具体的には、例えば、上記と同様の三大都市圏に所在する1,500㎡の宅地の場合、全体の面積を基に1,000㎡以上3,000㎡未満の0.90（上記（イ）の表のⒷの数値）を乗じた上で75（上記（イ）の表のⒸの数値）を加算する方法により、当該宅地の「規模格差補

103

I 改正後―地積規模の大きな宅地の評価―

正率」(0.76) を計算できるようにしている。

(2) 市街地農地等への「地積規模の大きな宅地の評価」の適用について

従来の広大な市街地農地等については、上記1(3)のとおり、旧評価通達24-4の定めに準じて評価することとしていたが、今般の改正により、旧評価通達24-4の定めの廃止に伴い、旧評価通達40-2、49-2及び58-4の定めも併せて廃止し、今後は、通常の市街地農地等と同様、評価通達39《市街地周辺農地の評価》、40《市街地農地の評価》、49《市街地山林の評価》及び58-3《市街地原野の評価》の定めにより評価することとした。

市街地農地等については、評価通達39、40、49及び58-3の定めにおいて、その農地等が宅地であるとした場合を前提として評価(宅地比準方式により評価)することとしているところ、開発分譲業者が、地積規模の大きな市街地農地等を造成し、戸建住宅用地として分割分譲する場合には、地積規模の大きな宅地の場合と同様に、それに伴う減価が発生することになる。

したがって、市街地農地等については、「地積規模の大きな宅地の評価」の適用要件を満たせば、その適用対象となる(ただし、路線価地域にあっては、宅地の場合と同様に、普通商業・併用住宅地区及び普通住宅地区に所在するものに限られる。)(注)。評価通達40注書、49注書及び58-3注書において、このことを留意的に明らかにした。

(注) 市街地農地等について、宅地への転用が見込めないと認められる場合には、戸建住宅用地としての分割分譲が想定されないことから、「地積規模の大きな宅地の評価」の適用対象とならないことに留意する。

なお、上記1(3)のとおり、従来の広大地評価に係る広大地補正率では、宅地造成費相当額が考慮されていたが、「地積規模の大きな宅地の評価」に係る規模格差補正率は、上記(1)イのとおり、地積規模の大きな宅地を戸建住宅用地として分割分譲する場合に発生する減価のうち、主に地積に依拠するものを反映しているものであり、宅地造成費相当額は反映していない。

したがって、「地積規模の大きな宅地の評価」の適用対象となる市街地農地等については、「地積規模の大きな宅地の評価」を適用した後、個々の農地等の状況に応じた宅地造成費相当額を別途控除して評価することとなる。

(3) 雑種地への「地積規模の大きな宅地の評価」の適用について

雑種地の価額は、近傍にある状況が類似する土地に比準した価額により評価する(評価通達82)ところ、評価対象となる雑種地の状況が宅地に類似する場合には宅地に比準して評価することとなり、農地等に類似する場合には農地等に比準して評価することとなる。このとき、市街化区域内の農地等の価額は宅地比準方式により評価することとしていることから、市街化区域内の雑種地についても、宅地比準方式により評価することとなる。

このような宅地に状況が類似する雑種地又は市街地農地等に類似する雑種地について、「地積規模の大きな宅地の評価」の適用要件を満たす場合には、宅地と同様に、戸建住宅用地としての分割分譲に伴い発生する減価を評価額に反映させる必要がある。

したがって、状況が宅地に類似する雑種地又は市街地農地等に類似する雑種地については、「地積規模の大きな宅地の評価」の適用要件を満たせば、その適用対象となる(ただし、路線価地域にあっては、宅地の場合と同様に、普通商業・併用住宅地区及び普通住宅地区に所在するものに限られる。)。

(4) 具体的な計算例

「地積規模の大きな宅地の評価」の具体的な計算例を示せば、次のとおりである。

資料２「財産評価基本通達の一部改正について」通達等のあらましについて（情報）

（設例１）宅地の場合
三大都市圏内に所在する面積750㎡の宅地
※　他の地積規模の大きな宅地の評価の適用要件は満たしている。

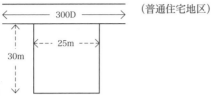
（普通住宅地区）

【計算】
1　規模格差補正率
$$\frac{750㎡ \times 0.95 + 25}{750㎡} \times 0.8 = 0.78$$

2　評価額
　　（路線価）　（奥行価格補正率）（面積）（規模格差補正率）
　　300,000円 ×　　0.95　×　750㎡ ×　　0.78　　= 166,725,000円
（注）規模格差補正率は、小数点以下第２位未満を切り捨てて求める。

（設例２）市街地農地の場合
三大都市圏以外の地域内に所在する面積1,500㎡の畑
※１　他の地積規模の大きな宅地の評価の適用要件は満たしている。
　２　宅地造成費として、整地（1㎡当たり600円）を要する。

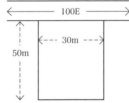
（普通住宅地区）

【計算】
1　規模格差補正率
$$\frac{1,500㎡ \times 0.90 + 100}{1,500㎡} \times 0.8 = 0.77$$

2　1㎡当たりの価額
　　　（路線価）　（奥行価格補正率）（規模格差補正率）（整地費）
　　（100,000円 ×　　0.89　×　　0.77）　−　600円 = 67,930円
3　市街地農地の評価額
　　67,930　円 ×　1,500㎡ =　101,895,000円
（注１）規模格差補正率は、小数点以下第２位未満を切り捨てて求める。
（注２）市街地農地等については、「地積規模の大きな宅地の評価」を適用した後、宅地造成費相当額を別途控除して評価する。

(5)　適用時期
平成30年1月1日以後に相続、遺贈又は贈与により取得した財産の評価に適用することとした。

105

Ⅰ 改正後─地積規模の大きな宅地の評価─

資料3　（平成30年1月1日以降用）「地積規模の大きな宅地の評価」 の適用要件チェックシート（1面）

（はじめにお読みください。）

1　このチェックシートは、財産評価基本通達20−2に定める「地積規模の大きな宅地」に該当するかを確認する際にご使用ください（宅地等の評価額を計算するに当たっては、「土地及び土地の上に存する権利の評価明細書」をご使用ください。）。

2　評価の対象となる宅地等が、**路線価地域にある場合はA表**を、**倍率地域にある場合はA表及びB表**をご使用ください。

3　**「確認結果」欄の全てが「はい」の場合**にのみ、「地積規模の大きな宅地の評価」を適用することになります。

4　「地積規模の大きな宅地の評価」を適用して申告する場合、このチェックシートを「土地及び土地の上に存する権利の評価明細書」に**添付してご提出ください。**

宅地等の所在地番			地　積		㎡
所　有　者	住　所（所在地）		評価方式	路線価　・　倍率	
	氏　名（法人名）			（A表で判定）	（A表及びB表で判定）
被相続人	氏　名		相続開始日又は受贈日		

【A表】

項　目	確認内容（適用要件）	確認結果	
面　積	○ 評価の対象となる宅地等（※2）は、次に掲げる面積を有していますか。 ① 三大都市圏（注1）に所在する宅地については、**500㎡以上** ② 上記以外の地域に所在する宅地については、**1,000㎡以上**	はい	いいえ
地区区分	○ 評価の対象となる宅地等は、路線価図上、次に掲げる地区のいずれかに所在しますか。 ① **普通住宅地区** ② **普通商業・併用住宅地区** ＊ 評価の対象となる宅地等が倍率地域にある場合、普通住宅地区内に所在するものとしますので、確認結果は「はい」を選択してください。	はい	いいえ
都市計画（※1）	○ 評価の対象となる宅地等は、市街化調整区域（注2）**以外**の地域に所在しますか。 ＊ 評価の対象となる宅地等が都市計画法第34条第10号又は第11号の規定に基づき宅地分譲に係る開発行為（注3）ができる区域にある場合、確認結果は「はい」を選択してください。	はい	いいえ
	○ 評価の対象となる宅地等は、都市計画の用途地域（注4）が「工業専用地域」（注5）に指定されている地域**以外**の地域に所在しますか。 ＊ 評価の対象となる宅地等が用途地域の定められていない地域にある場合、「工業専用地域」に指定されている地域以外の地域に所在するものとなりますので、確認結果は「はい」を選択してください。	はい	いいえ
容積率（※1）	○ 評価の対象となる宅地等は、次に掲げる容積率（注6）の地域に所在しますか。 ① **東京都の特別区**（注7）に所在する宅地については、**300%未満** ② 上記以外の地域に所在する宅地については、**400%未満**	はい	いいえ

【B表】

項　目	確認内容（適用要件）	確認結果	
大規模工場用地	○ 評価の対象となる宅地等は、「大規模工場用地」（注8）に**該当しない土地**ですか。 ＊ 該当しない場合は「はい」を、該当する場合は「いいえ」を選択してください。	はい	いいえ

※1　都市計画の用途地域や容積率等については、評価の対象となる宅地等の所在する市（区）町村のホームページ又は窓口でご確認ください。

2　市街地農地、市街地周辺農地、市街地山林及び市街地原野についても、それらが宅地であるとした場合に上記の確認内容（適用要件）を満たせば、「地積規模の大きな宅地の評価」の適用があります（宅地への転用が見込めないと認められるものを除きます。）。

3　注書については、2面を参照してください。

106

資料3 （平成30年1月1日以降用）「地積規模の大きな宅地の評価」の適用要件チェックシート

（平成30年1月1日以降用）「地積規模の大きな宅地の評価」の適用要件チェックシート（2面）

(注) 1　三大都市圏とは、次に掲げる区域等をいいます（具体的な市町村は下記の（表）をご参照ください。）。
　　　①　首都圏整備法第2条第3項に規定する既成市街地又は同条第4項に規定する近郊整備地帯
　　　②　近畿圏整備法第2条第3項に規定する既成都市区域又は同条第4項に規定する近郊整備区域
　　　③　中部圏開発整備法第2条第3項に規定する都市整備区域
　　　2　市街化調整区域とは、都市計画法第7条第3項に規定する市街化調整区域をいいます。
　　　3　開発行為とは、都市計画法第4条第12項に規定する開発行為をいいます。
　　　4　用途地域とは、都市計画法第8条第1項第1号に規定する用途地域をいいます。
　　　5　工業専用地域とは、都市計画法第8条第1項第1号に規定する工業専用地域をいいます。
　　　6　容積率は、建築基準法第52条第1項の規定に基づく容積率（指定容積率）により判断します。
　　　7　東京都の特別区とは、地方自治法第281条第1項に規定する特別区をいいます。
　　　8　大規模工場用地とは、一団の工場用地の地積が5万㎡以上のものをいいます。

(表)　三大都市圏（平成28年4月1日現在）

圏名	都府県名		都市名
首都圏	東京都	全域	特別区、武蔵野市、八王子市、立川市、三鷹市、青梅市、府中市、昭島市、調布市、町田市、小金井市、小平市、日野市、東村山市、国分寺市、国立市、福生市、狛江市、東大和市、清瀬市、東久留米市、武蔵村山市、多摩市、稲城市、羽村市、あきる野市、西東京市、瑞穂町、日の出町
	埼玉県	全域	さいたま市、川越市、川口市、行田市、所沢市、加須市、東松山市、春日部市、狭山市、羽生市、鴻巣市、上尾市、草加市、越谷市、蕨市、戸田市、入間市、朝霞市、志木市、和光市、新座市、桶川市、久喜市、北本市、八潮市、富士見市、三郷市、蓮田市、坂戸市、幸手市、鶴ケ島市、日高市、吉川市、ふじみ野市、白岡市、伊奈町、三芳町、毛呂山町、越生町、滑川町、嵐山町、川島町、吉見町、鳩山町、宮代町、杉戸町、松伏町
		一部	熊谷市、飯能市
	千葉県	全域	千葉市、市川市、船橋市、松戸市、野田市、佐倉市、習志野市、柏市、流山市、八千代市、我孫子市、鎌ケ谷市、浦安市、四街道市、印西市、白井市、富里市、酒々井町、栄町
		一部	木更津市、成田市、市原市、君津市、富津市、袖ケ浦市
	神奈川県	全域	横浜市、川崎市、横須賀市、平塚市、鎌倉市、藤沢市、小田原市、茅ケ崎市、逗子市、三浦市、秦野市、厚木市、大和市、伊勢原市、海老名市、座間市、南足柄市、綾瀬市、葉山町、寒川町、大磯町、二宮町、中井町、大井町、松田町、開成町、愛川町
		一部	相模原市
	茨城県	全域	龍ケ崎市、取手市、牛久市、守谷市、坂東市、つくばみらい市、五霞町、境町、利根町
		一部	常総市
近畿圏	京都府	全域	亀岡市、向日市、八幡市、京田辺市、木津川市、久御山町、井手町、精華町
		一部	京都市、宇治市、城陽市、長岡京市、南丹市、大山崎町
	大阪府	全域	大阪市、堺市、豊中市、吹田市、泉大津市、守口市、富田林市、寝屋川市、松原市、門真市、摂津市、高石市、藤井寺市、大阪狭山市、忠岡町、田尻町
		一部	岸和田市、池田市、高槻市、貝塚市、枚方市、茨木市、八尾市、泉佐野市、河内長野市、大東市、和泉市、箕面市、柏原市、羽曳野市、東大阪市、泉南市、四条畷市、交野市、阪南市、島本町、豊能町、能勢町、熊取町、岬町、太子町、河南町、千早赤阪村
	兵庫県	全域	尼崎市、伊丹市
		一部	神戸市、西宮市、芦屋市、宝塚市、川西市、三田市、猪名川町
	奈良県	全域	大和高田市、安堵町、川西町、三宅町、田原本町、上牧町、王寺町、広陵町、河合町、大淀町
		一部	奈良市、大和郡山市、天理市、橿原市、桜井市、五條市、御所市、生駒市、香芝市、葛城市、宇陀市、平群町、三郷町、斑鳩町、高取町、明日香村、吉野町、下市町
中部圏	愛知県	全域	名古屋市、一宮市、瀬戸市、半田市、春日井市、津島市、碧南市、刈谷市、安城市、西尾市、犬山市、常滑市、江南市、小牧市、稲沢市、東海市、大府市、知多市、知立市、尾張旭市、高浜市、岩倉市、豊明市、日進市、愛西市、清須市、北名古屋市、弥富市、みよし市、あま市、長久手市、東郷町、豊山町、大口町、扶桑町、大治町、蟹江町、阿久比町、東浦町、南知多町、美浜町、武豊町、幸田町、飛島村
		一部	岡崎市、豊田市
	三重県	全域	四日市市、桑名市、木曽岬町、東員町、朝日町、川越町
		一部	いなべ市

(注)　「一部」の欄に表示されている市町村は、その行政区域の一部が区域指定されているものです。評価対象となる宅地等が指定された区域内に所在するか否かは、当該宅地等の所在する市町村又は府県の窓口でご確認ください。

107

I 改正後―地積規模の大きな宅地の評価―

資料4 「地積規模の大きな宅地の評価」の適用対象の判定のためのフローチャート

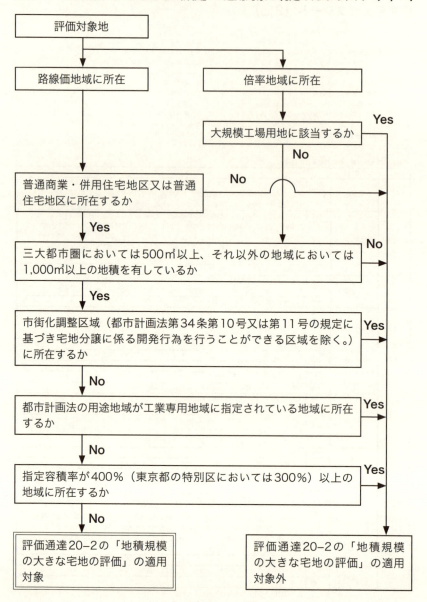

改正前
―広大地評価―

第1章 概　論

1 税理士が押さえておくべき広大地の評価のポイント

山田　美典

　最近は、税理士に対する損害賠償請求がいくつか行われるようになり、税理士業界における関心事の一つとなっています。税理士職業賠償責任保険の適用件数や訴訟提起事案は年々増加しており、1件当たりの賠償金額も高額となる傾向にあるといいます。実際、広大地評価にかかわって、その適用判断をめぐり多くの税務訴訟が提起されてきました。

　税理士は、専門知識を有していなければ納税者の委嘱に応えられず、納税者の信頼に応えるためには、課税要件、事実の認定や租税法規の解釈などについて専門的知識と能力が必要とされます。しかしながら、相続税申告における広大地評価の実務においては、通常の税理士に求められる専門知識と能力以上のものが要求されている感があり、ともすれば、できる限り広大地評価を行わずに相続税申告をできないかと考えられた税理士の方々もおられたのではないかと思料します。

　それに対して、相続税の申告実務において、評価対象土地について、広大地評価を実施するか否かにより、多額の土地評価減を実施でき、納税額に対する大きな金額的影響が生じることから、適正に広大地評価を実施できないか大いに検討し考えられている税理士の方々もまた多いのではないでしょうか。

　近時、相続税申告後の土地評価に関して、更正の請求により、改めて広大地評価の適用を問うような申告も行われ、その場合には当初申告で過大な納税額による申告を行った税理士に損害賠償請求を提起するということも行われていると聞き及んでいます。

第1章 概　論

　広大地の評価とは、評価通達24-4に定められる財産評価ですが、広大地に該当するかどうかの判定基準のポイントは、以下の4つであり、すべての要件を満たさないといけません。

①　大規模工場用地に該当しない。

②　マンション適地でない、又は、既にマンション等の敷地用地として開発を了していない。

　・原則として、容積率300％以上の地域に所在する土地でない。

③　その地域における標準的な宅地の面積に比して著しく面積が広大である。

④　開発行為を行うとした場合、公共公益的施設用地の負担が必要と認められる。

　・公共公益的施設用地として、道路開設の必要性が認められる。

以上の4つすべてを満たした場合に広大地となります。これらをすべて満たしていることを納税者側が証明することが必要となります。

　広大地評価に関し、その適用判断をめぐり多くの税務訴訟が提起されてきました。それはこの適用判断が実務的に非常に難しいということが大きく影響していると考えられます。

　広大地に関する多くの裁判や裁決例による判断過程を整理しているのが、第7章です。広大地に関する多数の裁判や裁決例の判断過程の検討により、法令解釈とともに具体的な判断を記載しています。

　広大地評価を適用し相続税の土地評価を行う場合に、裁判及び裁決例の検討が必須であると考えます。この検討の結果、①十分に広大地の要件を満たす場合、②検討事項はあるものの広大地の要件をほぼ満たすと考えられる場合、③広大地の要件を満たすことができるかいくつかの検討事項があり、簡単に判断できない場合、④明らかに広大地の要件を満たさない場合等に分けられると考えられます。

　その結果を踏まえて、広大地評価に詳しい不動産鑑定士の意見を入

111

Ⅱ 改正前—広大地評価—

手する必要があります。

　広大地評価に関しては、要件をすべて満たしていることが必要であり、税務署も必ず申告書をチェックする重要ポイントであるため、不動産関連法規や住宅市場分析手法を熟知した不動産鑑定士から的確なアドバイスを受ける必要があると考えます。やはり旧広大地通達による場合は、適用是非の判断余地が大いにあります。広大地の判定がしやすいケースもあるでしょうが、実際の土地評価にあたっては、判断に迷うケースが多数あり、広大地評価が税務上問題なく通るかどうか、多面的に調査を要し、慎重に判断せざるを得ないケースが多々あると考えられます。その際に広大地という相続税の土地評価に詳しい不動産鑑定士を選定することも重要なポイントとなると思います。

　本書で記載されているように、広大地評価は不動産鑑定士にとって不動産鑑定の通常の専門分野ではないので、相続税に定める土地評価について詳しくなければ的確にアドバイスはできないと考えられます。

　さらに、広大地評価を実施するに際しては、評価単位にも注意を払うことが必要となります。土地の評価単位は、地目ごと、利用単位ごと、取得者ごとに評価します。この実務的判断も実務では難しいところであり、資産税に十分慣れた税理士でないと適用判断を誤る可能性もあると考えます。

　最後に、相続税申告で広大地の適用にあたっては、広大地の面積基準に注意して遺産分割を行う必要があります。遺産分割後の面積では広大地評価を実施できなくなり、相続税額が増大するケースが考えられます。このあたり広大地評価を含む財産分割実施のアドバイスに関して相続人に的確にアドバイスする難しさも十分にあることを認識して、多くの財産分割シミュレーションと併せて相続税額がどうなるかを検討していくことが重要であり、遺産分割に関して税理士としての専門的なアドバイスを的確に実施していくことが望まれるところです。

2 不動産鑑定士が押さえておくべき「広大地の評価」・ 「地積規模の大きな宅地の評価」両通達のポイント
～総合不動産会社でマンション用地取得を担当した経験も併せて～

村上　直樹

　この本を手に取った不動産鑑定士の方の多くが「広大地の評価」通達あるいは「地積規模の大きな宅地の評価」通達という分野に踏み込もうという意欲にあふれる方、あるいはすでに実践しているがその理解や知識をさらに高めようと考えている方、でしょう。どちらの方も進取の気風や向上心にあふれた方であるはずです。

　本書はその熱意と期待を裏切らないものと自負しております。

　平成29年10月公表の通達改正に準拠しているのはもちろんのことですが、その最大の理由が、

～総合不動産会社でマンション用地取得を担当した経験も併せて～

というところです。

　出版にあたり、「広大地の評価」に関する著書を数多く読みました。不動産鑑定士が著者となっているものはほぼ読破したはずです。ですが、読み進めば進むほど「違和感」がありました。不動産の開発を手掛けたことがない不動産鑑定士（あるいは税理士や弁護士等）が書いているのでは？　という「違和感」です。その内容の多くが不動産開発の現場感覚とはズレているからです。

　不動産の開発現場とは違うところで、「こういう場合は"広大地"にあたる」「こういう場合は"広大地"にはあたらない」と判断されているのでは？　という「違和感」がぬぐい切れないのです。

　この「違和感」が、本書の企画に二つ返事で参加表明した理由の一つでした。

　本書を通して、より詳細なところをお分かりいただけると思います。

113

Ⅱ 改正前—広大地評価—

1 不動産鑑定士が押さえておくべき「広大地の評価」通達のポイント（改正前）

① 税務上の「広大地の評価」、その通達を把握する‼

ここは基本中の基本です。それは、相続税の「財産評価基本通達24-4」（**資料1**の85頁）にあります。

加えて、プロフェッショナルである読者の方は、「財産評価基本通達24-4」以外の少なくとも土地の評価に関する他の通達も読んでおく必要があります。当該通達はあくまでも「24-4」番目なのです。

② 「広大地の評価」は不動産鑑定士にとっていわば「アウェイ」と心得る‼

不動産鑑定士に対する依頼の目的は「相続税額算定のため」です。

この依頼目的に即して「広大地の評価」の判定・評価をすることになります。

不動産鑑定士が評価した広大地の評価は、当然のことながら、当該相続人の申告と納税額に直結します。そこは「税務の世界」です。不動産鑑定士にとってはある意味「アウェイ」なのです。

「税務の世界」では税法改正や通達改正が頻繁に行われるものと心得なければなりません。また、裁判や裁決例といった「先例」の動向をいつもウォッチする必要があります。

「税務の世界」では常に「国税局」あるいは「税務署」という存在を意識せねばなりません。

あなたが発行した調査報告書（不動産鑑定評価書）は依頼者（相続人を想定）や税理士・弁護士のみならず、国税局あるいは税務署の担当セクションにて審査されることはほぼ当然のことなのです。当該「審査」によりあなたが判定した「広大地の評価」が否認されるリスクは、もちろん「0」ではないものと心得ましょう。

● —— 114

第 **1** 章 概　論

「郷に入っては郷に従え」ということわざもあります。

「アウェイ」で仕事をすると意識するからこそ、事前に十分な準備
をしておくべきです。関連する税務知識も得ておきましょう。

③　不動産鑑定士に依頼される「広大地の評価」の目的は ほぼ3つ

⑴　相続税等を軽減するための「広大地の評価」の適用と評価の依頼

鑑定対象の不動産において「広大地の評価」の適用が可能と判定さ
れればその評価額は大きく下がることとなります（相続人の納税額が
少なくて済むのです）。

大きく下がることの詳細は本論に譲ることとしますが、大きく下が
るからこそ「広大地の評価」が不動産鑑定士にとって現状は「ビジネ
ス」の機会となっているのです。

一般論ではありますが、当該「広大地の評価」適用可否の判定は、
税理士等には「自己の能力の限度を超えていると思われるため」ある
いは「リスクテイクしたくないため」に不動産鑑定士に依頼されるの
でしょう。

⑵　セカンド・オピニオンとしての依頼

⑴に代えて、あるいは上乗せして、評価の依頼が来ることがあります。

「広大地の評価」の適用可否により相続税額が大きく変わることから、
税理士等による「広大地の評価」の判定にさらに上乗せしておくことが
目的です。あるいは別の不動産鑑定士が適用した「広大地の評価」を補
強するための依頼です。さらにまた、別の不動産鑑定士が適用した「広
大地の評価」が適正か否かを第三者的に確認させる依頼もあります。

これらの依頼は難解な案件ほど多いのですが、「広大地の評価」分
野に新規参入をお考えの不動産鑑定士の方にとっては将来のビジネス

115

II 改正前―広大地評価―

チャンスの発端となるものです。

⑶ 「広大地の評価」で相続税等の申告をしなかったことの妥当性を証明するための依頼

「広大地の評価」の適用判定は多くの税理士等にとって難解のようです。税務署等の「審査」により否認されるリスクも存在するため、慎重な税理士の中には適用せずに申告する方も多いとのことです。しかしながら、今は情報社会です。相続人等から申告後に「なぜ広大地の評価を適用しなかったの？」と尋ねられることがあり、場合によっては損害賠償請求に至る例もあるとのことです。そのような際に、「広大地」申告をしなかったことの妥当性を証明することが依頼目的にもなります。

⑷ ま と め

一般的には⑴の場合が多いかと思われます。

今から、「広大地の評価」の分野に進出しようとお考えの不動産鑑定士の方にお勧めしたいのは上記3つのカテゴリーを網羅することです。⑴だけを扱うと「いかにして適用判定を取ろうか？」のみの思考に陥るからです。専門家としての中立性を確保することを心がけてください。⑴のみに特化して税務否認されたときには国税サイドが間違っている、と自戒の念を持たないのは残念なことであり、本末転倒です。

④　リスクの認知

依頼者が国等の公的機関でない場合の、民間依頼の鑑定評価において常に言えることですが、依頼者・税理士・弁護士等の人柄や能力等をできる限り見極めておきましょう。いわゆる地価公示・固定資産税等の公

的評価とは異なり、プレイヤー・リスクを認識する必要があるのです。

　税理士等の立ち回り方の悪さから否認に至った場合でもすべてを不動産鑑定士の責任と押し付けてくるかもしれません。当該税理士が仮に法人税では日本一のレベルであったとしても相続税に関してはほぼ素人である場合もあるのです。税理士といえども弁護士といえども、彼らが全員すべてに精通した「プロフェッショナル」とは限らないのです。

　「広大地の評価」には国税局あるいは税務署の「審査」による否認リスクが常に存するのです。当初申告のための「広大地の評価」の場合と更正の請求のための「広大地の評価」とでは経済的なリスクが異なるのでしょう。裁判や裁決のための「広大地の評価」はプラス α の経済的なリスクを考慮しなくてはいけません。

　本件の依頼を受ける際は、報酬が成功報酬なのか否か、国税局・税務署で否認された場合の経済的リスクは誰が負うのか、を必ず確認したうえで受注することをお勧めします。

⑤　不動産開発の実務知識

　不動産鑑定士（理論）に加えて開発業者（実践）としての視点を持ちましょう。

　不動産開発の現場経験のない方は、その近道として、不動産開発業者と友人関係になることをお勧めします。

　「広大地の評価」を適用すべきか否かの判定には彼らの第三者意見が極めて有意義なのです。不動産開発現場の生の声が聴けるからです。不動産鑑定士が自分の頭の中でしか考えていない「妄想」から現実に気付くためにも心がけておきましょう（第4章参照）。

　さらに加えて不動産鑑定士が民間に進出する際に絶対必要なのが人的ネットワークの構築です。異分野との交流機会を高めましょう。

Ⅱ 改正前─広大地評価─

　税理士・弁護士・宅地建物取引士・不動産開発業者、不動産鑑定士にとって、彼らは大切な情報源であると同時に顧客予備軍なのです。まさに「エルドラド」なのです。その際の切り口として「広大地の評価」は絶妙なスパイスとなるかもしれません。

2　不動産鑑定士が押さえておくべき「地積規模の大きな宅地の評価」通達のポイント（改正後）

①　不動産鑑定士の活躍機会は減る？

「地積規模の大きな宅地の評価」通達では、

> 　評価対象地が、「路線価地域に所在」「倍率地域に所在」「大規模工場用地に該当するか」「普通商業・併用住宅地区又は普通住宅地区に所在するか」「三大都市圏においては500㎡以上、それ以外の地域においては1,000㎡以上の地積を有しているか」「市街化調整区域（略）に所在するか」「都市計画法の用途地域が工業専用地域に指定されている地域に所在するか」「指定容積率が400％（東京都の特別区においては300％）以上の地域に所在するか」の判定が求められることになります。

　これらの判断・判定は、不動産に関しての専門的な知識を必要としないように思われます。

　路線価図と都市計画図を読めば把握できる内容となっています。残念ながら、表面的にとらえれば不動産鑑定士の活躍機会は減るものと考えるべきです。

②　面積規模500㎡（あるいは1,000㎡）以上か否かには判断が伴う

　面積規模500㎡（あるいは1,000㎡）を超えるか超えないかで大きくその評価額が異なることとなります。500㎡と499.99㎡では取扱

118

いが全く異なるのです。

漫然と読めばそれで終わりですが、ご存知のように、土地は単独では存在しません。必ず隣地との境界が存在します。また、「縄伸び」「縄縮み」も可能性としてはあります。

500㎡を少し欠ける「評価対象地」の場合、地積測量のやりなおしや隣地買収あるいは同一所有者の場合の用途変更等、単純には500㎡を切る土地においてもこれら合法的な手を加えることで、通達適地となる可能性を見出すことができます。

コンサル分野参入の一つの足掛かりとしましょう。

3 フリンジ・ベネフィット

「広大地の評価」の分野には既存のプレイヤーが存します。税理士や弁護士等です。この本をお読みになることで、彼らや彼らの考え方を理解していただきたく思います。そのうえで、自分の立ち位置を見つけてください。税理士・弁護士等の不得意分野を補完することから参入できるはずです。案件によっては、宅地建物取引士あるいは開発業者等の不動産開発・実務の専門家と合同でセカンド・オピニオンを発信することも可能でしょう。

副次的には、税理士や弁護士、宅地建物取引士、開発業者等の異分野の方との交流の機会が得られます。人的ネットワーク構築の一助とすることができるのです。

「広大地の評価」通達の改正は、不動産鑑定士が民間分野に新たな収益機会を見出すための良い方向だと能動的にとらえましょう。

4 不動産鑑定士の責務

最後に「不動産鑑定評価基準　総論第1章第4節　不動産鑑定士の責務」を掲げておきます。

II 改正前―広大地評価―

次に述べる事項を遵守して資質の向上に努めなければならない。

(1) 高度な知識と豊富な経験と的確な判断力とが有機的に統一されて、初めて的確な鑑定評価が可能となるのであるから、不断の勉強と研鑽とによってこれを体得し、鑑定評価の進歩改善に努力すること。

(2) 依頼者に対して鑑定評価の結果を分かり易く誠実に説明を行い得るようにするとともに、社会一般に対して、実践活動をもって、不動産の鑑定評価及びその制度に関する理解を深めることにより、不動産の鑑定評価に対する信頼を高めるよう努めること。

(3) 不動産の鑑定評価に当たっては、自己又は関係人の利害の有無その他いかなる理由にかかわらず、公平妥当な態度を保持すること。

(4) 不動産の鑑定評価に当たっては、専門職業家としての注意を払わなければならないこと。

(5) 自己の能力の限度を超えていると思われる不動産の鑑定評価を引き受け、又は縁故若しくは特別の利害関係を有する場合等、公平な鑑定評価を害する恐れのあるときは、原則として不動産の鑑定評価を引き受けてはならないこと。

第|1|章 概　論

3 宅地建物取引士が押さえておくべき「広大地の評価」・「地積規模の大きな宅地の評価」両通達のポイント

村上　直樹

　宅地建物取引士の方がこの本を手に取ることは少ないでしょう。

　あなただけかもしれません。

　しかし想うのです。誰もいないからこそ、多くの利潤を得られる機会があるものと……。

　筆者は（執筆時現在）公益社団法人：東京都宅地建物取引業協会：千代田中央支部の常任理事（社会貢献委員長）をしております。その立場から「広大地の評価」を眺めますと、宅地建物取引士が活躍する場が、現行の「広大地の評価」通達及び「地積規模の大きな宅地の評価」両方において存在すると胸を張って言うことができます。とりわけ平成29年に入ってから、「開発行為」等における判断に関して「宅地建物取引士」の存在をクローズアップする論調が増えてきています。

　我々は長年の悲願であった、宅地建物取引主任者から"宅地建物取引士"となったのです。不動産売買仲介、不動産賃貸仲介、不動産管理に続く、不動産コンサルという門戸が開かれたのです。これを活かさないわけにはいきません。

　「広大地の評価」「地積規模の大きな宅地の評価」の両通達に宅地建物取引士がコンサルとして参入する際の障壁は想像以上に低いと考えています。

　2でも触れましたが、「広大地の評価」の判定と評価の現場で交わされている議論は、我々不動産開発の現場の感覚と「ズレて」いるように思えてならないからです。

121

Ⅱ 改正前—広大地評価—

1 「広大地の評価」通達において（改正前）

> 　評価対象地が、「大規模工場用地に該当するか」「マンション適地か、又は、既にマンション等の敷地用地として開発を了しているか」「その地域における標準的な宅地の面積に比して著しく面積が広大か」「開発行為を行うとした場合、公共公益的施設用地の負担が必要と認められるか」、と各段階においての判定が必要となります。

　特に、「開発行為を行うとした場合、公共公益的施設用地の負担が必要と認められるか」の判断は、弁護士や税理士にはもちろんのこと、不動産鑑定士にとっても難解な判断が求められるところです。

　「開発行為」「開発許可申請」を行うか否かの判断には、投資採算性の判断が必ず必要となります。

　そこには、開発許可権者が許可するであろう開発図面の作成や開発行為そのものの必然性

　○周囲の開発動向の把握

　○開発指導要綱の読込み

　○当該市区町村独自のローカルルール（明文化されていない「窓口規制」の有無）

の把握と判断が必要になるからです。

　我々には不動産開発現場で実践した経験値があります（たとえ経験値がなくとも、第一線で不動産開発を行っている人物とのネットワークを持っているはずです）。不動産仲介を実際に行った経験があるのです。それがこの分野に参入する際の必ずや「武器」になるはずです。

122

第 **1** 章 概　論

2 「地積規模の大きな宅地の評価」通達において（改正後）

> 　評価対象地が、「路線価地域に所在」「倍率地域に所在」「大規模工場用地に該当するか」「普通商業・併用住宅地区又は普通住宅地区に所在するか」「三大都市圏においては500㎡以上、それ以外の地域においては1,000㎡以上の地積を有しているか」「市街化調整区域（略）に所在するか」「都市計画法の用途地域が工業専用地域に指定されている地域に所在するか」「指定容積率が400％（東京都の特別区においては300％）以上の地域に所在するか」の判定が求められることになります。

　「三大都市圏においては500㎡以上、それ以外の地域においては1,000㎡以上の地積を有しているか」に注目してください。

　面積規模500㎡（あるいは1,000㎡）を超えるか超えないかで大きくその評価額が異なることとなります。500㎡と499.99㎡では取扱いが全く異なるのです。500㎡を少し欠ける「評価対象地」の場合、地積測量のやりなおしや隣地買収あるいは同一所有者の場合の用途変更等により、通達適地となる可能性を見出すことができます。コンサル分野参入の一つの足掛かりとしましょう。

3　フリンジ・ベネフィット

　「広大地の評価」の分野には既存のプレイヤーが存することは**2**で触れました。不動産鑑定士と同様、彼らや彼らの考え方を理解することにより、自分の立ち位置を見つけてください。

　あなたにとって、新分野の開拓の一つとなるでしょう。パイオニアになれるからこそ他社との差別化も可能となるでしょう。加えて、人的ネットワーク構築の一助とすることができるのです。

　この本が御社の業容拡大の一助になれば幸いです。

123

II 改正前―広大地評価―

4 弁護士が押さえておくべき広大地の評価のポイント

吉田　正毅

1　広大地の評価とは

　広大地の評価とは、財産評価基本通達24-4に定められる財産評価ですが、広大地と認められれば、土地の評価額が4割以上も減額されるため、当該土地が広大地に該当するか否かは、税額に大きな影響を与えます。そのため、広大地の評価について成功報酬のみで業務を行う事業者が現れ、広大地の評価をめぐる納税者と税務署長の争いが多発するようになりました。そして、相続税等における土地の評価の中で、最も多くの争いの対象となっているのが、広大地の評価といわれています。

　財産評価の争いであっても、最終判断は裁判所においてされることになります。そのため、弁護士が広大地の評価のポイントを押さえておくことは、適正な課税という観点からも重要といえます。

2　広大地評価の要件

　広大地に該当する要件は、

①　その地域における標準的な宅地の地積に比して著しく地積が広大な宅地

　　かつ

②　開発行為を行うとした場合に公共公益的施設用地の負担が必要と認められること

です。

　判決及び裁決では、概要次ページのとおり、要件に分解して判断していきます。各要件の詳細については、本文をご確認ください。

124

第 **1** 章 概　論

広大地評価の流れ

```
                    その地域を認定
                         ↓
              その地域の標準的使用を認定
                    ↓           ↓
   戸建住宅の敷地等である    マンション適地である/大規模工場用地である
           ↓
     標準的な宅地の地積を認定
           ↓              ↓
  著しく地積が広大である    著しく地積が広大ではない
           ↓
  公共公益的施設用地の負担の要否を認定
           ↓              ↓
      負担必要          負担不要
           ↓              ↓         ↓
    広大地である         広大地ではない
```

125

II 改正前—広大地評価—

第2章 広大地の評価の沿革

吉田 正毅

1 平成6年新設

　広大地の評価に係る評価通達24-4は、平成6年2月15日付庁課評2-2他「財産評価基本通達の一部改正」通達により新設されました[1]。広大地の評価を新設した理由については、「広大な土地については、最有効利用を考えた場合、道路の敷設などの開発が不可欠と認められる場合が多く、このような土地は、有効宅地化率がかなり低下し、その地域における標準的な宅地を前提としての路線価に基づく画地調整のみでは十分とはいえない。土地を評価する上で最も合理的な方法が宅地開発を前提とした評価方法であると認められる場合には、開発後の潰れ地を斟酌して評価することは、決して相続税法22条の趣旨に違反するものではない。必ずしも、財産評価基本通達に定める画地調整では適正時価を反映できないと思われる広大な土地もある[2]」からとするものや、「もともと土地の面積が大となればなるほど有効需要が不動産業者に限定されること、取引総額が大きくなるので取引価格の単価が安くなること等の不動産市場の実情を反映して[3]」としたり、広大地の規定がなかったので、法人の有する広大な土地の評価が問題となり、「特に不動産のプロとなる大手不動産会社が申告対象となることから、広大な土地を評価通達で評価すると時価よりも高額となるので、その対応策として不動産鑑定士の鑑定評価による申告が多くな

---

[1] 税務弘報42巻4号第一付録197頁や週刊税務通信2319号12頁で通達を確認できます。
[2] 小林登「広大地で陥りがちな評価トラブルとチェックポイント」税理44巻（平成13年）4号209頁
[3] 下崎寛「広大地評価における『路地状開発』をめぐる問題」税理55巻（平成24年）9号159頁

第|2|章| 広大地の評価の沿革

り、課税当局もその対応に苦慮して」新設された[4]などと説明されています。

　平成6年に新設された評価通達24-4は、広大地を以下のとおり定義しました。

（定義）

広　大　地
その地域における標準的な宅地の地積に比して著しく地積が広大な宅地で都市計画法第4条（（定義））に規定する開発行為を行うとした場合に公共公益的施設用地の負担が必要と認められるもの
高度利用が可能な地域にあるもの又は22-2（（大規模工場用地））に定める大規模工場用地に該当するものを除く。

　そして、その広大地が路線価地域に所在する場合、以下の数式により計算した数値(有効宅地化率)を評価通達15に定める補正率として、評価通達15から20-5までの定めによって計算した金額をその広大地の価額とするとしました。

$$有効宅地化率＝\frac{広大地の地積－公共公益的施設用地となる部分の地積}{広大地の地積}$$

　図示すると、次頁の図のように、広大地を最有効利用しようとすると道路などの負担が必要となる場合に、新設道路部分の地積は潰れ地として土地の評価額から控除しようとするものと理解できます。

4　下崎寛「これまでの広大地評価の考え方と原則的な取扱い」税理60巻（平成29年）5号12頁

II 改正前—広大地評価—

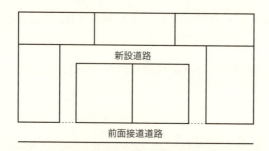

しかし、現実にこの広大地の評価をするに当たっては、各自治体の開発指導要綱が区々であるため、素人である納税者が開発想定図を作図して潰れ地の積算をすることは困難で、特に、市街地山林のように傾斜地に係る開発想定図を作成するのは極めて難しく、その潰れ地の積算に恣意性が介在し易く、実務的には、その取扱いに疑義の生じる難しい評価方法であったとされています[5]。

2 平成12年改正

平成12年6月13日付庁課評2-4他「財産評価基本通達の一部改正について」通達では、開発行為、公共公益的施設用地及び公共公益的施設用地となる部分の地積についての定義が以下のとおり明文化されました。

(定義)

開発行為
都市計画法第4条((定義))第12項に規定する開発行為

公共公益的施設用地となる部分の地積
その広大地について経済的に最も合理的であると認められる開発行為を行うとした場合に公共公益的施設用地となる部分の地積をいう。

---

[5] 小寺新一『改訂版 税務否認を受けない広大地の評価手法―《相続税・贈与税》―』(実務出版株式会社、平成26年)26頁

第 **2** 章 広大地の評価の沿革

公共公益的施設用地
都市計画法第4条（（定義））第14項に規定する道路、公園等の公共施設の用に供される土地及び都市計画法施行令（昭和44年政令第158号）第27条に掲げる教育施設、医療施設等の公益的施設の用に供される土地（その他これらに準ずる施設で、開発行為の許可を受けるために必要とされる施設の用に供される土地を含む。）をいう。

　また、評価通達24-4の括弧書きにより広大地評価の適用対象外とされていた土地の高度利用が可能な地域を実質的に判断することとして、広大地の適用対象とすることとし、適用除外規定が削除されました[6]。

　この改正により、より精緻な広大地の評価がされることが期待されましたが、納税者が開発想定図を作成しなければならない点は変わりがなく、実務的にはその取扱いが難しい評価方法でした。

3　争われた事例

　では、平成12年改正後に、新設道路の形と地積をめぐって、争訟となった事例を見てみましょう。次の図は、平成19年10月24日裁決・裁事74集274頁で、審査請求人が作成した開発想定図（同裁決別表6付表）です。審判所は、審査請求人が作成した開発想定図について、道路が開発要綱等に適合していなかったり、合理的と認められない道路の設置部分があるとして、評価対象地の開発については、審判所が作成した開発想定図（同裁決別表9付表）のとおりとするのが相当として、審判所が作成した開発想定図により、広大地補正率（有効宅地化率）を認定しています。この2つの図を見ただけでも、判断の困難性が窺われます。

6　国税庁Webサイト（https://www.nta.go.jp/shiraberu/zeiho-kaishaku/tsutatsu/kihon/sisan/hyoka/kaisei/000613/01.htm）で通達を確認できます。

II 改正前―広大地評価―

請求人の主張に係る開発想定図

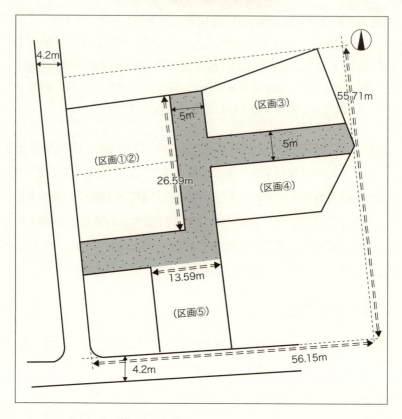

1 公共公益的施設(道路)部分の面積の計算
 5m ×(56.15m + 26.59m)= 413.70㎡
2 広大地補正率
 1,822.4661㎡−413.7㎡)/1,822.4661㎡ = 0.7729 → 0.77
3 想定整形地の計算
 55.71m × 56.15m = 3,128.1165㎡

第 2 章 広大地の評価の沿革

審判所が認定した開発想定図

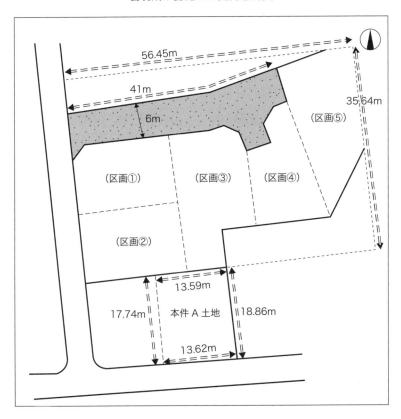

1 公共公益的施設部分の面積の計算
  (1) 道路　6m×41m＝246㎡…①
  (2) 転回広場　4m×6m＝24㎡
    2.13m×2.13m÷2＝2.26845㎡
    24㎡＋2.26845㎡×2＝28.5369㎡…②
  (3) 街角剪除　2.13m×2.13m÷2＝2.26845㎡…③
  (4) 合計（①＋②＋③）276.80535㎡
2 広大補正率
  （1,578.6523㎡−276.80535㎡）／1,578.6523㎡＝0.8241→0.82
3 想定整形地の計算
  35.64m×56.45m＝2,011.878㎡

131

4 平成16年改正

　平成16年改正前の広大地の評価方法では、公共公益的施設用地となる部分の地積の算定に当たり、開発想定図等を作成する必要がありました。しかし、その作成には専門的な知識が必要なことから、有効宅地化率の算定に苦慮する事例が多く、また、従来の広大地の評価方法によらず、鑑定評価に基づいて申告又は更正の請求をする事例が目立つようになってきました。そのため、最近の鑑定評価事例を分析・検討するなどして、平成16年に広大地の評価の見直しが行われました[7]。

　平成16年6月4日付庁課評2-7他「財産評価基本通達の一部改正について」通達では、従前の公共公益的施設用地となる部分の地積を基に補正率を算定して評価する方法から、広大地の地積を基に補正率を算定して評価する方法に変更がなされました。平成16年1月1日以降は、広大地が路線価地域に所在する場合は、以下の数式で計算した金額をその広大地の価額とするとされました。

　路線価×広大地補正率×地積

　上記の広大地補正率は、以下の数式で計算するものとされ、広大地補正率の下限は0.35とされました。

$$広大地補正率＝\frac{0.6－0.05×広大地の地積}{1,000㎡}$$

また、中高層の集合住宅等の敷地用地に適しているもの、いわゆるマンション適地を広大地から除外する旨が明文化されました[8]。

　平成16年の広大地の通達改正とは別に平成16年6月29日付で改

7　平成16年6月29日付資産評価企画官情報第2号
8　国税庁Webサイト（https://www.nta.go.jp/shiraberu/zeiho-kaishaku/tsutatsu/kihon/sisan/hyoka/kaisei/040604/01.htm）で通達を確認できます。

正の趣旨等を明らかにした資産評価企画官情報第2号（以下「16年情報」という。）が公表され、広大地の評価方法についていくつかの補足説明がされました（281頁参照）。

　そして、平成17年には、更なる考え方の統一性を図るとして、平成17年6月17日付資産評価企画官情報第1号（以下「17年情報」という。）で補足説明がされました（283頁参照）。

　16年情報や17年情報で補足説明が立て続けに出され、広大地の評価は比較的争いが少なくなることが期待されましたが、これらの情報は、広大地の例示や原則的な取扱いにとどまり、広大地の評価に実質的な判断が必要となる点は変わらず、引き続きグレーゾーンの判断は極めて困難でした。なお、その後、国税庁のホームページに広大地に関する質疑応答が多く掲載されましたが、実質的な判断が必要とされる点は変わりませんでした。

　平成16年改正により、広大地に該当すると評価額が5割から6割減額されることとなったため、納税者にとっては、なんとか広大地として評価額を下げたいとインセンティブが大きく働くようになりました。そして、広大地該当性の判断は形式的なものではなく、実質的な判断を必要とするため、納税者と税務当局との間で、争いが多発するようになったのです。

II 改正前―広大地評価―

第3章 「広大地の評価」及び開発法の考え方

不動産評価等に詳しい方向き ～通達改正後にも役立つ～

村上　直樹

1　「広大地の評価」（評価通達24-4）の功罪

⑴　計算式は簡潔

資料1（85頁）のとおり、広大地評価の計算式は簡潔です。

これは「広大地の評価」通達の「功」であるところです。

⑵　適用条件を満たすか否かの判定が難しい

「広大地の評価」通達の論点を整理すれば、広大地とは「その地域における標準的な宅地の地積に比して著しく地積が広大な宅地で、都市計画法第4条第12項に規定する開発行為を行うとした場合に公共公益的施設用地の負担が必要と認められるもの」を指します。

「ただし、大規模工場用地に該当するもの及び中高層の集合住宅等の敷地用地に適しているものは除く。」と定義されています。

広大地と認定されるためには、上記の項目をすべて満たさなくてはいけません。その判断が難解とされてきました。

これは「広大地の評価」通達の「罪」？とされるところです。

⑶　減価率が大きい

広大地補正率は0.35が下限となります。広大地と認定されれば、最大限65％の評価減が受けられるのです。

当該補正率は、当時の通達作成者が開発業者に対してヒアリングを重ね、なおかつ「開発許可」に係る案件に対してその開発素地価格が、その地域における標準的な地積の宅地に比してどの程度その価値を減

第3章 「広大地の評価」及び開発法の考え方

じているかを統計化した結果のもの、であると想像に難くありません。

改正後の規模格差補正率についても同様で、**資料2**の新通達あらまし（規模格差補正率の算式の考え方）（103頁）をご参照ください。

「広大地の評価」通達の「功」であり「罪」でもあるところです。

2 「広大地」の認定に関するこれまでの議論の確認

「広大地」と認定された場合の補正率の大きさとその適用判断が難しいことから、税務の現場において様々な議論・問い合わせがなされた結果、次のような「資産評価企画官情報」あるいは関連質疑応答事例が国税庁から発信されることとなりました。

「平成16年6月29日付資産評価企画官情報第2号」→通称「16年情報」
「平成17年6月17日付資産評価企画官情報第1号」→通称「17年情報」
（参考）関連質疑応答事例
・広大地の評価における「その地域」の判断
・広大地の評価における「著しく地積が広大」であるかどうかの判断
・広大地の評価における公共公益的施設用地の負担の要否
・広大地の評価における「中高層の集合住宅等の敷地用地に適しているもの」の判断
・広大地の評価における「中高層の集合住宅等」の範囲
・広大地の評価の判断事例
・市街化調整区域内における広大地の評価の可否
・広大地の評価の計算例（その1）
・広大地の評価の計算例（その2）
・都市計画道路予定地の区域内にある広大地の評価
・区分地上権に準ずる地役権の目的となっている広大地の評価

さらには、「裁決事例」や「判例」等によってその見解が積み重ねられてきています。

「広大地の評価」の依頼を受ける際には、職業専門家として、これ

135

らを網羅しておくことが必須です。

なお、本書におけるこれらの論点は、第5章や第7章に詳細が掲げられていますのでご参照ください。

「広大地の評価」に関わる不動産鑑定士は、以上の国税側発信の情報を必ず読み込んでおかねばなりません。

「彼を知り己を知れば百戦危うからず（孫子）」です。

国税側の情報を必ず読み込んで各自の判断で評価書作成をしてください。プロフェッショナルなのですから……。

ところで、これまでの「広大地の評価」論議に筆者は大きな疑問を抱いています。

通達作成者はさておき、議論に参加してきた税理士や不動産鑑定士、弁護士の方々は、一度も開発許可（開発許可申請）を実務経験したことがないのでは？との疑問を強くしています。

開発許可の実務は緻密なノウハウが必要で、なおかつ大きなリスクを伴うものであるとの認識があまりにも見過ごされているように思えてならないのです。

これまでの議論の大半が、一級建築士もしくは土地家屋調査士作成の開発想定図面を添付し、それらを基に不動産鑑定士や税理士が意見（判断）を述べるところで止まっているように思えます。

これらは「机上」での判断にすぎません。実際に開発を業としている実務家の視点がまったく考慮されていないのです。

ここでは、開発許法の考え方を知り、広大地評価はもちろん、通達改正後の実務にも役立つように、まずは「開発許可」を取り上げます。

3 「開発許可」というもの

通達条文にある「都市計画法4条第12項」をまず確認しましょう。

第**3**章 「広大地の評価」及び開発法の考え方

> この法律において「開発行為」とは、主として建築物の建築又は特定工作物の建設の用に供する目的で行なう土地の区画形質の変更をいう。

　開発許可が認められるか否かは都市計画法、建築基準法等のみならず、各市区町村市の開発行為の許可等に関する条例や開発行為の許可等に関する運用基準を遵守・適合することが求められます。

　開発許可の実務そのものを理解していただきたく、本書では「東京都江戸川区公式ホームページ」より以下の3本の資料を掲げました。ご覧ください。

「江戸川区住宅等整備事業における基準等に関する条例」

1　条例の目的・対象・手続きの流れ

2　都市計画法の開発許可

3　手続きフロー図

江戸川区住宅等整備事業における基準等に関する条例

（江戸川区ホームページより抜粋）

条例の目的・対象・手続きの流れ

　区民のより良好な生活環境の向上を図るため、一定規模以上の建築や宅地開発を行う場合、施設整備について建築確認申請を行う前に、「江戸川区住宅等整備事業における基準等に関する条例」（住宅等整備基準条例）による協議をしていただきます。

■目的

　この条例は、区民の生活環境の一層の向上を図るため、事業者が一定規模以上の建築をする場合に必要な手続き及び駐車場や緑地などに関する整備基準を定め、区民、事業者及び区の協力のもと、人と環境にやさしいまちづくりや豊かなコミュニティ形成に寄与することを目的としています。

137

II 改正前―広大地評価―

■対象
- 3階以上かつ10戸以上又は一団の土地に40戸以上の特定共同住宅を建築する事業
- 300平方メートル以上の事業区域面積において共同住宅(特定共同住宅を除く)を建築する事業
- 一団の土地を3区画以上に分割し、一以上の戸建住宅を建築する事業
- 事業区域面積300平方メートル以上の建築物(共同住宅等は除く)を建築する事業
- 墓地の新設を行う事業
- この条例における手続を経た事業者が、当該協定内容を変更するもの

■手続きの流れ

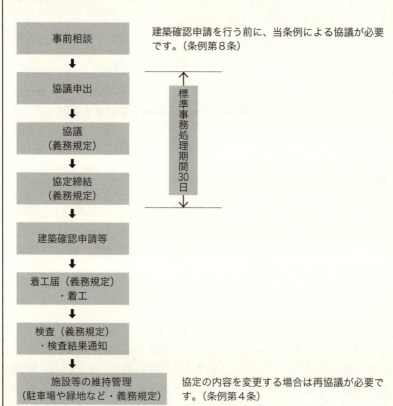

第 3 章 「広大地の評価」及び開発法の考え方

江戸川区住宅等整備事業における基準等に関する条例

（江戸川区ホームページより抜粋）

都市計画法の開発許可

都市計画法の第29条に基づく開発許可についてご案内します。
■開発許可の概要
●趣旨
　一定規模以上の宅地開発については、無秩序な市街化を防止し、災害に強い街づくり等良好な市街地の計画的、段階的な整備を図ることを目的として、都市計画法に基づく開発許可制度を設けています。
●開発許可となる対象
　500平方メートル以上の土地で開発行為が伴う場合は許可の対象となります。
　開発許可の対象となりますと、開発行為の工事が完了しない限り、原則として建築工事をすることはできません。
注釈：開発行為とは、建築物等の建築を目的として行う土地の区画形
　　　質の変更をいいます。
●区画の変更とは
　道路、河川、水路等の廃止、付替えあるいは、新設等により一団の土地利用形態を変更することをいいます。
●形質の変更とは
　1メートルを超える切土・盛土の造成行為（形状の変更）または、農地等宅地以外の土地を宅地とする行為（性質の変更）をいいます。
●次の場合は、開発許可の対象とはなりません。
(1)　単なる分合筆による権利区画の変更
(2)　接している道路が、建築基準法第42条第2項による道路で、道路の中心から2メートル後退して道路状に整備する場合
(3)　(2)を超えて、区の住宅等整備基準条例または行政指導により道路整備をする場合
(4)　区道として、区が道路拡幅をする場合
(5)　建築工事と一体と認められる基礎打ち、土地の掘削等の行為

139

Ⅱ 改正前─広大地評価─

手続きフロー図

（標準処理期間）　　　　　　（事業者）

| 事前相談
（事前調査書提出） | (1)　「開発行為に関する事前調査書」（様式）を窓口に提出して下さい。
(2)　提出後、7〜10日間の調査期間を経て開発行為の可否を判断します。 |

↓

| 公共施設管理者との同意、協議
申請（法32条）
申請書：江戸川区分は3部提出 | ※この手続きは、申請者において各公共施設管理者と直接、協議していただきます。
●既存及び新設道路管理者（区、都、国他）
●下水道管理者
●消防施設管理者
●その他（都環境局等）※道路管理者が本区の場合、都市計画課開発指導係が窓口になります。 |

↓

（4週間）

| 公共管理者との同意
（法32条） |

↓

| 開発許可申請（法29条）
申請者：2部提出 | 手数料払込 |

↓

（2週間）

| 開発許可
（法35条） | 開発登録簿の作成・提出（法46条、47条）
※開発行為が「農地の宅地化」のみの場合は、開発許可後に法37条第1項による建築承認する場合があります。 |

↓

| 開発行為の工事着手 | 工事着手届：1部標識設置状況の写真（遠景、近景各1枚）添付して下さい。 |

↓

| 開発行為の工事完了 | 工事完了届（法36条第1項）：1部 |

↓

| 開発行為の完了検査（法36条第2項）及び検査済み証交付（法36条第2項）
（開発行為の工事が完了した旨の公告） |

↓

| 建築確認申請 |

第 3 章 「広大地の評価」及び開発法の考え方

　なお、当然ながら、条例、行政指導、技術基準などは各地方公共団体、各市町村により千差万別です。

4 「開発許可」実務の現場

　まず、開発許可は「許可」であり、建築確認は「確認」である、という大前提をお話ししなくてはいけません。この二つの行為あるいは申請において、実務上では天と地ほどの差があること、実務を一度でも経験された方なら首肯いただけるところです。

　3において、開発許可に係る場合は、建築確認だけであれば関係しないであろう様々な制約をご覧いただけたかと存じます。

　しかしながら、開発許可の実際は「開発許可の手引」に掲げられている項目に留まらないことも「普通に」出てくるのです。なぜなら、開発「許可」なのであり、開発許可権者は「絶対」なのです。

　例えば、工事車両が小学校などの通学路である場合児童の登下校時には工事車両の通行を制限されるであろうことなど、これまでの経験などを踏まえて、当然事前に把握をしたうえで許可権者あるいは事前協議窓口との折衝に臨まねばなりません。

(1) 開発許可のリスク

　ここで、開発許可実務を実際に経験したことがない方のために、開発許可において想定されるリスクを掲げておきます。

① 「開発許可」は時間を要する

　不動産開発会社は、土地の仕入れから売却までの期間を（当然のことですが）できる限り短縮したいと考えます。

　大規模開発に関わる大手デベロッパーはもちろんのこと、「ミニ開発業者」の多く（大資本でないことが多いのですが）は、「時間」というものに神経を使います。

141

II 改正前―広大地評価―

　土地の仕入れから売上・資金回収までの時間が長引けば長引くほど金利が嵩むのです。特に、「ミニ開発業者」の多くはほぼ全額を金融機関からの融資でその資金をねん出しています。

② 「開発許可」案件には金利上乗せリスクがある

　金融機関は、開発許可案件の場合、当然そのリスクを金利等に上乗せして融資をします。開発業者は当該金利上乗せリスクを想定しなければならないのです。さらに、案件によっては融資を受けられないこともあるのです。

③ 行政との折衝には（時間と）労力とノウハウが必要

　「開発許可」では「各課協議」等役所の要折衝窓口が通例多義にわたります。

　その各事前協議の窓口担当すべてで「GOサイン」を取るためには多くの労力とノウハウを必要とします。その折衝のなかで当初見込んでいたプロジェクト計画の変更や当初見込んでいなかった経済的負担が生じることも珍しいことではなく、その分のリスクも考慮して土地を仕入れなければなりません。

　○○県××市においての開発許可は、その市役所開発指導課のOBを通さないと絶対に許可されないなどと、まことしやかな「風評」が業界に流布されるほど開発許可はノウハウを必要とするのです。

④ 開発許可は土地を仕入れた後でしか申請できない

　事前に窓口で「調査」をすることは可能であるとお思いになる方もあろうかと思いますが、開発許可はやってみなければわからない、というのが実際です。

　ここも実務経験者は首肯されるところかと。

　だからこそ、開発許可が内包する「不確実性」というリスクは大きいものがあるのです。土地を仕入れた後、開発許可が取得できず、銀行融資も止まり、退場していった開発業者の数は数えきれないのです。

第**3**章 「広大地の評価」及び開発法の考え方

⑵　いわゆる「ミニ開発」の現場では路地状敷地が是・開発道路の
　　設置は非

　「広大地の評価」に関して、路地状敷地とするか開発道路とするか、
が論点とされている例が見受けられますので、開発業者の実務視点か
らこれをコメントしておきます。掲題のとおり、路地状敷地が是・開
発道路の設置は非です。

　その理由は次のとおりです。

①　開発道路の設置は多くの場合「開発許可」が必要

　そのリスクは前述のとおりです。

②　開発用道路は「死地」、投資採算に合わない

　エンドユーザーの多くは購入する際に候補土地の単価比較を行って
意思決定することが多く見受けられます。土地の単価を低く抑えるた
めに「死地」は可能な限り避けるのが常識です。

③　開発道路の管理を市区町村に移管できないというリスクがある

　この場合、道路の補修費用等の管理費用を当該道路共有者が未来永
劫支払うことになります。

④　最低土地面積が定められている場合、路地状敷地は小割可能

　「ミニ開発」を規制しようとする市区町村の中には分譲土地面積の
最低限度を掲げているところもあります。路地状部分も面積にカウン
トさせられれば、最低土地面積をクリアできることもあります。

　これらのことは、税務当局においても認識されているものと考える
べきでしょう。

⑶　不動産開発の現場は「鉄火場」ともいえる

　宅地開発あるいは戸建開発を一度も行ったことがない方のために、
不動産開発の現場は非常に厳しい「鉄火場」であることを認識してい
ただきたいのです。

143

Ⅱ 改正前—広大地評価—

　本書の目的である「広大地」に該当するようないわゆる「ミニ開発」
の現場は、それはそれは厳しいものです。小資本の開発業者の新規参
入は後を絶ちません。いつの間にかいなくなっている会社も数多く見
見てきました。

　できる限り良質の土地情報を仕入れ、時流に合った商品をつくり、
できる限り時間をかけずに売り切る。それが生命線なのです。

　現場では美しい開発図面など必要ないのです。対象となる広大地を
きれいに区画割して悦に入るのは「妄想」です。区画割の美しさは副
次的な議論です。不動産の開発現場は利益とリスクが隣り合わせの「鉄
火場」です。いかに低いリスクで高いリターンをもって資金回収でき
るかを常時実践する厳しい世界なのです。

　不動産鑑定士が税務上の「広大地評価」に向き合うにあたり、職業
専門家として報酬を得るのであれば、不動産の開発現場で実践してい
る「友人」を最低限1人は作ってください。現場の意見に耳を傾ける
ことなくして「広大地評価」を行うのはプロフェッショナルの仕事で
はありません。

　周辺地域の住宅地図を読み解くことや現地周辺の踏破はプロとして
当然すべきことです。

　対象地の図面だけで議論することは危険です。

　裁決例の判断もそういう視点で見るべきです。

　税務職員には不動産鑑定士も多く在籍しています。公務員の常とし
て多くの時間研修等で知識を集積しています。「広大地の評価」関連を
専門とする国税職員も在籍しているはずです。国税職員は当然開発業
者にヒアリングを行っていると考えるべきですし、不動産開発業者への
ヒアリングを今まで以上に広く深く行って「審査」をすることでしょう。

　我々不動産鑑定士は国税職員それ以上に現場感覚を取り入れたうえ
で、専門家の判断として「広大地評価」に向き合うべきときです。

144

5 「広大地」認定の考え方

以上のように、3では「開発許可」というものを、4では「開発許可」実務の現場を確認いただきました。

不動産鑑定士の方々に是非共有していただきたいのが、不動産開発の現場感覚です。昔「事件は会議室で起きているのではない。現場で起きているんだ！」というフレーズが流行ったことがありました。「広大地の評価」においても同じことが言えます。

開発業者は可能な限り「開発許可」を避けるという事実を語らずして開発現場は語れません。財閥系の大手デベロッパーだろうが過小資本のいわゆる「ミニ開発業者」だろうがそれは変わらないのです。開発業者にとって「開発許可」はリスクの塊なのです。その事実を認識していただきたいのです。

以上、安易に開発道路を設けた開発計画と、道路の開設が不要である路地状開発による敷地分割のいずれの方法が経済的に合理的であるか、を判断する必要はありません。その評価対象地が所在する県及び市町村における開発許可の具体的な運用に則って、開発許可しか選択肢がないことを検証してください。

広大地認定の判断を下す際には、必ず開発業者にヒアリングをするように心がけてください。

「広大地の評価」通達の作成者は、（開発に際して）必要となる道路等の潰れ地率により減額されるからだけではなく、必要事業期間・金利負担・事業性リスク等の開発許可に伴うリスクを総合して不動産価格の減額要因として把握し、そのリスクの包括的な数値を統計的計数に基づいて補正率としたものと想定されます。だからこそ、あれだけ大きな補正率を掲げたのです。

しかしながら、開発許可の実務を一度も経験していないプレイヤー

の机上の開発図面の美しさにより広大地認定の可否が議論されること
になろうとは、思いもしなかったことでしょう。

6　広大地評価の依頼を受ける前にあるいは商品化する前に（その1）

　税務には税務の考え方が存する、という基本理念を認識する必要があります。税務上の評価は、不動産鑑定評価基準とは似て非なるものです。

　「土俵は税務上であって不動産鑑定評価の土俵ではない」と認識することです。この「広大地の評価」の判定は不動産鑑定評価基準に則るのではなく、財産評価基本通達等に則るのだという「感覚」で行う必要があります。

　そこで、「財産評価基本通達」の理解（＋相続税法＋民法の理解）が必須となります。特に税法・通達改正や資産評価企画官情報、国税庁が公表する質疑応答事例の動向に注意が必要です。

　たとえば、国税庁質疑応答事例によれば「その地域」の具体的な範囲は……

> 　原則として、評価対象地周辺の
> ①　河川や山などの自然的状況
> ②　土地の利用状況の連続性や地域の一体性を分断する道路、鉄道及び公園などの状況
> ③　行政区域
> ④　都市計画法による土地利用の規制等の公法上の規制など、土地利用上の利便性や利用形態に影響を及ぼすもの
> などを総合勘案し、利用状況、環境等が概ね同一と認められる、住宅、商業、工業など特定の用途に供されることを中心としたひとまとまりの地域を指すものをいいます。

と、「その地域」についてわざわざ注釈を入れています。国税庁内には不動産鑑定士が多く勤務しています。当然不動産鑑定評価基準に目を通し

ているのです。そのうえでこの質疑応答事例を把握する必要があります。

⇨17年情報（283頁）を見れば一目瞭然です。

したがって、不動産鑑定評価基準の「近隣地域」でも「同一需給圏」でもない別物の概念として把握した方が良いのです。

⇨課税上の土俵に上がらねばなりません（再掲）。

安易に「その地域」＝「近隣地域」とするのは不動産鑑定士が課税上の土俵で勝負していない一つの証拠となります。

7 広大地評価の依頼を受ける前にあるいは商品化する前に（その2）

⑴ 課税の公平性は大前提である

あくまでも第三者としての適切かつ客観的な判断が求められています。

A　明らかに広大地の適用条件を満たすことが明らかな土地

B　広大地の適用条件を満たすことが微妙な土地

C　広大地の適用要件を満たさない土地

「B」の場合のみならず「A」と判断できるか否かは、「裁決事例」等と照らし合わせることや開発業者にヒアリングしておくことが必須となります。

専門家としての注意を怠ってはいけないのです。

⑵ 税理士等・依頼者・税務当局とのコミュニケーションを密に

依頼者とのコミュニケーションを密にしなくてはいけないことはいうに及びませんが、加えて、当該「広大地の評価」に関しては税理士等とのコミュニケーションが当然ですが、税務当局とのコミュニケーションも是非ともとりたいところです。職業専門家として、自分の判断が果たして適切であるのかそうではないのか、第三者の判断を求めることは恥でもなんでもありません。

147

Ⅱ 改正前—広大地評価—

8 不動産鑑定評価基準の開発法を適用する際の注意点

不動産鑑定評価基準の「運用上の留意事項」として、次の通り掲げられています。

開発法によって求める価格は、建築を想定したマンション等又は細区分を想定した宅地の販売総額を価格時点に割り戻した額から建物の建築費及び発注者が直接負担すべき通常の付帯費用又は土地の造成費及び発注者が直接負担すべき通常の付帯費用を価格時点に割り戻した額をそれぞれ控除して求めるものとする。この場合において、マンション等の敷地又は細区分を想定した宅地は一般に法令上許容される用途、容積率等の如何によって土地価格が異なるので、敷地の形状、道路との位置関係等の条件のほか、マンション等の敷地については建築基準法等に適合した建物の概略設計、配棟等に関する開発計画を、細区分を想定した宅地については細区分した宅地の規模及び配置等に関する開発計画をそれぞれを想定し、これに応じた事業実施計画を策定することが必要である。

開発法の基本式を示すと次のようになる。

$$P = \frac{S}{(1+r)^{n_1}} - \frac{B}{(1+r)^{n_2}} - \frac{M}{(1+r)^{n_3}}$$

P：開発法による試算価格

S：販売総額

B：建物の建築費又は土地の造成費

M：付帯費用

r：投下資本収益率

n_1：価格時点から販売時点までの期間

n_2：価格時点から建築代金の支払い時点までの期間

n_3：価格時点から付帯費用の支払い時点までの期間

第3章 「広大地の評価」及び開発法の考え方

　前記の「開発法の基本式」は、販売総額・建物の建築費又は土地の造成費及び付帯費用を価格時点からの期間に応じて「投下資本収益率」により現在価値に割り戻して求める構造となっています。

　この「開発法の基本式」を適用する際には、次の3点に留意しなければなりません。

① 「投下資本収益率」の検証手段がない

　筆者が大手総合デベロッパーで住宅用地取得の最前線にいた約10年間、可能な限りの数の開発業者にヒアリングしました。その結果、当該「開発法の基本式」を、「投下資本収益率」なるものを、用いて開発用地の取得価格に算定している会社は皆無でした。

　「投下資本収益率」を用いている開発業者が存在しない以上、不動産鑑定士は自分が評価上用いた「投下資本収益率」が適正であるか否かが検証できないのです。

② （年）率を使用する際の宿命を有している

　「投下資本収益率」として、例えば年率12％というような高率を採用する際には、適用する期間により求められる価格が大きく左右されます。

　単純化するため、販売総額S＝100、建物の建築費又は土地の造成費B＝0、付帯費用M＝25、投下資本収益率r（年率）12％とします。

　次の図-1は期間を1年とします。

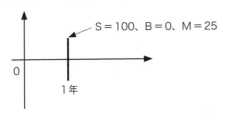

$1/(1+r)^n ≒ 0.89285714$
$P1 = 100 × 0.89285714 - 25 × 0.89285714 ≒ 66.96$

149

II 改正前―広大地評価―

次の図-2は期間を5年とします。

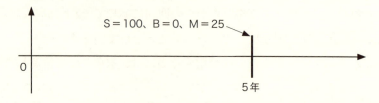

```
1/ (1 + r) n ≒ 0.56742686
P2 = 100 × 0.56742686 − 25 × 0.56742686 ≒ 42.56
```

S・B・Mが同じであっても、試算される価格は、P1（期間1年）＝66.96、P2（期間5年）＝42.56のとおり大きく異なるのです。その結果、例えば期間を1年未満の数か月とすれば十分な利益が確保されず試算価格が高く求められ、例えば5年を超える長期とすればその利益の額が大きくなり不動産鑑定士が意図する以上に試算価格が低く求められることも想定に難くありません。

③ 試算価格の検証手段を別途開発現場から用いることが必要

以上のことから試算価格の検証手段を別途開発現場から用いることが必要となります。

3棟～15棟の現場を得意とするいわゆる「ミニ開発」業者は、単純に予想される販売総額から、必要経費として（必要とする）利益額を差し引いて土地の仕入価格を計算します。その利益額は、売上高や土地の仕入価格に期待する利益率を乗じて決められる場合が多いようです。

ヒアリングすることにより、彼らの投資行動と同じ目線でシクロナイズすることができ開発法による価格が検証できることになります。

①対象不動産が存する近隣地域において、②分譲前・分譲後の土地面積、③分割図面、④造成の有無を提示すれば、どれくらいの期間が見込まれるかとか、どの程度の利益を見込んで土地を仕入れるのか等、適切な回答を得られることが期待できます。

その際、

○常日頃から宅地建物取引業者（この場合「ミニ開発業者」）と懇意にしておく（お互いにギブアンドテイクできる環境づくり）。

○依頼者から宅地建物取引業者名を告げてヒアリングすることの了解を得ておくことが必要であることは言うまでもありません。

ちなみに、

前記の図−1及び図−2において「利益額」を単純に求めますと、

図−1 「利益額」＝ S：100 − B：0 − M：25 − P1：66.96 ＝ 8.04
＝販売総額の8.04％

図−2 「利益額」＝ S：100 − B：0 − M：25 − P1：42.56 ＝ 32.44
＝販売総額の32.44％

となります。

一般論ですが、残念ながら、8％では開発リスクが取れませんし、32％では土地が買えません。

9 「開発法による価格」の検証手法

不動産開発プロジェクト予算（用地取得前）において期待する利益が確保できているのか否かを検証します。

前記の開発法の収支を分解して、下記のように極めて単純に分譲収入から支出を差し引き、利益額及び利益率を確認するのです。

ここでの結果では下記のとおり、利益額が25,195,521円、売上高の7.12％、土地取得額の8.66％と検証されました。

分譲収入＝売上高	353,775,000円
分譲収支　宅地造成費	9,181,810円
販売費および一般管理費	28,302,000円

II 改正前―広大地評価―

土地価格		291,095,669円
小計		328,579,479円
差引（利益額）		25,195,521円
対 売上高利益率	7.12%	
対 土地価格利益率	8.66%	

標準的な不動産開発プロジェクトとして上記利益率は低いと思われます。

これもごくごく単純にして、金利を3%と設定します。

単純計算で売上高利益率は4.12%（7.12%－3%）となります。

価格時点から販売時期である13か月後までの土地価格下落率が4.12%であれば本プロジェクトにおいて利益は発生しない計算となります。

また、約3億円を土地に投下するプロジェクトにしては利益額25百万円というのは小さすぎるでしょう（上記判断は不動産のミニ開発を実際に行っている最前線の社長のコメントです。地域や土地の個別的条件等により異なる点にはご留意ください。）。

＊1 （検証手段のない）投下資本収益率に換えて（検証手段のある）金利を代入することは可能です。そこでは利益を乗せない開発プロジェクトが算定されます。利益を含んだものとするために一般的には「販売費及び一般管理費」の項目に予定する利益額を入れて検証します。

＊2 「実際には更地分譲は皆無に近く、建物付あるいは建築条件付で分譲されるため、建物部分に利益を乗せるからそこでは利益が出なくても良いのだ」という方もいるかもしれません。上記の検証式に建物価格を挿入して計算して実数にて検証してください。

⇨不動産の開発は頭の中での「妄想」ではなく実際の数字を入れてみて検証するのが「王道」です。

第3章 「広大地の評価」及び開発法の考え方

> 記載例
> (更地分譲想定)

> 個別事案毎に適宜修正の上活用願います。

関東財務局の「開発法」標準書式　第64回入札用

(別紙3)

開　発　法

1　開発計画の概要

①総面積	1,669.42㎡	（100.0%）
②公共用地	334.42㎡	（20.0%）
道　路	334.42㎡	（20.0%）
③有効面積（①－②）	1,335.00㎡	
④分譲総区画数	8区画	
⑤一区画当たりの標準的面積	165.00㎡	

2　修正計画

費　目	金　額
分譲収入	265,000円× 1,335.00㎡ ＝ 353,775,000円
	近隣地域及び類似地域に近い所在する宅地分譲事例に時点修正及び地域要因、個別要因の比較を行い、標準画地の分譲価格を260,000円/㎡（別表比準表のとおり）と査定し、本地の分譲画地の状況を考慮し、平均分譲単価を265,000円と判定。
宅地造成工事費	5,500円/㎡× 1,669.42㎡ ＝ 9,181,810円
	道路敷設工事等を想定し、類似地域における類似の工事費を参考として、宅地造成工事費を5,500円/㎡と査定。
販売費及び一般管理費	353,775,000円 × 8.0% ＝ 28,302,000円
	分譲収入の8.0%を計上
投下資本利益律	年12%と査定

分譲収入	353,775,000円	
分譲支出	37,483,810円	宅地造成工事費＋販売費及び一般管理費
土地仕入れ	291,095,669円	
利益	25,195,521円	これは分譲収入の　7.12%

153

II 改正前―広大地評価―

A3判で作成

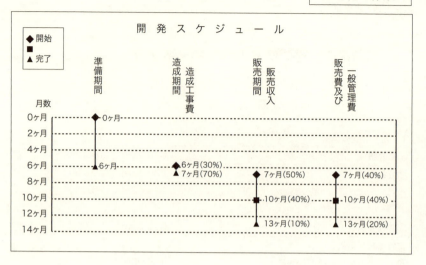

3 試　算

費目		割合	金額	割引期間	複利原価率	複利現価
収入	売上総収入	50%	176,887,500円	7カ月	0.9360	165,566,700円
		40%	141,510,000円	10カ月	0.9099	128,759,949円
		10%	35,377,500円	13カ月	0.8845	31,291,399円
	合　計		353,775,000円	―	―	325,618,048円
支出	造成工事費	30%	2,754,543円	6カ月	0.9449	2,602,768円
		70%	6,427,267円	7カ月	0.9360	6,015,922円
	販売費及び一般管理費	40%	11,320,800円	7カ月	0.9360	10,596,269円
		40%	11,320,800円	10カ月	0.9099	10,300,796円
		20%	5,660,400円	13カ月	0.8845	5,006,624円
	合　計		37,483,810円	―	―	34,522,379円

開発法による価格	収入－支出			291,095,669円	291,000,000円 (174,000円/㎡)

第4章　不動産鑑定士が「広大地」判定を判断する際の調査手順と「調査報告」を記述する際の留意事項
～標準的な不動産の鑑定評価に加えて、特に留意すべき事柄～

村上　直樹

　多くの場合、不動産鑑定士に求められるものは、評価通達24-4「広大地の評価」に掲げられている「広大地判定」に対しての、専門家としての、判断です。

　その際の不動産鑑定士としての注意点は、当該調査報告書が不動産鑑定士としての観点・判断を基本とするものであり、税務上の観点を逸脱するものとしてはならず、税務上の表現により記述することが必要であるということにあります。

　不動産の鑑定評価がストレートに要求されているのではなく、あくまでも税務上、税務上の「広大地判定」に対する判断が求められているのです。

　不動産鑑定士にとって、本来の鑑定評価とは異なる、いわば「アウェイ」でプレイするという意識が必要となります。例えば、不動産鑑定評価基準上の「対象不動産」という文言は、「広大地の評価」通達上「評価対象地」とされます。

※不動産鑑定士は「公平妥当な態度を保持」し、「（略）専門職業家としての注意を払わなければならないこと」は当然のこと、「依頼者のみならず第三者に対しても影響を及ぼすものであり、（略）誤解の生ずる余地を与えないよう留意するとともに、（略）依頼者その他第三者に対して十分に説明し得るものとするように努めなければならない。」です（「　　」内は不動産鑑定評価基準より抜粋）。

　本稿では、評価対象地が評価通達24-4の「広大地判定」において「広大地」に該当することを前提に記述します。該当しない判断の場

合、調査報告書を発行し説明する相手はほぼ依頼者のみとなるでしょう。しかしながら、該当する判断をする場合、その調査報告書を発行し説明する相手先は依頼者のみならず国税当局も当然含まれることを前提にしなければなりません。相続税（場合により贈与税を含む）の税額を左右する調査報告書となるのですから当然です。以上、その責任の軽重を鑑みてのことです。

　一般的な鑑定評価の流れは、大きく、次のとおりです。

Ⅰ　鑑定評価の受注・対象不動産の確定・確認

⇩

Ⅱ　鑑定評価額の決定と依頼者へ内報

⇩

Ⅲ　鑑定評価書の作成・発行と依頼者への説明

　これを「広大地判定」の調査報告に置き換えますと、大きく、次のとおりとなります。

Ⅰ　「広大地判定」調査報告の受注・評価対象地の確定・確認

⇩

Ⅱ　「広大地判定」と依頼者へ内報

⇩

Ⅲ　調査報告書の作成・発行と依頼者（税理士等）への説明（場合により国税当局への説明）

　上記プロセスにしたがって、本稿では便宜上、対象不動産の確認を「Ⅱ　「広大地判定」と依頼者へ内報」において記述します。

　ここで、広大地の評価フローチャートをご覧ください。

　通例の鑑定評価書と異なり、調査報告書の記述事項として、このフローチャートにしたがい、最低限、YesあるいはNoの判断結果とそ

第4章 不動産鑑定士が「広大地」判定を判断する際の調査手順と「調査報告」を記述する際の留意事項

の客観的具体的根拠を詳細に記述する必要があります。

「Ⅱの「広大地判定」と依頼者へ内報」は、上記「広大地評価のフローチャート」の順序にしたがって、判定するのが自然の流れと思われます。しかしながら、「Ⅲ　調査報告書の作成・発行と依頼者への説明」においては、評価通達24-4「広大地の評価」の順序どおりに調査報告書に記述していくことをお勧めします。一度でも「広大地判定」調査報告書を作成された不動産鑑定士は首肯していただけるものと思います。

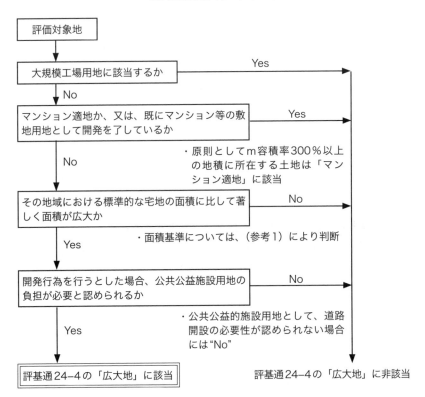

広大地評価フローチャート

Ⅱ 改正前―広大地評価―

Ⅰ 「広大地判定」調査報告の受注・評価対象地の確定・確認

1 依頼目的、条件及び依頼が必要となった背景を依頼者に確認する
⇨**不動産鑑定評価基準（以下、単に「基準」）総論第8章第1節**

依頼を受注するには、必ず、成果物が「鑑定評価書」ではなく「調査報告書」であることの説明を行い、その合意を得ておきましょう。

⇨「改正価格等調査ガイドライン」に準拠

また、「広大地の評価」においては、依頼者が相続人等ではなく税理士の方、弁護士の方その他専門家の方等（以下、「税理士の方等」とします）になる場合も想定されます。また、直接の依頼者ではなくても、何らかの形で税理士の方等が関与されているのが「普通」です。当該税理士の方等と不動産鑑定士との「仕事」の協業・すみ分け・責任の範囲を明確にしておきます。

その際、

○当該税理士の方等は評価通達24-4「広大地の評価」等にどこまで精通しているのか？

○「広大地判定」に対する判断を不動産鑑定士に丸投げして全責任を負わせようとしているのか？　否認された際のリスクは負うのか？

○「広大地」に当たらないと判断した場合でも報酬は変わらないのか？

○依頼者その人の「広大地判定」に対する判断（があれば）とその理由（持論の根拠）

以下の「確認」を行っておくことは後々有効になるかと存じます。

2 価格時点⇨基準総論第5章第2節「価格時点の確定」

「広大地の評価」通達に関連する依頼の場合、通例の価格時点は「相続開始日」となります（贈与税の申告に際しての場合は、贈与契約日となります）。

したがって、多くの依頼は「過去時点評価」となるでしょう。

その価格時点の住宅地図を地域の図書館（あるいは国会図書館等）で取得することから始めなければいけません（地域要因）。

評価対象地（評価通達上の対象不動産の呼び方）が存する、「その地域」が現在と大きく異なる場合には細心の注意が必要となります。

第**4**章 不動産鑑定士が「広大地」判定を判断する際の調査
手順と「調査報告」を記述する際の留意事項

また、市区町村の条例や開発指導要綱等も価格時点現在のものを取り寄せることとなります。

Ⅱ 「広大地判定」と依頼者へ内報
⇨基準総論第6章「地域分析及び個別分析について」

「広大地判定」の判断に際しての具体的な内容は、不動産鑑定評価基準の総論第6章「地域分析及び個別分析について」を「概ね基本」とします。ただし、税務上の判断プロセスは「広大地評価のフローチャート」に準拠することになります。また、これは通例の鑑定評価の場合と同様ですが、調査報告書に記述し依頼者等への説明をするための地域分析及び個別分析となります。

1 評価対象地の確認と机上調査

「広大地判定」の調査依頼を受けた後、対象不動産の確認及び机上調査プロセスに移行します。

① 対象不動産の「評価単位」

対象不動産の「評価単位」を確認します。

ここで再確認すべきは、評価通達7-2（評価単位）です。

> 土地の価額は、次に掲げる評価単位ごとに評価することとし、土地の上に存する権利についても同様とする。（平11課評2-12外追加・平16課評2-7外改正）
> (1) 宅 地
> 宅地は、1画地の宅地（利用の単位となっている1区画の宅地をいう。以下同じ。）を評価単位とする。

依頼された対象不動産＝評価対象地を、不動産鑑定士として「利用の単位となっている1画地の宅地」と判断できることが前提となります。

評価対象地の一部に田畑や池が存している場合があるかもしれません。場合によっては、一部更地一部賃貸アパートの敷地というように利用区分が異なっているかもしれません。

依頼者あるいは当該税理士が税務(実務)にとりわけ評価通達24-4「広

159 ━━━●

II 改正前—広大地評価—

大地の評価」に精通していれば良いのですが、毎回そういうわけにもいかないのが実際です。評価対象地の評価単位の判断に少しでも疑義が生じるところがあれば、依頼者等との再確認は必須の作業となります。

> ▶用語「容積率」
>
> 　最終的な容積率の判断は、「開発想定図面」を作成した際の道路幅員や開発指導要綱等に基づき精査されるものです。
>
> 　ここでは容積率を、都市計画法や建築基準法を持ち出さず、できる限り平易に記述します。そのため、必ずしも正確ではない「粗い」記述となっていることをあらかじめご承知おきください（詳細が必要な場合は法律等を参照ください）。また、一部地域・会社等で違う呼称を使用している場合もあるとのことです。
>
> 　容積率とは、原則、
>
> 　　（当該建物の法定床面積の合計）／（土地（敷地）面積）
>
> です。
>
> 　指定容積率とは、都市計画で規定する容積率をいいます。市区町村の「用途地域図」あるいは「都市計画図」により確認できます。
>
> 　規準容積率とは、前面道路幅員が12m未満の場合の制限容積率（住宅系用途地域：前面道路幅員×0.4、非住宅系用途地域：前面道路幅員×0.6）と前掲指定容積率との比較で、より制限の厳しい方を採用した容積率をいいます。
>
> 　**実効容積率**とは、建築予定の建物をレイアウト・部屋割り等「商品設計」したうえで実際に使用できる容積率をいいます。

なお、質疑応答事例「土地の評価単位——地目の異なる土地を一団として評価する場合」[1]（36頁以下）を参照してください。

② 机上調査

ここでの判断の要諦は、

〇評価対象地の地積と開発許可基準面積、(500㎡ or 1,000㎡ or 3,000㎡)との対比

〇その地域の標準的な地積→公示地・都道府県基準地の地積の確認

1　国税庁「土地地の評価単位」(http://www.nta.go.jp/shiraberu/zeiho-kaishaku/shitsugi/hyoka/04/01.htm)

第 **4** 章 不動産鑑定士が「広大地」判定を判断する際の調査
手順と「調査報告」を記述する際の留意事項

○マンション適地か否かの住宅地図等での確認
○大規模工場用地に該当するか否かの住宅地図・路線価図等での確認
です。

　価格時点現在の住宅地図等に基づいて、評価対象地周辺の土地利用
状況などを確認します。

　価格時点が現時点に近い場合、グーグルマップの航空写真やスト
リートビューが有用です。価格時点が現時点に近くない場合や付近の
状況が異なっていると認められる場合は、国土地理院の「地理空間情
報ライブラリー」等を利用します。

　加えて、
○国土交通省「土地総合情報システム」の「不動産取引価格情報検索（無料）」
○「Real Estate Information NetWork Systems for IP Services（通
　称レインズ）」等にて価格時点の土地取引動向等を取得することも
　調査報告書作成までの手順を考慮に入れれば有用です。

　価格時点現在の住宅地図を概観して、価格時点と現在では周辺地域
の状況が大きく変わっていると想定される場合や、マンション適地か
否か（第一次的）判断がつき難い場合は、地域の図書館等から、現時
点及び価格時点に加えて、5年前、10年前での住宅地図もいつもより
広域的に入手しましょう。地域の移り変わり、街並みの変化を把握し、
添付資料とするためです。

　ここで、「開発想定図面」作成の準備作業に入ります。平成16年の改
正により「開発想定図面」は、形式上は不要とされていますが、依頼者
のため自分のためを鑑みれば作成すべきと考えます。

　最終的に「広大地」に該当と判定する場合には調査報告書に添付す
る必要があるものだからです。もちろん、「広大地」に該当するか否
かの判断に迷う場合には、次のプロセス「対象不動産の実査と周辺地
域の実査」を待ってでもかまいません。

　当該「開発想定図面」を外注する場合あるいは外注している場合は、
当該外注先の専門家の判断・意見をこの手順の段階でヒアリングして
おきます。

161

II 改正前—広大地評価—

「マンション適地の判断」〜現役開発担当者ヒアリング結果〜

「大規模工場用地に該当する」か否かの判断は机上でも比較的容易なはず（もちろん全てがそうだとは言えませんが）ですが、「マンション適地」か否かの判断は机上ではできないことが往々にしてあります。

大手不動産会社2社の現役の開発用地取得セクション所属社員（首都圏担当）にヒアリングした結果を参考に掲載しておきます。

注：あくまでも首都圏に存する評価対象地に対しての参考意見です。

> **結論** マンション用地として仕入れるか戸建分譲用地として仕入れるかの最終判断は投資採算性により決する。

これは民間会社として当然の経営判断です。

これを受けて不動産鑑定士としては、マンション分譲想定の開発法と戸建分譲想定の開発法を両方試算してその結果により判定あるいは判定根拠の一助とすることができるのではないかと思料できます。

しかしながら、その前にマンション用地として仕入れる土地の標準的な要件は確認しておきたいものです。

注：ここで要件とせず、「標準的な要件」としたのは、ヒアリングの際に2社の社員が共に、「これは一般論で、もちろん対象地の地域や面積などにより異なる場合も多くあります。」という前置きに基づく要件だからです。

> **標準的な要件1** 最寄駅からの距離
> 最寄駅から徒歩10分以内

筆者が初めて開発用地取得セクションに在籍した平成ヒトケタの当時は徒歩15分でもマンション用地でした。しかしながら、開発用地取得セクションに出戻った平成18年は既に徒歩10分とされていました。

注：徒歩11分では絶対にダメか？ とお考えになる向きもあろうかと存じます。もちろん、周囲の状況等個々の不動産によりその判断は異なるものですから徒歩11分物件即アウトとならないのは事実です。その一方で、今や不動産取引においてネット集客率が70％を超えているのも

162

第 **4** 章 不動産鑑定士が「広大地」判定を判断する際の調査
手順と「調査報告」を記述する際の留意事項

事実です。検索条件を「徒歩10分以内」とクリックした場合、徒歩11
分の物件は画面上に表示すらされないのです。

標準的な要件 2　実効容積率

　　　　　人気の高いエリアで最低150％

　　　　　人気の薄いエリアで最低200％

「広大地評価のためのフローチャート」に「原則として、容積率
300％以上の地域に所在する土地は「マンション適地」に該当」とさ
れています。

　もちろん原則ですが、人気の高いエリアで実効容積率150％未満（人
気の薄いエリアで200％未満）は「マンション適地」でなく、実効容
積率300％超は「マンション適地」、その間の実効容積率であれば「グ
レーゾーン」ということになります。

標準的な要件 3　予定売上高

　　　　　人気の高いエリアで最低3億円

　　　　　人気の薄いエリアで最低5億円

　これは、各開発会社の資本金・売上高などにより異なるところです。
業界でいういわゆる「新興カタカナ・デベ（ロッパー）」は1億円程度
の売上でも仕入れるとの未確認情報もあります。ただし、予定売上高
が1～3億円を切るような場合は「マンション適地」ではない論拠の
一つになる可能性があります。

適用判断レベル1

　「その地域における標準的な宅地の地積に比して著しく地積が
広大な宅地」であるか「大規模工場用地に該当するもの及び中高
層の集合住宅等の敷地用地に適しているもの」であるかの判断は、
受注後の対象不動産の確認の作業の段階とそれに続く机上評価の
段階（実査をする前段階）で、ある程度判断できるでしょう。

　この段階で明らかに「広大地」と判定されない（のではないか）
と判断される場合、依頼者等と情報共有しておくべきです。

163

II 改正前—広大地評価—

　以下の各プロセスとその結果は、調査報告書にその詳細を記述することを通して、「広大地判定」に対して下した不動産鑑定士の判断の客観的・具体的根拠となるものです。常に、調査報告書に記述する文章を頭に思い描きながら行います。

　これらは、不動産の鑑定評価でいつも意識されているかとは存じますが、当該「広大地の評価」の調査報告については、そのいつもの依頼者への説明に加えて、場合によっては国税当局への説明、さらには不服審査・裁判においての説明責任を必要とするからです。

　実際の調査報告に際しては、本稿を最後まで（調査報告書の記述と依頼者への説明まで）お読みいただいたうえで、フィードバックしてください。

1　対象不動産の実査と周辺地域の実査

　評価通達24–4「広大地の評価」に即しての実査です。

　「その地域における標準的な宅地の地積に比して著しく地積が広大な宅地」であるか「大規模工場用地に該当するもの及び中高層の集合住宅等の敷地用地に適しているもの」であるかの判断に重きをおいて実査します。

　ここでの調査の要諦は、

○「その地域」の実査上の判断

○「標準的な宅地の地積」と公示地・基準地との整合性の判断

○マンション適地か否かの判断

○大規模工場用地に該当するか否かの判断

です。

　その際には、実査時点の住宅地図はもちろん、価格時点現在の住宅地図、評価対象地周辺の航空写真も持参します。

　また、通例の鑑定評価の実査とは異なり、周辺に高層の建物や小高い丘・山等があるかどうか、評価対象地周辺を展望できるかどうか、下調べを行ったうえで実査します。

164

第|4|章 不動産鑑定士が「広大地」判定を判断する際の調査
手順と「調査報告」を記述する際の留意事項

> **適用判断レベル２**
> 　「その地域における標準的な宅地の地積に比して著しく地積が
> 広大な宅地」であるか
> 　「大規模工場用地に該当するもの及び中高層の集合住宅等の敷
> 地用地に適しているもの」であるかの判断は、対象不動産の実査
> 及び周辺地域の実査の段階でほぼ判断できるでしょう。この段階
> で明らかに「広大地」と判定されない（のではないか）と判断さ
> れる場合、依頼者等と情報共有しておくべきです。

２　役所調査（開発想定図面の作成等を含む）

　通例の鑑定評価の役所調査に加えて、「開発指導課」へのヒアリン
グに相当の時間と労力を費やすことになります。

　注：本稿では、開発行為をする際「開発許可」権能を有する役所セクション
　　　を「開発指導課」と記述します。市区町村によってそのセクションの
　　　呼称は異なりますが、「開発指導課」とされている場合が多いようです
　　　ので、便宜上「開発指導課」とします。

　ここでの調査の要諦は、

○開発許可手続きの概要把握

○「公共公益的施設用地の負担」の程度の把握

です。

　該当する条例、開発指導要綱及び同技術基準等（以下、「開発指導
要綱等」とします）を取得します。

　取得する際には、

○不動産鑑定士（弁護士・税理士あるいは国税職員）の身分を示し、

○訪問目的と今回ヒアリングする趣旨を説明し、

○評価対象地と価格時点を示したうえで、

○必ずメモを取りながら、

ヒアリングします。

　注：開発指導課あるいは建築指導課の担当職員は、午前中在籍・午後は実
　　　査という例が多く（筆者の経験上）、予約なしでヒアリングする際は午
　　　前中を推奨します。

II 改正前—広大地評価—

　なお、実際の開発行為を行うのではないため、予約して訪問することの是非については各位の判断に委ねます。

3 「開発指導要綱等」に準拠した「机上図面」の作成

　「開発指導要綱等」に準拠した「机上図面」を作成します。

　「開発指導要綱等」を読み込みます。その際には市区町村によって大きく異なる「ローカルルール」が存在しないか特に注意を払います。例えば、高額な「開発負担金」等が課せられることにならないかです。

　「開発指導要綱等」読込みの後、開発行為に係る「机上図面（不動産開発業者によって呼び方は異なります）」を作成します。その際の留意点は、「公共公益的施設用地の負担が必要」であるか否かの判断です。

　開発許可申請を伴う開発道路を入れる必要が（どうしても）あるのか、路地状開発をして建築確認申請のみとするかの（第一次的）判断をします。

> **適用判断レベル3**
> 　「都市計画法第4条第12項に規定する開発行為を行うとした場合に公共公益的施設用地の負担が必要と認められるもの」であるかの判断は、この役所調査と「机上図面」を作成した段階である程度判断できているでしょう。この段階で明らかに「広大地」と判定されない（のではないか）と判断される場合、依頼者等と情報共有しておくべきです。

4 「開発指導課」再ヒアリング

　「開発指導課」に再度出向き、当該「机上図面」が当該市区町村の「開発指導要綱等」に合致していることの確認を取ります。

　その際の留意事項は次のとおりです。

○「開発指導要綱等」に記述されていない規制（窓口規制）の存否の確認をします。

○開発指導担当者の見解をヒアリングすると同時に「各課協議」をどこまで入れておくべきかのサジェッションを受けます。

○最終的に当該「机上図面」であれば開発許可を下すことが可能との

166

第4章 不動産鑑定士が「広大地」判定を判断する際の調査手順と「調査報告」を記述する際の留意事項

見解をもらいます。

注：「机上図面」が開発指導担当者に全否定されるかもしれません。実務経験のない不動産鑑定士あるいは税理士の方等は一種の「カルチャーショック」を受けるかもしれません。初心者の場合、「あまりにも理不尽!?」との印象を受けるかもしれません。しかしながら、開発許可権者は「絶対」なのです。それが開発許可申請の現場です。

○「開発登録簿」の閲覧をしましょう。開発指導課に置いてある（はず）の開発登録簿で、「その地域」の範囲内において過去10年（あるいは5年）、500㎡（地域により1,000㎡あるいは3,000㎡）以上の土地において、何本の戸建住宅（あるいはマンション）の開発許可事例があったかを確認します。ここが無防備では、「税務調査」や「不服審査」「裁判」等において、依頼者等に迷惑をかけることも想定せねばなりません。

○周辺の開発事例・状況・動向も併せてヒアリングしておきます。

開発登録簿の閲覧に加えて、担当者からさらなる情報が得られる場合があります。

例えば、「マンション開発計画が何度もあったが立ち消えになっている。」「大きなショッピングセンター移転の話がある。」等です。

「机上図面」での開発行為が実情（開発指導担当者としての感覚（「本当にこの土地で開発許可にかけるの？　本当に？」「この土地は開発許可を取ってもらわないと家建たないよ！」などです。）に合うか否か（懇意となれば）ヒアリング可能な場合が多いです。当該意見も実務家の見解です、尊重しましょう。

これも依頼者のため、自分の判断をより客観的とするため、です。

参考：国税当局もヒアリングするであろうという前提で行います。

適用判断レベル4

この「役所担当課通過図面」を作成した段階で相当程度「広大地判定」できるでしょう。この段階で明らかに「広大地」と判定されない（のではないか）と判断される場合、依頼者等と情報共有しておくべきです。

167

II 改正前―広大地評価―

> ▶用語「役所担当課通過図面」
> 　以上のプロセスを受けて、「机上図面」が「役所担当課通過図面（不動産開発業者によって呼び方は異なります）」となります。

5　開発業者ヒアリング

　「開発行為」の実務経験ない方ならば、その道のプロフェッショナルであるところの開発業者にヒアリングすることは当然の業務プロセスです。

　評価対象地を当該「役所担当課通過図面」で開発することの「投資採算性」とその判断の是非をヒアリングします。

　ここでの要諦は、

　「広大地判定」の判断として、実務上あるいは事業採算上、「開発許可」が本当に必要な土地であるのかそれとも必要のない土地であるのかの「現場」見解を得ておくことが目的です。

　注：もっとも、案件によっては、ヒアリングできる開発業者が存しない、あるいは見当たらない場合もあります。その際には、当該地域の不動産（取引）会社（「東京都知事（○）第00000号」の○に入る数値が大きい業者（≒営業年数が長い≒地元情報に精通している確率が高い）を推奨します）にヒアリングします。筆者も面識のないその地域の不動産会社に「飛び込み」でヒアリングすることも多いのですが、その経験からの「ヒアリング要領」を参考までに記述します。

○必ず予約を入れます。不動産鑑定士を名乗るより、その地域に詳しくない同業他社として話をする方が予約しやすいようです。可能であれば友人の不動産会社の社員等を通して予約することを推奨します。

○「教えを乞う」という謙虚な態度で臨むことは基本です。

○具体的な話を聞くためには、評価対象地の明示が不可欠です。あらかじめ依頼者の了解を得ておきます。

○ヒアリングが順調に進む場合、「役所担当課通過図面」を提示して、開発行為の是非の見解を「お聞き」します。

　この業務プロセスは、（不動産鑑定評価基準　留意事項）「Ⅳ　総論

第4章 不動産鑑定士が「広大地」判定を判断する際の調査手順と「調査報告」を記述する際の留意事項

第6章「地域分析及び個別分析」について (3)対象不動産に係る市場の特性について②「把握のための資料」に掲げられているところと軌を一にするものです。

注：全ての申告済あるいは更正の請求済の「広大地の評価」案件ではないものの、すでに国税当局が以上のようなヒアリング等を行っているとの情報があります。不動産鑑定士は不動産の専門家です。今流行りの表現をすれば、「プロフェッショナルの流儀」として必ずヒアリングしましょう。

「開発想定図面」

「役所担当課通過図面」は、開発許可申請が通過するであろう図面にすぎません。実際の投資採算性があるのかないのか、そのような開発行為をする必然性があるのかないのか、は別のところにあります。

以上のプロセスを経て初めて、「役所担当課通過図面」が「開発想定図面（不動産開発業者によって呼び方は異なります）」となります。ここで、ある意味「有名な」、東京高判平成18年3月28日税資256号順号10355（東京地判平成17年11月10日税資255号順号10199）の「開発想定図」を見てみましょう。

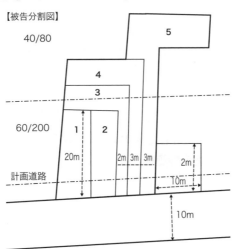

本稿をお読みになっている方は当該図面をどのように見るでしょうか？　一度でも開発実務を経験した方であれば、当該図面もこれなら

Ⅱ 改正前―広大地評価―

開発許可不要となる確率が高く「さもありなん。」という感想を持つ向きが多いでしょう。一度も経験したことがない人が当該図面を一目見れば「こんなのありえない。」の一言で終わらせてしまうかもしれません。

　筆者の個人的感覚で言わせていただければ、他の条件を一切無視して、当該図面で開発許可申請不要という結論を開発指導課から取得できたならば、みんなで「祝杯」をあげることでしょう。開発許可申請手続の「怖さ」を身にしみて経験しているからです。開発負担金や窓口規制、各課協議など、開発会社の負うべき「リスク」が大幅になくなったのですから……。

　ほんの5区画分譲で開発許可申請をするのは投資採算性を無視していると考えるのがデベロッパーの「普通の感覚」です。

　通例の市区町村ではこのような「路地状敷地分譲」が一般的となるでしょう。もちろん、「開発許可が大甘な」一部市区町村や、「路地状敷地分譲」を認めないとされている一部市区町村では（残念ながら）、開発道路を入れることになります。

適用判断レベル5

　この「開発想定図面」を作成した段階で「広大地判定」の判断ができます。通例の鑑定評価の場合の「内報」に当たるものとして、この段階で依頼者等と情報共有しておくことは当然のことと思われます。

Ⅲ　調査報告書の作成・発行と依頼者への説明

⇨**基準総論第9章「鑑定評価報告書　前文及び第1節　鑑定評価報告書の作成指針」**

1　前置き

　調査報告書は不動産鑑定評価基準にいう鑑定評価報告書とは異なるものの、その作成指針は不動産鑑定評価基準と軌を一にするものです。

　不動産鑑定評価基準の文言に準えてこれを表現すれば、次のとおりとなります。

170

第 **4** 章 不動産鑑定士が「広大地」判定を判断する際の調査 手順と「調査報告」を記述する際の留意事項

> 「調査報告書」は、評価通達24-4「広大地の評価」に則り、評価対象地が「広大地」に該当するか否かの判定」を表し、「判定した」理由を説明し、その不動産の「調査報告」に関与した不動産鑑定士の責任の所在を示すことを主旨とするものであるから、「調査報告書」の作成に当たっては、まずその「調査報告」の過程において採用したすべての資料を整理し、価格形成要因に関する判断、「とりわけ地域分析及び個別分析」に係る判断等に関する事項を明確にして、これに基づいて作成すべきである。

「調査報告書」は、依頼者のみならず第三者に対しても影響を及ぼすものであり、「さらには相続税等の申告納税額算定の」基礎となるものであるから、その作成に当たっては、誤解の生ずる余地を与えないよう留意するとともに、特に「「広大地判定」の理由については、依頼者その他第三者に対して十分に説明し得るものとするように努めなければなりません。

2 調査報告書の記述 「その地域」

評価通達24-4「広大地の評価」にある「その地域」は、国税庁質疑応答事例[2]において、146頁のように掲げられています。

不動産鑑定評価基準上の近隣地域（場合によっては同一需給圏）と大凡判断して良いかと思われます。

したがって、地域分析における各項目

① 対象不動産に係る市場の特性

所在する地域の概要、同一需給圏の範囲と状況、同一需給圏内における市場参加者及び需給動向等

② 近隣地域の範囲と状況

近隣地域の範囲、近隣地域の地域要因（接近条件・街路条件・環境条件・行政的条件）、地域要因の変動の予測、標準的使用の記述を基本どおり行います。その際、2つの国税庁HPの質疑応答事例を参考としてください。

---

2 国税庁「広大地の評価における『その地域』の判断」
https://www.nta.go.jp/shiraberu/zeiho-kaishaku/shitsugi/hyoka/18/01.htm

171

Ⅱ　改正前―広大地評価―

3　調査報告書の記述　「その地域の標準的な宅地の地積」

　「広大地判定」のための調査報告書ですから、その地域分析の項目のなかに「その地域の標準的な宅地の地積」についての詳細な記述を入れ込みます。

　国税庁質疑応答事例[3]によれば「標準的な宅地の地積」の具体的な判定方法として、

> 　評価対象地の付近で状況の類似する地価公示の標準地又は都道府県地価調査の基準地の地積、評価対象地の付近の標準的使用に基づく宅地の平均的な地積などを総合勘案して判断します。
>
> 　なお、標準的使用とは、「その地域」で一般的な宅地の使用方法をいいます。

と掲げられています。

　したがって、

　「その地域の標準的な地積」を必ず記述しますが、その地積は、

○「評価対象地の付近で状況の類似する地価公示の標準地又は都道府県地価調査の基準地の地積」を把握したうえで、

○「評価対象地の付近の標準的使用に基づく宅地の平均的な地積」をも把握したうえで、

○上記2つの観点に基づき「総合勘案して判断」

することになります。この地積判断の根拠及びそのプロセスも必ず記述します。

4　調査報告書の記述　「著しく地積が広大」

　「著しく地積が広大」であるか否かの判断とその理由の記述です。

　国税庁質疑応答事例によれば「著しく地積が広大であるかどうかの判定」方法が掲げられています[4]。

3　前掲注2
4　国税庁「広大地の評価における「著しく地積が広大」であるかどうかの判断」
（https://www.nta.go.jp/shiraberu/zeiho-kaishaku/shitsugi/hyoka/18/02.htm）

172

第|4|章　不動産鑑定士が「広大地」判定を判断する際の調査
手順と「調査報告」を記述する際の留意事項

　国税庁質疑応答事例をそのまま解釈しますと、三大都市圏に存する（市
街化区域内）の評価対象地においては500㎡以上であれば、原則として、
「著しく地積が広大」と判断して良いものとされます。

　もっとも、「標準的な宅地の地積」をすでに判断しています。当然
のことながら、評価対象地の地積が開発許可面積基準以上の500㎡で
あっても、「その地域」の標準的な宅地面積と同規模である場合には「著
しく地積が広大」とは判断されません。

5　調査報告書の記述　「開発行為を行うとした場合」

　「開発行為を行うとした場合」の判断を記述します。

　ここは、役所ヒアリングや開発業者ヒアリングの結果を詳細に記述
するところです。

　例示として、次の5項目を掲げておきます。

○開発行為の必然性

○条例や開発指導要綱の要約

○付加される特別のローカルルールの有無（窓口規制・開発負担金の
　額など）

○周辺の開発事例・状況・動向

○開発行為を行う場合の投資採算性

　ここの判断は、本節52頁で述べたとおりであり、美しい「開発想定図面」
を描いたから該当するというものでは決してありません。「開発許可マイ
ン（地雷)」が想定されてもなお開発行為が（どうしても）必要となる評
価対象地に限られると心得なくてはいけません。

6　調査報告書の記述　「公共公益的施設用地の負担」

　「公共公益的施設用地の負担」に関する項目は、平成17年6月17日
付資産評価企画官情報第1号（283頁）にその要否が記述されています。

　より端的には、

> 　「公共公益的施設用地の負担が必要」か否かの判断は、経済的に
> 最も合理的に戸建住宅の分譲を行った場合の、当該開発区域内に開

173

> 設される道路の開設の必要性により判定することが相当である。

ということになります。

　ここのところの検討は、すでに「開発想定図面」において考量済みであり、記述としては、「「開発想定図面」の通り、「公共公益的施設用地の負担が必要」と判断される。」などとします。

　「開発想定図面」はただ添付するのではなく、

○月○日　×市役所「開発指導課」にて第1回ヒアリング及び「開発要綱等」取得

○月○日　×市役所「開発指導課」にて第2回ヒアリング及び「当該図面にて開発許可取得可能との見解を得る」

○月○日　▲開発株式会社　開発部長△氏にヒアリング及び「当該図面にての開発行為は地域の不動産状況等に合致し、投資採算性にも問題がないとの見解を得る」

など、時系列的に記述しておくことをお勧めします。

7　調査報告書の記述　「マンション適地」

　質疑応答事例に記述[5]されていますので、ご参考にしてください。

　基本的には、「「その地域」の標準的使用の状況を参考に、当該評価対象地がマンション適地等として使用するのが最有効使用と認められるか否かの判断」を記述することになります。

　その判断は難解である場合も多いのですが、前掲の質疑応答[6]において丁寧に「応答」されていますので、当該質疑応答の文章等を適宜

5　国税庁「広大地の評価における『中高層の集合住宅等の敷地用地に適しているもの』の判断」（https：//www.nta.go.jp/shiraberu/zeiho-kaishaku/shitsugi/hyoka/18/04.htm）
6　前掲注5

第 **4** 章 不動産鑑定士が「広大地」判定を判断する際の調査
手順と「調査報告」を記述する際の留意事項

取り込みつつ、地域分析と個別分析に分けて記述することをお勧めします（以下に文例を掲げます）。

○地域分析欄に記述の追加
　「その地域」に現に中高層の集合住宅等が建てられている場合でも、価格時点前数年のマンション開発件数があるかないかを根拠の一つとして判定します。
　「その地域」にマンションが多数存しており現在も多数建築中であるなら別ですが、周辺の地域にマンションが有るかないかのみで判断するのは早計です（変動の原則）。地域が衰退（過疎化）して「マンション適地」でなくなった地域や当該市区町村の「開発指導要綱」等や「近隣紛争防止条例」等があまりにも厳しくて「マンション適地」でなくなった地域が存在していることも事実だからです。
○個別分析欄に記述の追加
　評価対象地の用途地域、実効容積率等は既に記述できています。当該市区町村の「開発指導要綱等」も取得済みです。
　案件によって、どうしても判断しがたい場合に限りますが、「マンション開発想定図面」の作成を推奨します。この図面により、マンションの階層・戸数・分譲可能面積などが把握できます。既に用意されている「開発想定図面」に基づく戸建開発とマンション開発両方の開発法価格を並べて投資採算性として記述することも判定した根拠となるでしょう。総合不動産会社はそのようにして事業性を判断しているのですから。
○開発業者意見
　以上の不動産鑑定士としての判断に加えて、ここでも開発業者ヒアリング結果の記述が有効です。マンション開発業者の現場社員からのヒアリング結果を会社名・役職・氏名明記（あらかじめ本人の了解必要）で記述することができればベストです。

　ここで注目すべきは、「平成16年6月29日付資産評価企画官情報第2号」に掲げられている次の文章です。

175

Ⅱ 改正前─広大地評価─

> 　評価対象地について、中高層の集合住宅等の敷地、いわゆるマンション適地等として使用するのが最有効使用と認められるか否かの判断は、その土地の周辺地域の標準的使用の状況を参考とすることになるのであるが、戸建住宅とマンションが混在している地域（主に容積率200％の地域）にあっては、その土地の最有効使用を判断することが困難な場合もあると考えられる。
> 　このような場合には、周囲の状況や専門家の意見等から判断して、明らかにマンション用地に適していると認められる土地を除き、戸建住宅用地として広大地の評価を適用することとして差支えない。

　この「平成16年情報」（本書の**資料5**）を注目すべきとするのは、複数の理由があります。

○「最有効使用」「標準的使用」と明らかに不動産鑑定評価基準にあるテクニカルタームが登場しています。「平成16年情報」作成に不動産鑑定士が関わっていること、ほぼ、間違いないということ。

○「その土地の最有効使用を判断することが困難な場合」「明らかにマンション用地に適していると認められる土地を除き、戸建住宅用地として広大地の評価を適用することとして差支えない。」と明記されている、ということ。これにより、調査報告書の記述の仕方が明快になることでしょう。

○上記の際には、「周囲の状況や専門家の意見等から判断して」おく必要があるということ。当然、「周囲の状況」を記述すべきであり、「専門家の意見等」を聞き、さらに不動産鑑定士等が自ら「判断」した記述も必要であること。

　以上です。

　2つの国税庁質疑応答事例[7,8]を参考としてください。

　「マンション適地」の記述に際しては、もう一度平成17年6月17日付資産評価企画官情報第1号の「広大地評価フローチャート」（182頁）

7　前掲注4
8　前掲注5

176

をご覧ください。

「マンション適地か、又は、すでにマンション等の敷地用地として開発を了しているか」の記述があります。

「すでにマンション等の敷地用地として開発を了している」評価対象地を「広大地」として判定できるか否かということです。

「すでにマンション等の敷地用地として開発を了している」場合に関しては、平成16年6月29日付資産評価企画官情報第2号において「既に開発を了しているマンション・ビル等の敷地用地」についての広大地に該当しない旨の例示等をご参照ください。

これはもちろん私見ですが、本稿で「すでにマンション等の敷地用地として開発を了している」場合に関して「広大地判定」を云々する気が起こらないのです。

マンション開発を行った時点ではマンション開発が最も投資採算性に合致するものと判断されていたわけですから、それを相続税申告に当たっては「広大地」とすることは「エストッペルの原則」に反しているように思えてなりません。それが理由です。

しかしながら、当該マンションが賃貸マンションで入居者がほとんどいない状態が長く続いている場合や、当該マンションが分譲マンションで現在に至るまで1戸も販売できていない場合においては、開発当時の判断が誤りであったという証左として、「マンション適地」ではないと判定できるのかもしれません。

8 調査報告書の記述 「大規模工場用地」

前掲の「中高層の集合住宅等の敷地用地」では「適している」か否かの判定をするのですが、「大規模工場用地」では「該当する」か否かの判定をします。

基本的には、「「その地域」の標準的使用の状況を参考に、当該評価対象地が大規模工場用地等として使用するのが最有効使用と認められるか否かの判断」を記述することになります。

実務的には、最有効使用として「大規模工場用地」に該当すると判

断される例は少ないのではないかと思われます。しかしながら、評価通達24-4「広大地の評価」に則り、調査報告書に「大規模工場用地」に該当するかしないかの判定結果とその根拠の記述を怠ることはできません。

9　依頼者への説明

　調査報告書は、多くの不動産鑑定評価書等と同様ではありますが、自己完結するものではありません。依頼者等(に加えて国税当局)が「理解しやすく納得できるように」作成され、説明されるべきものです。

　その判定・判断と客観的・具体的根拠は、依頼者等のみならず国税当局に対しての説明責任を果たせるものでなくてはいけません。説明責任が果たせて、初めて、不動産の専門家としての、「プロフェッショナルの流儀」としての仕事となります。

　翻って、不動産鑑定士に依頼する税理士の方等は、調査報告書をただ単に受け取るだけではなく、その内容を熟読し、説明をよく聴取して、自分が納得できてから初めて申告書等に添付すべきです。

　「広大地判定」はその責任も含め不動産鑑定士に丸投げというのでは「プロフェッショナルの流儀」とは言えません。

　その意味で不動産鑑定士はもちろんのこと、税理士の方等も含めて、その税務フィールドでの力量が試されるところであると能動的に受け取りましょう。

注：「広大地補正率と通達上の各補正率の適用関係」については、不動産鑑定士の範疇ではなく、税務の範疇であるとして割愛をします。

　　なお、「広大地補正率と通達上の各補正率の適用関係」の詳細、あるいは市街化調整区域内にある土地等の関係、都市計画道路予定地の区域内にある広大地の評価、区分地上権に準ずる地役権の目的となっている広大地の評価については国税庁ホームページや「財産評価基本通達逐条解説」をご覧ください。

　　不動産鑑定士には、税理士ではないが、「広大地の評価」に関して詳しい方ももちろんいらっしゃるでしょう。そうかもしれませんが、ここは税理士の方等に任せる、これも「プロフェッショナルの流儀」です。

第|5|章 広大地評価の申告実務

第5章 広大地評価の申告実務

山田　美典

1　広大地評価　概論

　広大地評価は、旧評価通達24-4に定められている土地評価方法で、標準的な宅地面積に比して著しく面積が大きな土地は、それを戸建て分譲地にして販売する際には、道路を新設して区画割する必要があり、そのため土地の市場価値が下がるのが一般的であることを考慮した土地評価方法です。評価対象地が広大地に該当すれば、40%強程度から最大で65%もの評価減が出来ることから、相続財産評価において重要な金額的影響があり、これを適切に実施するか否かにより納付する相続税額に大きな影響があります。

　しかしながら、広大地評価は、その適用要件が難しく、実際に広大地評価を適用し、申告する際の判断には、いくつかの論点があり、資産税に強い税理士としての知識・経験だけでなく、土地及び不動産開発・建築に関する専門的知識が必要とされ、専門家である不動産鑑定士等と協力して、広大地評価の申告書を慎重に作成する必要があります。

2　広大地の意義

　まず、広大地の意義を確認しましょう。広大地（旧評価通達24-4）とは、①その地域における標準的な宅地の地積に比して著しく地積が広大な宅地で、②都市計画法に規定する開発行為（主として、建築物の建築又は特定工作物の建設の用に供する目的で行う土地の区画形質の変更をいいます。）を行うとした場合に、公共公益的施設用地として相当規模の負担が必要と認められるものをいいます。ただし、大規模工場用地に該当するもの及び中高層の集合住宅等の敷地用地に適し

ているもの（いわゆるマンション適地）を除きます。

　この場合の開発行為とは、都市計画法第4条第12項に規定する主として建築物の建築又は特定工作物の建設の用に供する目的で行う土地の区画形質の変更をいいます。

　また、公共公益的施設用地とは、道路、公園等の公共施設の用に供される土地及び教育施設、医療施設等の公益的施設の用に供される土地をいいます。

　大規模工場用地とは、一団の工場用地の地積が5万平方メートル以上のものをいい、路線価地域においては、大工場地区として定められた地域に所在するものに限ります。

　中高層の集合住宅等の敷地用地に適しているものとは、その宅地について経済的に最も合理的であると認められる開発行為が中高層の集合住宅等を建築することを目的とするものであると認められるものをいいます。

　簡単に言うならば、広大地は、マンションや工場、店舗でなく、戸建て分譲に適した土地で、区画割して、戸建て分譲販売する際に道路を新設しなければならない広い形状の土地であり、道路敷設のための潰れ地相当の減価をみている土地ということになります。

3　広大地評価通達と評価方法

　次に、旧評価通達24−4（85頁）により、広大地の意義と併せて評価方法を見てみましょう。

⑴　その広大地が路線価地域に所在する場合

　その広大地の面する路線の路線価に、15《奥行価格補正》から20−5《容積率の異なる2以上の地域にわたる宅地の評価》までの定めに代わるものとして次の算式により求めた広大地補正率を乗じて計算した価額にその広大地の地積を乗じて計算した金額

$$広大地補正率 \times \left(0.6 - 0.05 \times \frac{広大地の地積}{1,000㎡} \right)$$

(2) その広大地が倍率地域に所在する場合

その広大地が標準的な間口距離及び奥行距離を有する宅地であるとした場合の1平方メートル当たりの価額を14《路線価》に定める路線価として、上記(1)に準じて計算した金額

評価対象地が路線価地域にある場合は、以下の計算式により、広大地の評価額を算定します。

正面路線価 × 広大地補正率 × 評価対象地の面積

$$広大地補正率 \times \left(0.6 - 0.05 \times \frac{広大地の地積}{1,000㎡} \right)$$

これは、例えば、広大地の面積が1,000㎡とすると広大地補正率は0.55となります。45%の評価減額が出来ることを意味します。

以下、広大地の面積に応じた補正率と評価減額率を記載します。

500㎡ ・・・・・・・・・	0.575	42.5%
1,000㎡ ・・・・・・・・	0.55	45%
1,500㎡ ・・・・・・・・	0.525	47.5%
2,000㎡ ・・・・・・・・	0.50	50%
3,000㎡ ・・・・・・・・	0.45	55%
4,000㎡ ・・・・・・・・	0.40	60%
5,000㎡ ・・・・・・・	0.35（下限値）	65%

面積が広大になるにつれ、評価減額率が65%まで大きくなることがよくわかります。

倍率地域にある場合は、固定資産税評価額に広大地補正率を乗じるのではなく、近傍標準宅地を1平方メートルあたりの単価にその地域の宅地の倍率を乗じたものを路線価として扱い計算します。なお、固

II 改正前―広大地評価―

定資産税評価額は、通常、役所の方で各種の補正率が考慮され算定されていますので、固定資産税を担当する市・区役所等に行き、補正されていない近傍標準宅地の1平方メートルあたりの単価を入手し評価計算を行うことに留意します。

4 広大地評価判定のためのフローチャート

評価対象地が広大地に該当するか否かについては、次のフローチャートの手順に従って判定していくことになります。このフローチャートは、平成17年6月17日付資産評価企画官情報第1号（いわゆる「17年情報」（資料6・283頁）といいます。）で示されているものです。

広大地評価フローチャート

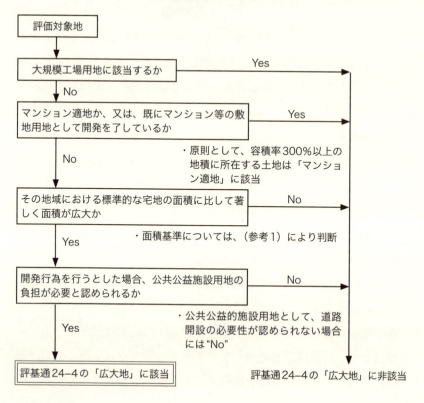

第|5|章 広大地評価の申告実務

※面積基準（参考1）

(1) 市街化区域、用途地域が定められていない非線引き都市計画区域

都市計画法施行令第19条第1項及び第2項に定める面積で、具体的には次のとおりです。

(イ) 市街化区域 三大都市圏 ‥‥‥‥500㎡

それ以外の地域‥‥‥‥‥‥1,000㎡

(ロ) 用途地域が定められていない非線引き都市計画区域‥3,000㎡

　(注) 非線引き都市計画区域とは、市街化区域と市街化調整区域の区域区分が行われていない都市計画区域をいいます。

(2) 用途地域が定められている非線引き都市計画区域

市街化区域と同様の面積となります。

以上の広大地評価フローチャートによれば、

① 大規模工場用地に該当しない。

② マンション適地でない、又は、既にマンション等の敷地用地として開発を了していない。

　・原則として、容積率300％以上の地域に所在する土地でない。

③ その地域における標準的な宅地の面積に比して著しく面積が広大である。

④ 開発行為を行うとした場合、公共公益的施設用地の負担が必要と認められる。

　・公共公益的施設用地として、道路開設の必要性が認められる。

の4つの判定基準のすべてを満たした場合に広大地となります。

これらの4つの基準について、次に国税庁のHPに記載の解説及び平成16年と平成17年に公表された資産評価企画官情報（いわゆる「平成16年情報」（**資料5**）、「平成17年情報」（**資料6**）と言います。）等を参考にしながら、広大地評価を申告する際に必要な実務を見ていき

183

Ⅱ 改正前―広大地評価―

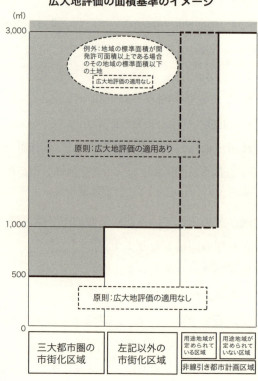

※都道府県の条例により、開発許可面積基準を別に定めている場合はその面積による。

たいと思います。

1 判定基準―大規模工場用地に該当しない

> 大規模工場用地に該当しない。

　評価通達22-2規定の「大規模工場用地」とは一団の工場用地の地積が5万平方メートル以上のものをいいます。ただし、路線価地域においては、地区区分が大工場地区として定められた地域に所在するものに限られます。

　大規模工場用地の代表例は、大規模な工業団地の中にある土地です。周辺も工場や研究所、物流施設などに利用されている土地です。財産評価基本通達22-2の規定は、次の通りとなっています。

第 **5** 章 広大地評価の申告実務

（大規模工場用地）

22-2 前項の「大規模工場用地」とは、一団の工場用地の地積が5万平方メートル以上のものをいう。ただし、路線価地域においては、14-2《地区》の定めにより大工場地区として定められた地域に所在するものに限る。（平3課評2-4外改正）

大規模工場用地は、都市計画法上の「工業専用地域」という用途地域に属しています。「工業専用地域」には戸建住宅は建てられない規定になっていますので、戸建分譲用地が前提となる広大地の要件には当てはまらないことになります。

つまり、工業専用地域では住宅の建築は不可であるため、広大地には該当しないということになります。しかし、都市計画法上の「工業地域」や「準工業地域」にある広大な土地については、工場用地でなく、広大地に該当する可能性があります。

工場用地に適した場合は、最有効使用が工業用地であり、対象地が標準的な画地面積より著しく大きいとは言えない、すなわち広大地の要件に該当しない、ということになりますが、工場用地から住宅用地に移行している地域で、戸建分譲用地としての利用が高まっている地域であれば、広大地に該当する可能性があり検討する余地があると考えられます。

② 判定基準─マンション適地でない

マンション適地でない、又は、既にマンション等の敷地用地として開発を了していない。

原則として、容積率300％以上の地域に所在する土地でない。

マンションとは中高層の居住用建物のことを指します。広大地の定義及び資産評価企画官情報並びに質疑応答事例によれば、マンション適地等として使用するのが最有効使用と認められるか否かの判断は、その土地の周辺地域の標準的使用の状況を参考に判断することになります。

資産評価企画官情報並びに質疑応答事例におけるマンション適地に関連する説明部分を以下抜粋して考えてみましょう。

185

Ⅱ 改正前―広大地評価―

⑴ マンション適地の判定（平成16年情報）

「いわゆるマンション適地等として使用するのが最有効使用と認められるか否かの判断は、その土地の周辺地域の標準的使用の状況を参考とする」[1]

⑵ マンション適地の判定（平成17年情報）

「評価しようとする土地が、課税時期においてマンション等の敷地でない場合、マンション等の敷地として使用するのが最有効使用と認められるかどうかの判定については、その土地の周辺地域の標準的使用の状況を参考とすることとなる。しかし、戸建住宅とマンション等が混在する地域（主に容積率200％の地域）は、最有効使用の判定が困難な場合もあることから、このような場合には、周囲の状況や専門家の意見から判断して、明らかにマンション等の敷地に適していると認められる土地を除き、広大地に該当する。一方、容積率が300％以上の地域内にあり、かつ、開発許可面積基準以上の土地は、戸建住宅の敷地用地として利用するよりもマンション等の敷地として利用する方が最有効使用と判定される場合が多いことから、原則として、広大地に該当しないこととなる。

地域によっては、容積率が300％以上でありながら、戸建住宅が多く存在する地域もあるが、このような地域は都市計画で定めた容積率を十分に活用しておらず、①将来的に戸建住宅を取り壊したとすれば、マンション等が建築されるものと認められる地域か、あるいは、②何らかの事情（例えば道路の幅員）により都市計画法で定めた容積率を活用することができない地域であると考えられる。したがって、②のような例外的な場合を除き、容積率により判定することが相当である。」[2]

⑶ 中高層の集合住宅等の敷地に適しているもの

「戸建住宅と中高層の集合住宅等が混在する地域（主に都市計画により指定された容積率（指定容積率）が200％以下の地域）にある場合には、最有効使用の判定が困難な場合もあることから、例えば、次のように「中高層の集合住宅等の敷地用地に適しているもの」に該当すると判断できる

1　平成16年6月29日付資産評価企画官情報第2号（資料5）
2　平成17年6月17日付資産評価企画官情報第1号（資料6）

第**5**章 広大地評価の申告実務

場合を除いて、「中高層の集合住宅等の敷地用地に適しているもの」には該当しないこととして差し支えありません。

　ア　その地域における用途地域・建ぺい率・容積率や地方公共団体の開発規制等が厳しくなく、交通、教育、医療等の公的施設や商業地への接近性（社会的・経済的・行政的見地）から判断して中高層の集合住宅等の敷地用地に適していると認められる場合

　イ　その地域に現に中高層の集合住宅等が建てられており、また、現在も建築工事中のものが多数ある場合、つまり、中高層の集合住宅等の敷地としての利用に地域が移行しつつある状態で、しかもその移行の程度が相当進んでいる場合

　一方、指定容積率が300％以上の地域内にある場合には、戸建住宅の敷地用地として利用するよりも中高層の集合住宅等の敷地用地として利用する方が最有効使用と判断される場合が多いことから、原則として「中高層の集合住宅等の敷地用地に適しているもの」に該当することになります。

　地域によっては、指定容積率が300％以上でありながら、戸建住宅が多く存在する地域もありますが、このような地域は指定容積率を十分に活用しておらず、①将来的にその戸建住宅を取り壊したとすれば、中高層の集合住宅等が建築されるものと認められる地域か、あるいは、②例えば道路の幅員（参考）などの何らかの事情により指定容積率を活用することができない地域であると考えられます。したがって、②のような例外的な場合を除き、評価対象地が存する地域の指定容積率が300％以上である場合には、「中高層の集合住宅等の敷地用地に適しているもの」と判断することになります。」[3]

⑷　中高層の集合住宅等とは

　「「中高層」には、原則として「地上階数3以上」のものが該当します。また、「集合住宅等」には、分譲マンションのほか、賃貸マンション等も含まれます。」[4]

3　国税庁「中高層の集合住宅等の敷地に適しているもの」（http://www.nta.go.jp/shiraberu/zeiho-kaishaku/shitsugi/hyoka/18/04.htm）
4　国税庁「中高層の集合住宅等」の範囲（http://www.nta.go.jp/shiraberu/zeiho-kaishaku/shitsugi/hyoka/18/05.htm）

II 改正前―広大地評価―

⑸ 広大地に該当しないものの例示

「対象地がその存する地域の標準的な画地との比較において広大地と判定される 画地であっても、一体利用することが市場の需給動向等を勘案して合理的と認められる場合には、……その宅地を中高層の集合住宅等の敷地として使用するのが最有効使用である場合、いわゆるマンション適地等については広大地には該当しない旨を通達の中で明らかにした。

「広大地に該当するもの、しないもの」の条件を例示的に示すと、以下のようになる。

（広大地に該当しない条件の例示）

・現に開発を了しているマンション・ビル等の敷地用地

・現に宅地として有効利用さている建築物等の敷地（例えば、大規模店舗、ファミリーレストラン等)」[5]

マンション適地か否かの判定については、以上の国税庁の説明より判断することになります。ここで、以下の2つのケースについて検討します。

---

① 既に評価対象地がマンション等の敷地用地として開発を了している場合

平成16年6月29日付資産評価企画官情報第2号において「既に開発を了しているマンション・ビル等の敷地用地」については広大地に該当しない旨の例示があり、平成17年6月17日付資産評価企画官情報第1号では前述の内容がフローチャートで例示されています。

既に評価対象地がマンション等の敷地用地として開発を了している場合というのはどのように判断するのでしょうか。評価対象地の地積が広大で地域の標準的な画地との比較において広大地と判定される画地であっても、周辺地域の標準的な利用状況から見て、有効利用されているとみなされる場合は、すでに開発を了しているマンション等の敷地として広大地の適用ができないと考えます。

一方、周辺地域の標準的な利用状況が戸建住宅である場合は、現

---

5 平成16年6月29日付資産評価企画官情報第2号（資料5）

状のマンション敷地であることが有効利用といえないことから広大地として認められると考えます。国税不服審判所平成21年4月6日〔TAINS・F0-3-244〕の裁決例によりますと、開発を了したマンション等の敷地とはいえず広大地が適用された事例があります。

② 課税時期において更地や雑種地等であり、マンション等の敷地として利用されていない場合

広大地の定義及び資産評価企画官情報並びに質疑応答事例によれば、評価対象地が、課税時期において更地や雑種地等であり、マンション等の敷地として利用されていない場合には、「その地域」の標準的使用の状況を参考に、当該評価対象地がマンション適地等として使用するのが最有効使用と認められるか否かの判断を行うことになります。最有効使用というのは、不動産鑑定基準でいうところの概念で、複数の利用方法が競合する場合、最も高い価格を提示できる人の利用方法が最適な利用方法といえるというものです。

以上のとおり、申告書を作成する際には、マンション適地でないこと、すなわち、「その地域」における用途地域・建ぺい率・容積率や地方公共団体の開発規制等が厳しく、交通、教育、医療等の公的施設や商業地への接近性（社会的・経済的・行政的見地）から判断して中高層の集合住宅等の敷地用地に適しているとは認められないことを立証する必要があります。

また、「その地域に現に中高層の集合住宅等が建てられており、また、現在も建築工事中のものが多数ある場合、つまり、中高層の集合住宅等の敷地としての利用に地域が移行しつつある状態で、しかもその移行の程度が相当進んでいる場合」でないと立証する必要があります。

これは評価時点以前からの中高層の集合住宅の増加推移を立証することになります。これらについては、やはり不動産鑑定士による現地調査結果に依存するのが妥当と考えます。

また、平成17年6月17日付資産評価企画官情報第1号では、「マンション適地の判定」として、

189

II 改正前─広大地評価─

　「評価対象地について、中高層の集合住宅等の敷地、いわゆるマンション適地等として使用するのが最有効使用と認められるか否かの判断は、その土地の周辺地域の標準的使用の状況を参考とすることになるのであるが、戸建住宅とマンションが混在している地域（主に容積率200％の地域）にあっては、その土地の最有効使用を判断することが困難な場合もあると考えられる。このような場合には、周囲の状況や専門家の意見等から判断して、明らかにマンション用地に適していると認められる土地を除き、戸建住宅用地として広大地の評価を適用することとして差し支えない。」とされています。したがって、対象地が容積率200％の地域に属する場合は、不動産鑑定士等の専門家の意見を聞き、広大地に該当するかを判断する必要があります。

　さらに、第7章「広大地の評価に係る判決及び裁決の検討」の該当ページを参照いただき、集合住宅等の敷地用地（マンション適地）に関する裁判例と裁決例を検討する必要があります。

③　判定基準─面積

> その地域における標準的な宅地の面積に比して著しく面積が広大である。

を次に見ていきます。

　資産評価企画官情報並びに質疑応答事例における、関連する説明部分を以下抜粋して考えてみましょう。

(1)　その地域の具体的は判定方法

　まずは、「その地域」について見ていきます。広大地に該当するか否かを検討する場合、まず「その地域」について具体的な範囲を判定する必要があります。そして、広大地の適用要件である「その地域の標準的な宅地の面積」及び「著しく地積が広大」か否かを判定します。

　国税庁質疑応答事例によれば「その地域」の具体的な範囲は、次の通りです。原則として、「評価対象地周辺の

①　河川や山などの自然的状況

②　土地の利用状況の連続性や地域の一体性を分断する道路、鉄道及び

──●190

公園などの状況

③　行政区域

④　都市計画法による土地利用の規制等の公法上の規制など、土地利用上の利便性や利用形態に影響を及ぼすもの

などを総合勘案し、利用状況、環境等が概ね同一と認められる、住宅、商業、工業など特定の用途に供されることを中心としたひとまとまりの地域を指すものをいいます。」

具体的な申告実務において「その地域」を明確に判断することはかなり難しいといえます。質疑応答事例で解説されているように、河川や山などの自然的状況、道路、鉄道及び公園などの物理的な要素により、その地域を把握するようにします。さらに物理的な要素に加えて、行政条件、すなわち、都市計画法の用途地域、容積率を判断基準にして考えます。役所に行くか、役所のホームページで都市計画図を調べて、用途地域や容積率でみていくと、ある程度、その地域が把握できてくると考えられます。容積率により低層の住宅が並ぶ地域か、中高層住宅が建て並ぶ地域か区分できますので、必ず現地調査を十分に実施する必要があると言えます。この際にも広大地評価に詳しい不動産鑑定士と協力して現地調査を実施することが重要といえます。

また、第7章「広大地の評価に係る判決及び裁決の検討」の該当ページを参照いただき、「その地域」に関する裁判例と裁決例を検討する必要があります。

(2)　標準的な宅地の地積

次に、「標準的な宅地の地積」についてみていきます。

国税庁質疑応答事例によれば、「標準的な宅地の地積」の具体的な判定方法は、次の通り解説されています。

「評価対象地の付近で状況の類似する地価公示の標準地又は都道府県地価調査の基準地の地積、評価対象地の付近の標準的使用に基づく宅地の平均的な地積などを総合勘案して判断します。

なお、標準的使用とは、「その地域」で一般的な宅地の使用方法をいいます。」

191

Ⅱ 改正前―広大地評価―

　これにより、標準的な宅地の地積は付近の公示地等の面積を調べるとともに、「その地域」の一般的な宅地の使用方法による地積を調査して判断することになります。

　当然、標準的な地積を判定するには、前述の「その地域」の具体的な範囲を判定する必要があります。これについて実務での判断の難しさは前述の通りです。

　第7章「広大地の評価に係る判決及び裁決の検討」の該当ページを参照いただき、標準的な宅地の地積に関する裁判例と裁決例を検討する必要があります。

(3)　著しく地積が広大とは？

　更に、「著しく地積が広大」か否かの判定方法について具体的に見ていきたいと思います。

　平成17年6月17日付資産評価企画官情報第1号によれば、著しく広大であるかどうかの判定は、「その面積基準としては、基本的に、開発許可面積基準を指標とすることが適当である。……なお、開発許可基準面積以上であっても、その面積が地域の標準的な規模である場合は、当然のことながら、広大地に該当しない。」
と解説されています。

　また、国税庁質疑応答事例における「著しく地積が広大であるかどうかの判定」によれば、

　「評価対象地が都市計画法施行令第19条第1項及び第2項の規定に基づき各自治体の定める開発許可を要する面積基準（以下「開発許可面積基準」といいます。）以上であれば、原則として、その地域の標準的な宅地に比して著しく地積が広大であると判断することができます。

　なお、評価対象地の地積が開発許可面積基準以上であっても、その地域の標準的な宅地の地積と同規模である場合は、広大地に該当しません。

［面積基準］

　イ　市街化区域、非線引き都市計画区域及び準都市計画区域（ロに該当するものを除く。）　都市計画法施行令第19条第1項及び第2項に定

第**5**章 広大地評価の申告実務

　　める面積（※）

※(イ)　市街化区域

　　　三大都市圏‥‥‥‥‥‥‥‥‥‥‥‥‥‥‥‥‥ 500平方メートル

　　　それ以外の地域‥‥‥‥‥‥‥‥‥‥‥‥‥‥ 1,000平方メートル

　(ロ)　非線引き都市計画区域及び準都市計画区域‥‥3,000平方メートル

ロ　非線引き都市計画区域及び準都市計画区域のうち、用途地域が定め
られている区域　　　市街化区域に準じた面積

　(注)　1　都道府県等の条例により、開発許可面積基準を別に定めている場
合はその面積によります。

　　　2　三大都市圏とは、次の地域をいいます。

　　　①　首都圏整備法第2条第3項に規定する既成市街地又は同条第4項
に規定する近郊整備地帯

　　　②　近畿圏整備法第2条第3項に規定する既成都市区域又は同条第4
項に規定する近郊整備区域

　　　③　中部圏開発整備法第2条第3項に規定する都市整備区域

　　　3　「非線引き都市計画区域」とは、市街化区域と市街化調整区域の区
域区分が行われていない都市計画区域をいいます。

　　　4　「準都市計画区域」とは、都市計画区域に準じた規制が行われ、開
発許可制度を適用し、用途地域、特定用途制限地域、風致地区など
を定めることができる都市計画区域外の区域をいいます。」

　国税庁の資産評価企画官情報及び質疑応答事例によると評価対象地につ
いて著しく地積が広大か否かを判断する1つの基準として500㎡が例示さ
れています。通常は、市街化区域の三大都市圏に位置する土地で500㎡以
上であれば、原則として「地積が広大」と判断されることが一般的です。
実務上は500㎡以上の地積がある土地については、まずは広大地の可能性
があると考える必要があります。

　しかしながら、資産評価企画官情報及び質疑応答事例では「評価対象地
の地積が開発許可面積基準以上の500㎡であっても、「その地域」の標準的
な宅地面積と同規模である場合」には広大地には該当しない旨が明記され
ています。

　質疑応答事例に基づき算定した、「その地域」の標準的な宅地面積が例
えば600㎡であった場合、評価対象地の地積がたとえ面積基準の500㎡を

193

超えていても、標準的面積と比較し著しく過大とは言えず広大地に該当しないことになります。

500㎡以上の土地であっても広大地の適用要件「著しく地積が過大」に必ず該当するとは限らないことがわかります。したがって、開発許可面積基準は、形式要件であり、絶対条件でないことに留意する必要があります。

逆に、開発許可面積基準以下であっても広大地に該当するケースがあるとして、いわゆる16年情報と17年情報では、「ミニ開発分譲が多い地域に存する土地については、開発許可を要する面積基準（例えば、三大都市圏500㎡）に満たない場合であっても、広大地に該当する場合があることに留意する。」と解説しています。このように開発許可面積基準に満たない面積であっても、広大地に該当する場合があると明確に判断基準が示されています。

以上から、開発許可面積基準の数値を広大地に該当するか否かの目安として判断し、開発許可面積基準の数値に満たないケースでも広大地に該当しないと結論を出すのでなく、慎重に検討し判断する必要があるといえます。

したがって、広大地に該当するためには、開発許可を必ず要するという判断についても正しくはなく、開発許可面積基準に満たないケースでも広大地に該当するケースがあるということに留意して、広大地に該当する可能性がある面積であると考えられる評価対象地については、実務的には難しい面があり、不動産鑑定士に相談して判断することが適切と考えます。

なお、第8章「広大地の評価に係る判決及び裁決の検討」の該当ページを参照いただき、標準的な宅地の面積に比して著しく広大か否かに関する裁判例と裁決例を検討する必要があります。

４ 判定基準―公共公益的施設用地

> 開発行為を行うとした場合、公共公益的施設用地の負担が必要と認められる。
> ・公共公益的施設用地として、道路開設の必要性が認められる。

（1） 公共公益的施設用地負担の必要性

まず、開発行為を行うとした場合、道路などの「公共公益的施設用地の

第5章 広大地評価の申告実務

負担」が必要と認められることの内容についてみていきたいと思います。

　広大地の定義及び資産評価企画官情報並びに質疑応答事例によれば、開発行為を行うとした場合、「公共公益的施設用地の負担が必要」か否かの判断は、経済的に最も合理的に戸建住宅の分譲を行った場合の、当該開発区域内に開設される道路の開設の必要性により判定することが相当であるとされています。

　平成17年6月17日付資産評価企画官情報第1号によれば「公共公益的施設用地の負担」の要否について、

　「評価通達において、「公共公益的施設用地」とは、道路、公園等の公共施設の用に供される土地及び教育施設、医療施設等の公益的施設の用に供される土地（これらに準ずる施設で、開発行為の許可を受けるために必要とされる施設の用に供される土地を含む。）」をいう」が、「しかし、広大地の評価は、戸建住宅分譲用地として開発した場合に相当規模の「公共公益的施設用地」の負担が生じる土地を前提としていることから、公共公益的施設用地の負担の必要性は、経済的に最も合理的に戸建住宅の分譲を行った場合の、当該開発区域内に開設される道路の開設の必要性により判定することが相当である。」としています。

　また、国税庁質疑応答事例によれば「広大地評価における公共公益的施設用地の負担の要否」は、

　「広大地の評価は、戸建住宅分譲用地として開発した場合に相当規模の公共公益的施設用地の負担が生じる宅地を前提としていることから、「公共公益的施設用地の負担が必要と認められるもの」とは、経済的に最も合理的に戸建住宅の分譲を行った場合にその開発区域内に道路の開設が必要なものをいいます。

　したがって、例えば、次のような場合は、開発行為を行うとした場合に公共公益的施設用地の負担がほとんど生じないと認められるため、広大地には該当しないことになります。

(1)　公共公益的施設用地の負担が、ごみ集積所などの小規模な施設の開設のみの場合

195

(2) セットバック部分のみを必要とする場合
(3) 間口が広く、奥行が標準的な場合

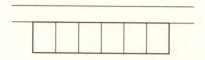

(4) 道路が二方、三方又は四方にあり、道路の開設が必要ない場合

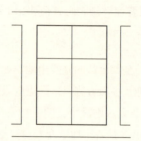

(5) 開発指導等により道路敷きとして一部宅地を提供しなければならないが、道路の開設は必要ない場合

セットバックを必要とする土地ではありませんが、開発行為を行う場合に道路敷きを提供しなければならない土地部分については、開発区域内の道路開設に当たらないことから、広大地に該当しません。」

「(6) 路地状開発を行うことが合理的と認められる場合
(路地状開発とは、路地状部分を有する宅地を組み合わせ、戸建住宅分譲用地として開発することをいいます。)

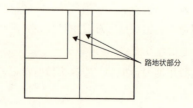

第 **5** 章 広大地評価の申告実務

　なお、「路地状開発を行うことが合理的と認められる」かどうかは次の事項などを総合的に勘案して判断します。

① 　路地状部分を有する画地を設けることによって、評価対象地の存する地域における「標準的な宅地の地積」に分割できること

② 　その開発が都市計画法、建築基準法、都道府県等の条例等の法令に反しないこと

③ 　容積率及び建ぺい率の計算上有利であること

④ 　評価対象地の存する地域において路地状開発による戸建住宅の分譲が一般的に行われていること

　（注） 上記の(3)～(6)の区画割をする際の1区画当たりの地積は、評価対象地の存する地域の標準的使用に基づく「標準的な宅地の地積」になります。」

　以上、国税庁質疑応答事例においては、開発行為を行うとした場合に公共公益的施設用地の負担がほとんど生じないと認められる場合を具体的に解説しています。その中で、(3)から(6)は道路開設の必要性がないケースとして具体的に解説されており、(3)から(5)（間口が広く、奥行が標準的な場合、道路が二方、三方又は四方にあり、道路の開設が必要ない場合、開発指導等により道路敷きとして一部宅地を提供しなければならないが、道路の開設は必要ない場合）は道路開設の必要性がないことを理解しやすいところですが、(6)の路地状開発を行うことが合理的と認められる場合というのは、実務上、判断が難しいところとなります。路地状開発は道路の開設が必要でなく、開発行為を行うとした場合に公共公益的施設用地の負担が生じないと認められるのですが、そのため、広大地には該当しないケースとなります。すなわち、評価対象地について開発区域として区画分譲を行う場合に、開発道路を設けた開発計画よりも、道路の開設が不要である路地状開発による敷地分割を行うことが合理的と認められる場合には広大地に該当しないことになります。

　したがって、開発道路を設けた開発計画と路地状開発による敷地分割のどちらがより合理性があるのかの判断することが重要となります。この論点について検討してみましょう。

　ここで留意すべきことは、開発行為を行うとした場合、「公共公益的施設

197

II 改正前―広大地評価―

用地の負担が必要」か否かの判断は、経済的に最も合理的に戸建住宅の分譲を行った場合の、当該開発区域内に開設される道路の開設の必要性により判定することが相当であるとされています。

　この問題を考えていく際には、開発行為、そして開発許可制度というものを十分に理解したうえで道路の開設の必要性を見る必要があります。

(2) 開発行為と道路開設の必要性

　開発行為とは、広大地評価の旧評価通達24-2 で定義されているように、都市計画法第4条第12項に規定されている、「主として建築物の建築又は特定工作物の建設の用に供する目的で行う土地区画形質の変更」をいいます。

　開発行為は、以上の定義から建築物の建築の用に供する目的で行う土地区画形質の変更をいいますので、道路の開設を伴う宅地開発は「開発行為」に該当しますが、単なる形式的な土地の分割等（路地状敷地による開発）は開発行為に該当しません。したがって、宅地開発をする際に、路地状敷地による開発を行う場合は「開発行為」に該当せず、開発許可は不要となります。

　開発許可制度は、都市計画法に基づき、市街化区域及び市街化調整区域の区域区分（いわゆる「線引き制度」）を担保し、良好かつ安全な市街地の形成と無秩序な市街化の防止を目的として制定されており、開発行為の許可権者を都道府県知事等としています。国土交通省のホームページによれば、開発許可制度について、昭和30年代後半から昭和40年代にかけての高度経済成長の過程で、人口や産業が都市に集中する現象が生じたが、このような状況の中、郊外部において無秩序に市街化が進んだり、道路や公園といった安全で快適な都市生活を営むために必要不可欠な施設の整備が行われないままに市街地が形成されるといった弊害が起きたため、都市計画で定められるいわゆる線引き制度の実効を確保するとともに、一定の土地の造成に対するチェックを行うことにより、新たに開発される市街地の環境の保全、災害の防止、利便の増進を図るために設けられた都市計画法上の制度とされており、その規制対象規模は次頁のように定められています。

　都市計画区域で見れば、市街化区域は三大都市圏の既成市街地などでは500㎡以上の開発行為が該当します。その場合の開発許可基準には、技術

			1,000㎡（三大都市圏の既成市街地、近郊整備地帯等は500㎡）以上の開発行為　※開発許可権者が条例で300㎡まで引き下げ可		
都市計画区域	線引き都市計画区域	市街化区域		技術基準適用	立地基準適用
		市街化調整区域	原則として全ての開発行為		
	非線引き都市計画区域		3,000㎡以上の開発行為　※開発許可権者が条例で300㎡まで引き下げ可		
準都市計画区域			3,000㎡以上の開発行為　※開発許可権者が条例で300㎡まで引き下げ可		
都市計画区域及び準都市計画区域外			1ha以上の開発行為		

基準（法第33条）、道路・公園・給排水施設等の確保、防災上の措置等に関する基準があり、地方公共団体の条例で、一定の強化又は緩和、最低敷地規模に関する制限の付加が可能となっています。したがって、申請する市区町村等により開発許可が得られやすい、開発許可がなかなか得られないといった差が生じることになります。Ⅱ第3章において、開発許可実務の現状が記載されており、併せて読んでいただくとよいと思います。

　本章では、政令指定都市である、名古屋市の例で考えますと、開発許可の申請は、要請される開発許可基準をクリアすべきで、これをクリアすることにより開発計画が許可されます。名古屋市の場合は開発道路を設ける場合の具体的な許可基準を条例等により緩和しており、宅地開発を促進しています。このように開発許可申請を出して許可される度合いには市区町村等により差があり、開発許可を得にくい場合は、開発業者は開発許可不要の路地状敷地による開発を選択することになります。都市計画法と同施行令の内容について地方公共団体は、政令で定める基準に従って、制限を強化すること、逆に緩和することができるのです。これらを正確に読み取り法令等に適合する開発計画を策定する必要があります。

　国税庁質疑応答事例に記載されているように、「路地状開発を行うことが合理的と認められる」かどうかは、次の事項などを総合的に勘案して判

II 改正前—広大地評価—

断します。

① 路地状部分を有する画地を設けることによって、評価対象地の存する地域における「標準的な宅地の地積」に分割できること

② その開発が都市計画法、建築基準法、都道府県等の条例等の法令に反しないこと

③ 容積率及び建ぺい率の計算上有利であること

④ 評価対象地の存する地域において路地状開発による戸建住宅の分譲が一般的に行われていること

特に、④の路地状開発による戸建住宅の分譲が一般的に行われているかどうかが重要な判断ポイントと考えます。開発形態については「その地域」が一般的にどうであるか地域性を検討する必要があるということです。

評価対象地が広大地であるか否かを判断するには、課税時期において区画分譲を行う場合、①開発道路を設けた開発計画と②道路の開設が不要である路地状開発による敷地分割のいずれの方法が経済的に合理的であるか、その評価対象地が所在する県及び市町村における開発許可の具体的な規則と運用に則って検討する必要があります。

なお、第7章「広大地の評価に係る判決及び裁決の検討」の該当ページを参照いただき、公共公益的施設用地の負担に関する裁判例と裁決例を検討する必要があります。

以上、いわゆる17年情報に示してある、広大地評価フローチャートに従い、広大地判定のための4つのポイントを見てきました。広大地に該当するかどうかについて多くの論点があり、広大地に関する税務申告書を作成する税理士にとり、すべて検討・解明しておかなければならないと考えます。その際に重要なことは広大地評価の判定実務は、税理士単独のみでは対応は不可能で、不動産鑑定士等の土地評価・開発の専門家の助言を仰いで進めるべきと言うことだと考えます。また、本書においては、過去の広大地評価に関する裁判例と裁決例を豊富に掲載しており、評価対象とする土地が広大地に該当するか否かについて考える際には十二分に活用すべきと考えます。

5　広大地の評価の計算例

次に、国税庁の質疑応答事例に掲載の事例で、相続税申告書に添付する、土地及び土地の上に存する権利の評価明細書の記載例を掲げておきたいと思います。

・広大地評価の計算例　事例1

右の図のような宅地（地積2,145㎡）の価額はどのように評価するのでしょうか。（中高層の集合住宅等の敷地用地に適しているものでないなどの広大地の評価における他の要件は満たしています。）

【普通住宅地区】

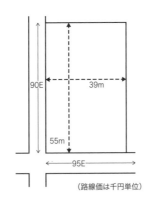

（路線価は千円単位）

【回答要旨】

（計算）

正面路線価　95千円

$$95千円 \times \left(0.6 - 0.05 \times \frac{2,145㎡}{1,000㎡} \right) \times 2,145㎡$$

（広大地補正率）

$= 95千円 \times 0.49275 \times 2,145㎡ = 100,410,131円$

(注) 1　通常の宅地の正面路線価は、路線価に奥行価格補正率を乗じた後の価額で判定しますが、広大地の正面路線価は、面している路線のうち最も高い路線価で判定します。

　　 2　広大地補正率は端数処理をしません。

II 改正前—広大地評価—

事例1

土地及び土地の上に存する権利の評価明細書（第1表）

			局(所)		署
			年分		ページ

（平成十六年分以降用）

（住居表示）	（ ）		住 所 （所在地）			住 所 （所在地）	
所在地番		所有者	氏 名 （法人名）			使用者	氏 名 （法人名）

地 目	地 積	路 線 価				地
宅 地　原 野 田　　雑種地 畑 山 林 [　　]	㎡ 2,145	正 面 円 95,000	側 方 円	側 方 円	裏 面 円	形図及び参考事項

間口距離	m	利用区分	自 用 地　貸家建付借地権 貸 宅 地　転 貸 借 地 権 貸家建付地　転　　借　　権 借　地　権　借家人の有する権利 私　　道　（　　　　　　）	地区区分	ビル街地区　　普通住宅地区 高度商業地区　中小工場地区 繁華街地区　　大 工 場 地 区 普通商業・併用住宅地区
奥行距離	m				

					(1㎡当たりの価額) 円	
自 用 地 1 平 方 メ ー ト ル 当 た り の 価 額	1　一路線に面する宅地 　（正面路線価）　　　　（奥行価格補正率） 　　　　　　円 ×					A
	2　二路線に面する宅地 　（A）　　　　［側方 路線価］　（奥行価格 　　　　　　　　裏面　　　　　補正率）　［側方二方］路線影響加算率 　　　　　円 ＋ （　　　円 × 　 . 　× 0. 　）				(1㎡当たりの価額) 円	B
	3　三路線に面する宅地 　（B）　　　　［側方 路線価］　（奥行価格 　　　　　　　　裏面　　　　　補正率）　［側方二方］路線影響加算率 　　　　　円 ＋ （　　　円 × 　 . 　× 0. 　）				(1㎡当たりの価額) 円	C
	4　四路線に面する宅地 　（C）　　　　［側方 路線価］　（奥行価格 　　　　　　　　裏面　　　　　補正率）　［側方二方］路線影響加算率 　　　　　円 ＋ （　　　円 × 　 . 　× 0. 　）				(1㎡当たりの価額) 円	D
	5-1 間口が狭小な宅地等　　　（間口狭小　（奥行長大 　（AからDまでのうち該当するもの）　補正率）　補正率） 　　　　　円 × （　　. 　×　　. 　）				(1㎡当たりの価額) 円	E
	5-2 不 整 形 地 　（AからDまでのうち該当するもの）　　不整形地補正率※ 　　　　　円 × 0. ※不整形地補正率の計算 （想定整形地の間口距離）（想定整形地の奥行距離）（想定整形地の地積） （　　　m ×　　　m ＝　　　㎡ （想定整形地の地積）（不整形地の地積）（想定整形地の地積）（かげ地割合） （　　　㎡ －　　　㎡）÷　　　㎡ ＝　　　% 　（不整形地補正率表の補正率）（間口狭小補正率）（小数点以下2　　［不整形地補正率 　　　　0. 　　　　　×　　. 　＝ 0. 　　①　位未満切捨て）　①、②のいずれか低い 　（奥行長大補正率）　（間口狭小補正率）　　　　　　　　　　率、0.6を限度とする。） 　　　　. 　　　　　×　　. 　＝ 0. 　　②				(1㎡当たりの価額) 円	F
	6　無 道 路 地 　（F）　　　　　　　　　　　　　　　（※） 　　　　　円 × （1 － 0. 　） ※割合の計算（0.4を限度とする。） （正面路線価）　（通路部分の地積）（F）　（評価対象地の地積） （　　円×　　　㎡）÷（　　円×　　　㎡）＝ 0.				(1㎡当たりの価額) 円	G
	7　がけ地等を有する宅地　　　［南 、 東 、 西 、 北 ］ 　（AからGまでのうち該当するもの）　（がけ地補正率） 　　　　　円 × 0.				(1㎡当たりの価額) 円	H
	8　容積率の異なる2以上の地域にわたる宅地 　（AからHまでのうち該当するもの）　（控除割合（小数点以下3位未満四捨五入）） 　　　　　円 × （1 － 0. 　）				(1㎡当たりの価額) 円	I
	9　私　　　　　道 　（AからIまでのうち該当するもの） 　　　　　円 × 0.3				(1㎡当たりの価額) 円	J

自用地の評価額	自用地1平方メートル当たりの価額 （AからJまでのうち該当記号）	地 積	総　　　　　　　額 （自用地1㎡当たりの価額）×（地 積）
	（　　）　　　　　　円	㎡	円 K

(注) 1　5-1の「間口が狭小な宅地等」と5-2の「不整形地」は重複して適用できません。
　　2　5-2の「不整形地」の「AからDまでのうち該当するもの」欄の金額について、AからDまでの欄で計算できない場合には、（第2表）の「備考」欄等で計算してください。
　　3　広大地を評価する場合には、（第2表）の「広大地の評価額」欄で計算してください。

（資4-25-1-A4統一）

202

第|5|章 広大地評価の申告実務

土地及び土地の上に存する権利の評価明細書（第2表）

			(自用地の評価額)	
広大地の評価額	(正面路線価) 95,000 円 ×	(広大地補正率) ※端数処理はしない 0.6−0.05×地積(2,145)㎡ 1,000㎡	(地 積) × 2,145 ㎡	100,410,131 円	L

（平成十六年分以降用）

セットバックを必要とする宅地の評価	(自用地の評価額) 円 − (	(自用地の評価額) 円 ×	(該当地積) ㎡ (総地積)㎡ × 0.7)	(自用地の評価額) 円	M
都市計画道路予定地の区域内にある宅地の評価額	(自用地の評価額) 円 ×	(補正率) 0.		(自用地の評価額) 円	N

大規模工業用地等の評価額	○ 大規模工場用地等 (正面路線価) 円 ×	(地 積) ㎡	(地積が20万㎡以上の場合は0.95)	円	O
	○ ゴルフ場用地等 (宅地とした場合の価額) (地積) (円 × ㎡×0.6) −	(1㎡当たり) の造成費 (円×	(地積) ㎡)	円	P

	利用区分	算 式	総 額	記号
総額計算による価額	貸宅地	(自用地の評価額)　(借地権割合) 円 × (1− 0.)	円	Q
	貸家建付地	(自用地の評価額又はS) (借地権割合)(借家権割合)(賃貸割合) 円 × (1− 0. ×0. ×㎡/㎡)	円	R
	目的となっている土地（　）的権利	(自用地の評価額)　(　割合) 円 × (1− 0.)	円	S
	借地権	(自用地の評価額)　(借地権割合) 円 × 0.	円	T
	貸家建付借地権	(T,AAのうちの該当記号) (借家権割合) (賃貸割合) (　)　円 × (1− 0. × ㎡/㎡)	円	U
	転貸借地権	(T,AAのうちの該当記号) (借地権割合) (　)　円 × (1− 0.)	円	V
	転借権	(T,U,AAのうちの該当記号) (借地権割合) (　)　円 × 0.	円	W
	借家人の有する権利	(T,W,AAのうちの該当記号) (借家権割合) (賃貸割合) (　)　円 × 0. × ㎡/㎡	円	X
	（　）権	(自用地の評価額)　(　割合) 円 × 0.	円	Y
	権利が競合する場合の土地	(Q,Sのうちの該当記号) (　割合) (　)　円 × (1− 0.)	円	Z
	他の権利と競合する場合の権利	(T,Yのうちの該当記号) (　割合) (　)　円 × (1− 0.)	円	AA
備考				

(注) 1 区分地上権と区分地上権に準ずる地役権とが競合する場合については、備考欄等で計算してください。
2 「広大地の評価額」と「セットバックを必要とする宅地の評価額」は重複して適用できません。

(資4−25−2−A4統一)

203

II 改正前—広大地評価—

・広大地評価の計算例　事例2

次の図のような市街地山林（地積2,800）の価額はどのように評価するのでしょうか。（中高層の集合住宅等の敷地用地に適しているものでないなどの広大地の評価における他の要件は満たしています。）

【普通住宅地区】

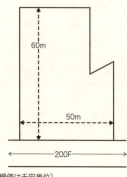

（路線価は千円単位）

【回答要旨】

（計算）

正面路線価　200千円

$$200千円 \times \left(0.6 - 0.05 \times \frac{2,800㎡}{1,000㎡} \right) \times 2,800㎡$$
　　　　　　　　　　（広大地補正率）

$= 200千円 \times 0.46 \times 2,800㎡ = 257,600,000円$

（注）1　不整形地補正率などの各種補正率は適用しません。

　　　　　なお、広大地補正率を適用して計算した価額が、その広大地を評価通達11（評価の方式）から21-2（倍率方式による評価）まで及び24-6（セットバックを必要とする宅地の評価）の定めにより評価した価額を上回る場合には、その広大地の価額は11から21-2まで及び24-6の定めによって評価します。

　　　2　市街地山林等を広大地として評価する場合には、広大地補正率の中に宅地造成費等を考慮してあることから、宅地造成費を控除しないで評価します。

第5章 広大地評価の申告実務

事例2

土地及び土地の上に存する権利の評価明細書（第1表）

	局(所)		署
	年分		ページ

（平成十六年分以降用）

(住居表示)	(	)	所有者	住 所 (所在地)		使用者	住 所 (所在地)	
所在地番				氏 名 (法人名)			氏 名 (法人名)	

地 目		地 積	路		線		価		
宅地 原野 田 雑種地 畑 (山 林)[ ]		2,800 ㎡	正 面 200,000 円	側 方 円	側 方 円	裏 面 円	地形図及び参考事項	

間口距離	m	利用区分	(自 用 地) 貸家建付借地権 貸 宅 地 転 貸 借 地 権 貸家建付地 転 借 権 借 地 権 借家人の有する権利 私 道	地区区分	ビル街地区 (普通住宅地区) 高度商業地区 中小工場地区 繁華街地区 大工場地区 普通商業・併用住宅地区
奥行距離	m				

			(1㎡当たりの価額) 円	
自 用 地 1 平 方 メ ー ト ル 当 た り の 価 額	1 一路線に面する宅地 　(正面路線価)　　　　　(奥行価格補正率) 　　　　円 × 　.			A
	2 二路線に面する宅地 　(A)　　[側方 　　　　　裏面]路線価　(奥行価格 　　　　　　　　　　　補正率)　[側方 　　　　　　　　　　　　　二方]路線影響加算率] 　　円 ＋ (　　円 × 　. × 　.)		(1㎡当たりの価額) 円	B
	3 三路線に面する宅地 　(B)　　[側方 　　　　　裏面]路線価　(奥行価格 　　　　　　　　　　　補正率)　[側方 　　　　　　　　　　　　　二方]路線影響加算率] 　　円 ＋ (　　円 × 　. × 　.)		(1㎡当たりの価額) 円	C
	4 四路線に面する宅地 　(C)　　[側方 　　　　　裏面]路線価　(奥行価格 　　　　　　　　　　　補正率)　[側方 　　　　　　　　　　　　　二方]路線影響加算率] 　　円 ＋ (　　円 × 　. × 　.)		(1㎡当たりの価額) 円	D
	5-1 間口が狭小な宅地等 　(AからDまでのうち該当するもの)　[間口狭小 　　　　　　　　　　　　　　　　　　補正率]　(奥行長大 　　　　　　　　　　　　　　　　　　　補正率) 　　円 × 　. × 　.		(1㎡当たりの価額) 円	E
	5-2 不 整 形 地 　(AからDまでのうち該当するもの)　　不整形地補正率※ 　　円 × 0. 　※不整形地補正率の計算 　(想定整形地の間口距離)　(想定整形地の奥行距離)　(想定整形地の地積) 　　　m × 　　　m = 　　　㎡ 　(想定整形地の地積)　(不整形地の地積)　(想定整形地の地積)　(かげ地割合) 　(　㎡ － 　㎡) ÷ 　㎡ = 　% 　(不整形地補正率表の補正率)　(間口狭小補正率)　(小数点以下2位未満切捨て)　[不整形地補正率 　　0.　　　　× 　. ＝ 0. ①　（①、②のいずれか低い 　(奥行長大補正率)　(間口狭小補正率)　　　　　　率、0.6を限度とする。） 　　0.　　　　× 　. ＝ 0. ②		(1㎡当たりの価額) 円	F
	6 無 道 路 地 　(F)　　　　　　　　　　　　　(※) 　　円 × (1 － 0.) 　※割合の計算 (0.4を限度とする。) 　(正面路線価)　(通路部分の地積)　(F)　(評価対象地の地積) 　　円 × 　㎡ ÷ (　円 × 　㎡) = 0.		(1㎡当たりの価額) 円	G
	7 がけ地等を有する宅地　　[南、東、西、北] 　(AからGまでのうち該当するもの)　(がけ地補正率) 　　円 × 0.		(1㎡当たりの価額) 円	H
	8 容積率の異なる2以上の地域にわたる宅地 　(AからHまでのうち該当するもの)　(控除割合(小数点以下3位未満四捨五入)) 　　円 × (1 － 0.)		(1㎡当たりの価額) 円	I
	9 私 道 　(AからIまでのうち該当するもの) 　　円 × 0.3		(1㎡当たりの価額) 円	J

自 用 地 の 評 価 額	自用地1平方メートル当たりの価額 (AからJまでのうちの該当記号) 　　円	地 積 ㎡	総 額 (自用地1㎡当たりの価額) × (地 積) 　　円	K

(注) 1 5-1の「間口が狭小な宅地等」と5-2の「不整形地」は重複して適用できません。
2 5-2の「不整形地」の「AからDまでのうち該当するもの」欄の金額について、AからDまでの欄で計算できない場合には、(第2表)の「備考」欄等で計算してください。
3 広大地を評価する場合には、(第2表)の「広大地の評価額」欄で計算してください。

(資4-25-1-A4統一)

205

Ⅱ 改正前—広大地評価—

土地及び土地の上に存する権利の評価明細書（第2表）

広大地の評価	（正面路線価） 200,000 円 ×	（広大地補正率）※端数処理はしない $0.6-0.05×\dfrac{地積（\ 2,800\ ）㎡}{1,000㎡}$	（地　積） × 2,800 ㎡	（自用地の評価額） 257,600,000 円	L
セットバックを必要とする宅地の評価額	（自用地の評価額） 円 －	$\left(\dfrac{（自用地の評価額）}{円 × \dfrac{（該当地積）㎡}{（総地積）㎡}} × 0.7\right)$		（自用地の評価額） 円	M
都市計画道路予定地の区域内にある宅地の評価額	（自用地の評価額） 円 × 0.	（補正率）		（自用地の評価額） 円	N

大規模工業用地等の評価額	○ 大規模工場用地等 　（正面路線価）　　　　（地　積）　　　（地積が20万㎡以上の場合は0.95） 　　　　円 ×　　　　　㎡	円	O
	○ ゴルフ場用地等 （宅地とした場合の価額）（地積）　　$\binom{1㎡当たり}{の造成費}$　　（地積） （　　　円 ×　　　㎡×0.6）－（　　　円×　　　㎡）	円	P

	利用区分	算　　　　式	総　　　額	記号
総額計算による価額	貸宅地	（自用地の評価額）　　　　（借地権割合） 円 × (1－ 0.　　　)	円	Q
	貸家建付地	（自用地の評価額又はS）　（借地権割合）（借家権割合）（賃貸割合） 円 × (1－ 0.　　×0.　　×$\frac{㎡}{㎡}$)	円	R
	目的となっている土地の権利	（自用地の評価額）　　（　　　割合） 円 × (1－ 0.　　　)	円	S
	借地権	（自用地の評価額）　　（借地権割合） 円 × 0.	円	T
	貸家建付借地権	（T, AAのうちの該当記号）（借家権割合）　（賃貸割合） （　　） 円 × (1－ 0.　　×$\frac{㎡}{㎡}$)	円	U
	転貸借地権	（T, AAのうちの該当記号）（借地権割合） （　　） 円 × (1－ 0.　　　)	円	V
	転借権	（T, U, AAのうちの該当記号）（借地権割合） （　　） 円 × 0.	円	W
	借家人の有する権利	（T, W, AAのうちの該当記号）（借家権割合）　（賃借割合） （　　） 円 × 0.　　 ×$\frac{㎡}{㎡}$	円	X
	権	（自用地の評価額）　　（　　　割合） 円 × 0.	円	Y
	権利が競合する場合の他の権利と競合する場合の土地	（Q, Sのうちの該当記号）　（　　　割合） （　　） 円 × (1－ 0.　　　)	円	Z
		（T, Yのうちの該当記号）　（　　　割合） （　　） 円 × (1－ 0.　　　)	円	AA
備考				

（注）1 区分地上権と区分地上権に準ずる地役権とが競合する場合については、備考欄等で計算してください。
　　　2 「広大地の評価額」と「セットバックを必要とする宅地の評価額」は重複して適用できません。

（資4−25−2−A4統一）

第|5|章| 広大地評価の申告実務

6　申告書に添付する広大地評価説明書

　広大地評価を適用する際には、評価対象地を広大地として検討した過程が明確に分かるように資料を作成し、相続税申告書に添付する必要があります。

　本書では、第4章に、不動産鑑定士による広大地評価に関する説明書を作成してもらう際の留意事項が記載されており、税理士と相続人より専門の不動産鑑定士に対して広大地評価に関する説明書の作成を依頼し、税理士側も不動産鑑定士と十分に意見を交わし、評価対象土地を広大地と判断した検討過程を十分に理解しておく必要があります。

　なお、通常、所轄税務署の資産課税部門には事前相談の窓口があります。あらかじめ用意した資料を持参し、広大地評価について事前説明をし、その場では了解を得られないにしても、事後回答で所轄税務署の判断をヒアリングし、所轄税務署に対して広大地評価のプロセスを理解してもらい、申告書で妥当と認めてもらえるかを打診しておくのが肝要と考えます。場合によっては数回訪問する必要があるかもしれませんが、通常は所轄税務署の資産課税部門の担当官がおり相談にのってくれます。案件が複雑な場合は、評価のプロセスを事前に説明して、議論しておくのが賢明なやり方と考えています。そもそも広大地評価は、土地評価において大きな評価減額をもたらすものであり、申告後の相続税調査でその評価方法が認められないことが判明した場合は、相続税額の増大も大きなものとなり、過少申告加算税等の金額も大きなものになると予想できます。それゆえに、納税者にも土地評価に関して、検討の余地がある評価方法を行っていることを事前によく説明し、申告実務を行うことが重要と考えます。

　このほか、通常の土地評価方法により申告し、あとから更正の請求

207

Ⅱ 改正前―広大地評価―

をかけて広大地評価の申告をすることも行われているようです。こういうやり方によることもやむをえない場合もあるでしょうが、基本は当初申告で、かつ事前相談で所轄税務署の資産課税担当官と協議して申告を進めることであると考えます。

第6章 税務調査の対応

第6章　税務調査の対応

山田　美典

1　相続税にかかる税務調査の実施状況

　国税庁が発表している相続税の調査の状況によると、平成25年、平成26年、平成27年それぞれ調査件数は全国で1万2千件、1万1千件、1万2千件と毎年約1万2千件程度の税務調査が実施されています。これに対して、年間の相続税申告件数は、同様に国税庁が発表している相続税申告の状況によると、平成25年、平成26年、平成27年それぞれの申告件数、5万4千人、5万6千人、10万3千人となっています。平成27年1月1日以降に相続税の基礎控除額が引き上げられたことにより相続税の対象となる申告件数の増大が見られます。各年で税務調査の割合を求めると、平成25年、平成26年、平成27年それぞれ22%、21%、12%となっています。平成27年度より調査の割合は下がったものの調査の割合は法人税、所得税等を含めた税目の中で一番高い割合となっています。平成25年、26年においては、およそ4件に1件、相続税の対象が広がった平成27年以降は8件に1件の割合で調査が行われています。

2　広大地にかかる税務調査対応

　広大地の評価は、土地の評価額に大きく影響するものであるため、税務上、広大地としての評価が認められるか否かは、相続税額全体に大きな影響を及ぼします。

　税務調査の対策としては、まずはそもそも調査の対象として選定されないように事前に所轄税務署の資産税担当官と、申告書作成上論点になりそうな項目について、あらかじめ税理士として十分に調べたうえで

209

II 改正前―広大地評価―

自身の見解をもって、その根拠資料を持参し、所轄税務署の担当官に事務相談を受けることだと考えます。経験から申し上げると、担当官によるケースもあるかもしれませんが、基本的に税法・通達に沿って意見を言えば、きちんと対応してくれ、即答が難しい場合は預かり、後日回答してくれます。この事前相談は所轄税務署で調書が記録として残されるということであり、その後、相続税申告書提出後に当該案件について所轄税務署で調査が始まると、参考にされると考えられます。

　もちろん、中には実際に相続税調査を行ってみないと回答できないような案件も考えられ、事前相談での回答はできかねると言われるケースもありますが、基本的には、この事前相談で所轄税務署に確認を取るスタンスが、税務調査で問題とならないために重要であると考えます。

　特に広大地評価の申告実務においては、広大地の判定が非常に難しく、① 戸建住宅よりもマンション適地として税務否認されるケースや、② 公共的公益的施設用地の負担がない、又は少ないと考えられる場合で税務否認されるケースがあります。そのため、広大地評価の認否に関する過去の裁判例及び裁決例を十分に研究し、それにより、どういう場合に税務上広大地として認定されるか、あるいは否認されるかを十分に検討しておく必要があります。

　第7章の検討は、広大地評価にかかる過去の判決及び裁決を十分に研究して書かれており、実際に評価対象とする広大地の案件と比較して検討することにより、広大地と考えられる理論的根拠を強化することに役立つのでないかと考えます。

　また、土地評価の専門家である不動産鑑定士に広大地に該当するか否かの意見を求め、不動産鑑定士の専門的な意見から、当該広大地評価が税務上問題にならないかを慎重に検討してみる必要があります。広大地評価に通じた専門の不動産鑑定士の協力を得ることが必要不可欠で、事前に十二分に協議し、評価通達24-4に「広大地」に該当す

210

るかを慎重に判断して、広大地評価に関する申告を行う必要があり、申告書には広大地と判断した説明書を添付します。

　広大地に該当するかどうかのフローチャートは、「第5章　広大地評価の申告実務」に記載の通り、

① 　大規模工場用地に該当するか

② 　マンション適地か、または、すでにマンション等の敷地用地として開発を了しているか

③ 　その地域における標準的な宅地の面積に比して著しく面積が広大か

④ 　開発行為を行うとした場合、公共公益的施設用地の負担が必要と認められるか

という4つの判定基準に対して**No→No→Yes→Yes**と進んだ場合です。

　広大地に該当するためには、4つの判定基準をすべて満たすことが必要で、納税者側でそれを立証しなければなりません。

　本書の中でもその検討プロセスが重要であることを記載していますので、実際の広大地評価を実施する場面で、このフローチャートにあてはめて検討する必要があります。仮にどこか明確でない要件の部分があれば、過去の裁判例と裁決例を調べて、同種の該当する事案がないかどうかチェックし、あれば類推適用等ができないか検討して、自己の広大地評価に関する見解を理論的に補強する必要があります。

　さらに当然ながら、広大地評価に詳しい不動産鑑定士の専門的意見を聞き、税務上の広大地評価の考え方が妥当なものであるか十分に確認する必要があります。また、必要な場合、所轄税務署の資産税担当官に説明できるように土地評価の専門家としての不動産鑑定士より広大地評価に関する見解書を添付してもらうとよいと考えます。

Ⅱ 改正前―広大地評価―

　相続税の税務調査の中心は、通常は名義預金や、名義株等の有無を中心に見られますが、広大地評価を実施して相続税申告を行っている場合は、広大地として評価した土地評価の部分も説明を求められる可能性は非常に高いといえます。特にマンション適地であるという指摘や公共公益的施設用地の負担が不要と指摘される場合は多いと想定されます。

　マンション適地の判定は、いわゆる17年情報（283頁）に記載されているように、その地域の状況をよく検討して最有効使用が戸建分譲であることを適切に文書化しておく必要があります。

　また、公共公益的施設用地の負担が不要と指摘される場合として、路地状開発が合理的と認められるケースがありますが、これは、道路の開設が必要かどうかがポイントとなるため、不動産鑑定士に土地の開発想定図を作成してもらい、その地域で開発許可を取って道路を開設するのがその土地の最有効利用に資することを説明できる資料の作成が必要です。国税庁質疑応答事例によれば、「路地状開発を行うことが合理的と認められる」かどうかは次の事項などを総合的に勘案して判断するとあります。

①　路地状部分を有する画地を設けることによって、評価対象地の存する地域における「標準的な宅地の地積」に分割できること
②　その開発が都市計画法、建築基準法、都道府県等の条例等の法令に反しないこと
③　容積率及び建ぺい率の計算上有利であること
④　評価対象地の存する地域において路地状開発による戸建住宅の分譲が一般的に行われていること

　以上の点を踏まえて、説明資料を事前に用意しておくことが重要です。このように説明資料を十分に作成して税務調査に備えるわけですが、そうであるがゆえに、あらかじめ事前相談で論点を所轄税務署とつめて議論しておくのが最善の税務調査対策であるといえます。

第7章 広大地の評価に係る判決及び裁決の検討

第7章　広大地の評価に係る判決及び裁決の検討

吉田　正毅

1　はじめに

　法律というと六法全書を思い浮かべ、弁護士や裁判官は、六法全書を読んで法律を適用して紛争について判断しているのではないかと考える方が多いのではないでしょうか。しかし、ただ法律の条文を読んでも紛争の判断ができるというものではありません。それは、あらゆる場合を想定してあらかじめ条文を用意しておくことは不可能ですので、法律の条文は抽象的な規定となっており、問題となったケースに適用するには解釈が必要不可欠となるからです。

　法律の解釈については、どのような意見を持つことも自由です。しかし、どのような立派な意見であっても、裁判所で認められなければ、実際の事件には勝てません。そのため、法律を適用して判断する裁判所の示した解釈は、法律の解釈の中でも特別な位置を占めることとなります。国税不服審判所は、裁判所ではありませんが、判決に類似した裁決という形式で行政機関の最終判断を示し、国税不服審判所で取り消されれば、原処分庁は、訴訟提起することはできませんので、納税者は実際の事件に勝つことができます。そのため、国税不服審判所の示した解釈も裁判所と同様特別な位置を占めることとなります。

　ただし、裁判例や裁決例は、あくまで個別具体的な争訟の解決をするものですので、それを読んだからといって、現在問題となっている土地が広大地に該当するか否かの結論が分かるわけではありません。裁判例や裁決例は、結論を示すにあたって、その理由を論じています。裁決や判決が示した理由を検討することにより、現在問題となっている土地が広大地に該当するか否かについて、国税不服審判所や裁判所

213

Ⅱ 改正前―広大地評価―

がどのような判断をするのか予測が可能となるのです。

　裁判例や裁決例において、結論を導く理由として、法令解釈、事実認定、あてはめが示されます。

　本書では、国税不服審判所や裁判所が示した法令解釈を整理して記載しています。例えば「その地域」について、裁判所は本書で222頁のとおりの法令解釈を判示していますが、これに対し「その地域」は、主要な幹線道路によって囲まれた地域をいうと解されるなどという法律の解釈を主張することも可能です。しかし、国税不服審判所や裁判所では認められないでしょう。そのため、まず、裁判所や国税不服審判所が示した法令解釈とは何かが重要になります。もちろん法令解釈は絶対的なものではなく、変更される可能性がないわけではありません。しかし、法令解釈の判断が分かれているような法律は別として、すでに複数の裁決や判決によって同じ法令解釈が判示されている法律については、裁判所に行けば、その法令解釈にしたがった判断がされることとなるでしょう。そのため、その法令解釈を変更する必要があるのであれば、なぜ変更する必要があるのかという理由付けを、誰もが納得できるように示す必要があります[1]。

　法令解釈が判示されると、次に証拠から事実が認定されます。この事実を法令解釈に当てはめることにより、実際のケースに法律が適用された場合の結論が導かれることとなります。法令解釈も抽象的なものであることがほとんどですので、具体的な事件でどのような事実を認定してあてはめたか、どのような事実が重視されているかということも重要となります。

　そのため、法律を適用する法律家にとって、裁判例や裁決例の調査と検討は実際のケースを検討する上で極めて重要なものです。弁護士

1　以上の記載について、山本敬三『民法講義Ⅰ　総則　第3版』（有斐閣、平成23年）2頁以下を参考としています。

214

第**7**章 広大地の評価に係る判決及び裁決の検討

であれば、法律的な論点となり得るところに関しては、およそこの世に存在する全ての法律文献・判例を探すことも珍しくありません[2]。

税務職員と折衝する場合や、不服申立てをする場合、広大地に該当するという自らの意見を述べるだけではなく、過去の裁判例や裁決例の理由部分を摘示して、当該事例との類似性や相違性を論じることにより、自らの意見の説得力を補強することができます。そのため、裁判例や裁決例がどのような意義を持つものであるか、同種事案へ適用が可能か否か（いわゆる射程）を検討することは、検討している土地の広大地の評価の裁決や判決を予測する上で重要なものとなります。

本書では、上記のような視点から、判決や裁決の法令解釈とあてはめを重視して紹介、検討しています。

2 裁決書の読み方

裁決書を検討しようと思っても、読み慣れていない人には長文で読みづらく、最後にたどり着くまでに疲れてしまって、理解に時間がかかってしまうのではないかと思われます。法律家が裁判例や裁決例を読むとき、全文を最初から読むということはあまりなく、検討している要件について、上記1で述べた「法令解釈」と「事実認定」と「あてはめ」がどこにあるかを探して、それらを確認するのが一般的です。裁決でもいくつかの土地の評価や株式の評価などが一つの裁決で判断されていることも多く、広大地の評価についての判示を調べるのに、広大地の評価が問題となっていない土地の判示や株式の評価についての判示まで読むことはありません。したがって、裁決書のどこにどのような記載があるかを知っておくことが有用といえます。

裁決書は、おおむね以下のとおり記載されています。

---

2 中村直人『訴訟の心得―円滑な進行のために―』49頁（中央経済社、平成27年）

215

Ⅱ 改正前─広大地評価─

1 事実
 (1) 事案の概要

審判所が要約した事案の概要が記載されています。

 (2) 基礎事実

争いのない事実が記載されます。

 (3) 審査請求に至る経緯

申告から審査請求までの税務手続が記載されます。

 (4) 関係法令の要旨

事案の判断で適用される法令の要旨が記載されます。

2 争点

争点が列挙されます。

3 主張

争点についての当事者の主張が記載されます。

4 判断
 (1) 法令解釈

審判所が本件に適用する法令についての法令解釈が示されます。

 (2) 認定事実

審判所が認定した事実が示されます。

 (3) あてはめ

(1)で示された法令解釈に(2)の事実が当てはめられます。

 (4) 結論

結論が示されます。

　上記の裁決書の記載で重要なのは、4の判断以下になります。(1)に
「法令解釈」が記載されており、(2)に「事実認定」、(3)「あてはめ」が
記載されていますので、必要なものを抽出することになります。判決
書においても同様に「裁判所の判断」などと項目が示されますので、
その項目以降で同様の作業をすることになります。

第**7**章 広大地の評価に係る判決及び裁決の検討

3 裁判例及び裁決例の検討

(1) 広大地の要件

　広大地の要件は、広大地に該当する要件と広大地から除外される要件とに分けられます。広大地に該当する要件は、①「その地域における標準的な宅地の地積に比して著しく地積が広大な宅地」で、②「開発行為を行うとした場合に公共公益的施設用地の負担が必要と認められること」です。このうち①「その地域における標準的な宅地の地積に比して著しく地積が広大な宅地」については、(イ)「その地域」、(ロ)「その地域における標準的な宅地の地積」及び(ハ)「著しく地積が広大か否か」をそれぞれ判断する必要があります。広大地から除外される要件は、③「大規模工場用地に該当すること」、④「集合住宅等の敷地用地に適している土地（以下「マンション適地」といいます。）であること」です。

　広大地に関する裁判例や裁決例の判断過程を検討すると、まず①(イ)「その地域」を特定し、次に①(ロ)「その地域における標準的な宅地の地積」を検討する際に、当該土地が④「マンション適地」に該当するのかを検討し、④「マンション適地」に該当せず、当該土地が①(ロ)「その地域における標準的な宅地の地積」に比して①(ハ)「著しく広大」といえる場合に②「開発行為を行うとした場合に公共公益的施設用地の負担が必要と認められるか否か」を検討しています。

　図示すると次頁のとおりです。

　以下では、①(イ)「その地域」、④「マンション適地該当性」、①(ロ)「標準的な宅地の地積」、①(ハ)「標準的な宅地の地籍に比して著しく広大か」、②「公共公益的施設用地の負担の要否」の順にそれぞれの要件でどのように判断がなされているのかを概観します。なお、③「大規模工場用地」については、評価通達の他項目との重複該当を排除す

217 ───●

Ⅱ 改正前―広大地評価―

広大地評価の流れ

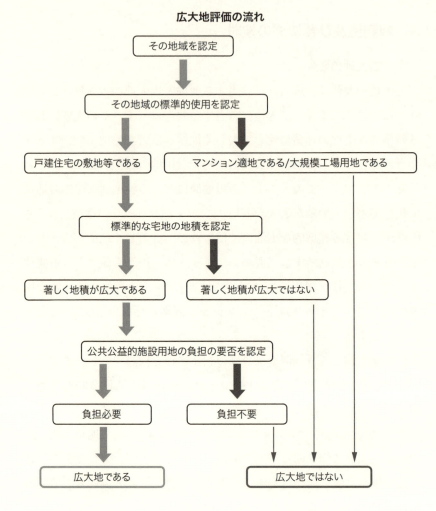

るための要件ですので[3]、本書では対象としません。

(2) 評価通達24-4の適法性

広大地の評価は、相続税法22条の解釈に係る通達によるものであり、通達の適法性が問題となります。通達とは、上級行政庁が法令

---

[3] 岩崎吉彦「広大地の評価」税大ジャーナル19号（平成24年）210頁

第 **7** 章 広大地の評価に係る判決及び裁決の検討

の解釈や行政の運用方針などについて、下級行政庁に対してなす命令ないし指令ですので（国家行政組織法14条2項）、国民に対して拘束力を持つ法規ではありません。そのため、法令に違反する通達に基づく取り扱いは、裁判により否定されることがあります。例えば、通達の内容が法人税法の規定に反するとした裁判例として大阪高判平成2年12月19日判タ768号102頁があります。また、通則法99条1項は、国税不服審判所長は、国税庁長官が発した通達に示されている法令の解釈と異なる解釈により裁決をするときは、あらかじめその意見を国税庁長官に通知しなければならないと規定しており、裁決において通達と異なる解釈がされることを前提としています。

東京地判平成26年1月24日税資264号順号12395は「相続税法22条は、相続により取得した財産の価額は、原則として、当該財産の取得の時における時価による旨を定めているが……、財産の価額を客観的かつ適正に把握することは必ずしも容易なことではなく、また、納税者ごとに財産の評価の方法が異なることは公平の観点から好ましくないことから、課税実務上、国税庁長官が発した通達（国家行政組織法14条2項参照）である評価通達に基づいて、相続により取得した財産の価額の評価がされているところである。このような課税実務は、評価通達に定められた評価方式が当該財産の取得の時における時価を算定するための手法として合理的なものであると認められる場合においては、租税法律関係の確定に際して求められる種々の要請を満たし、国民の納税義務の適正な履行の確保（通則法1条、相続税法1条参照）に資するものとして、相続税法22条の規定の許容するところであると解される。」とし、広大地に係る評価通達24-4の定めは、上記の観点に照らして、合理的なものと認められるとしました。その他の裁判例や裁決例でも評価通達24-4の適法性は認められており、適法性については将来においても問題になる

219

Ⅱ 改正前―広大地評価―

可能性は低いでしょう。

　なお、広大地補正率の合理性についても訴訟で争われましたが、東京地判平成27年6月25日税資265号順号12683は、「広大地補正率は、集積された鑑定評価事例に基づき、統計学の手法によって算出された客観的な数値であって、一般的な合理性を有するものであるということができる」としています。

⑶　評価通達24-4の趣旨

　評価通達24-4の趣旨は、広大地の評価の各要件を判断する際に、考慮すべき要素の根拠となるものです。そのため、裁判例や裁決例が評価通達24-4の趣旨をどのように判断しているかは押さえておく必要があります。

　大阪高判平成24年7月26日税資262号順号12014は、「評価通達24-4が一定以上の面積の土地について広大地の評価を行う趣旨は、このような土地について開発行為を行う場合、公共公益的施設用地として道路敷等を提供する必要が生じたり、戸建住宅分譲用地として開発することに伴い道路等の潰れ地が生じることから、その程度に応じて一定の減価をする必要があるという点にある」としています。また、東京地判平成26年1月24日税資264号順号12395は、評価通達24-4について、「その趣旨は、評価の対象となる1画地の宅地の地積が、当該宅地の価額の形成に関して直接影響を与えるような特性を持つ当該宅地の属する地域における標準的な宅地の地積に比して著しく広大で、評価の時点において、当該宅地を、当該地域における経済的に最も合理的な宅地の利用を反映すると一般に見られる当該標準的な宅地の規模を踏まえて類似の利用に供しようとする際に、都市計画法に規定する許可を受けた上で開発行為を行わなければならない場合にあっては、当該開発行為により所要の土地の区画形質の変更を行ったとき

220

第7章 広大地の評価に係る判決及び裁決の検討

に、道路、公園等の公共公益的施設用地として相当のいわゆる潰れ地が生ずるのを免れないことがあり、評価通達15から評価通達20-5までによる減額の補正では十分とはいえないことがあることから、このような宅地の価額の評価に当たっては、潰れ地が生じることを、当該宅地の価額に影響を及ぼすべき客観的な個別事情として、価額が減少していると認められる範囲に対応させたものに相当する特殊な補正をすることとしたものと解される」としています。したがって、広大地の評価による減価は、潰れ地が生じることによるものと解されているといえます。

　さらに、金沢地判平成18年4月10日税資256号順号10361は、広大地の評価の要件に「開発行為を行うとした場合に公共公益的施設用地の負担が必要と認められるもの」に加えて、「その地域における標準的な宅地の地積に比して著しく地積が広大な宅地」の要件が求められる理由は、「その地域における標準的な地積の土地は、開発行為を行うためには上記開発許可が必要な土地であっても、路線価自体がその規模の土地として形成された価格であるから、調整を行う必要がないこと、その地域における標準的な規模の宅地は、他の標準的な規模の宅地と同様の利用に供せられることが予想でき、公共公益的施設用地を負担してまで戸建住宅分譲用地として開発される可能性が乏しいことにあると解せられる」としています。そのため、標準的な規模の宅地であれば、潰れ地は通常生じないため、広大地には該当しないとしたと理解されます。

　上記の趣旨は、広大地の評価の各要件の解釈において根拠となるものですので、以下の各要件の解釈においても上記を前提として判断することになります。

221

Ⅱ 改正前―広大地評価―

⑷ その地域

① 法令解釈

　国税庁は、「その地域」とは、原則として、評価対象地周辺の(a)河川や山などの自然的状況、(b)土地の利用状況の連続性や地域の一体性を分断する道路、鉄道及び公園などの状況、(c)行政区域、(d)都市計画法による土地利用の規制等の公法上の規制など、土地利用上の利便性や利用形態に影響を及ぼすものなどを総合勘案し、利用状況、環境等が概ね同一と認められる、住宅、商業、工業など特定の用途に供されることを中心としたひとまとまりの地域を指すものをいうと公表しています[4]。

　東京地判平成26年1月24日税資264号順号12395も「その地域」とは、「河川や山などの自然的状況、行政区域、都市計画法による土地利用の規制などの公法上の規制等、道路、鉄道及び公園などの土地の利用の状況の連続性並びに地域としての一体性を分断することがあると一般に考えられる客観的な状況を総合勘案し、各土地の利用の状況、環境等がおおむね同一と認められる、ある特定の用途に供されることを中心としたひとまとまりとみるのが相当な地域を指すものと解される」としており、国税庁の公表した内容と同旨の判断をしています。

② 具体的な判断

　上記の法令解釈を前提として、裁判例や裁決例がどのような「その地域」を認定したのか、みていきましょう。

　次ページは、平成24年12月13日裁決・裁事89集289頁（別紙8）が示した「その地域」に関する図です。

---

4 国税庁「広大地の評価における『その地域』の判断」
　 https://www.nta.go.jp/shiraberu/zeiho-kaishaku/shitsugi/hyoka/18/01.htm

第 7 章 広大地の評価に係る判決及び裁決の検討

本件C土地に係る広大地通達に定める「その地域」

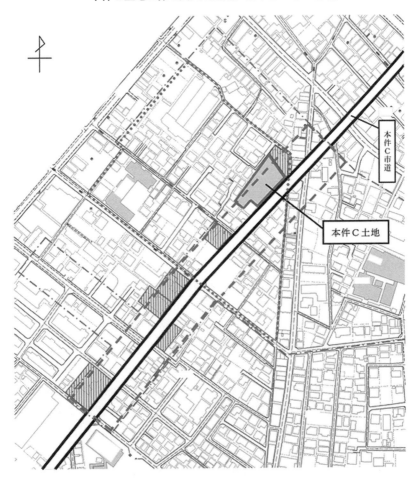

(注) 1 ──── 本件C土地
　　 2 ─・─ 近隣商業地域
　　 3 ─ ─ 本件C地域
　　 4 ……… 請求人らが主張する「その地域」
　　 5 本件C地域における商業施設等の敷地（6箇所・斜線表示）

II 改正前―広大地評価―

ア　認定した事実

A　本件Ｃ土地の位置、公法上の規制等

● 本件Ｃ土地は、ａ駅の南東約600メートル（直線距離）に位置し、市道
Ｃ号線（以下「本件Ｃ市道」という。）に接面している。

● 本件Ｃ土地は、市街化区域内で、近隣商業地域に指定された地域に所
在し、容積率200％、建ぺい率80％である。

● 本件Ｃ土地は、ａ市マスタープランにおけるａ駅周辺地区（中心市街地）
に属しており、ａ駅周辺の整備推進、地域商店街活性化のための仕組み
づくり及び公共施設の有効利用と地域コミュニティ活動の促進の対象
とされている。

B　本件Ｃ土地の存する地域の状況

● 本件Ｃ土地（図（注）1）が存する近隣商業地域に指定されている地域（図
（注）2）は、ａ駅の南東側に広がる商業地域に隣接し、ａ市ｑ町○丁目、
同市ｑ町○丁目、同市ｒ町○丁目及び同市ｒ町○丁目にまたがっており、
事務所や店舗の建築についてほとんど制限がない地域である。

● 上記の近隣商業地域のうち、本件Ｃ市道沿いの地域（図（注）3の地域。
以下「本件Ｃ地域」という。）には、敷地面積の広い店舗、事務所及び
1階が店舗となっている中高層の集合住宅等の商業施設等が駐車場とと
もに比較的多く混在しており（6箇所。図（注）5参照）、これらの敷
地の地積は、最小500平方メートル、最大1,600平方メートルであり、
平均すると約900平方メートルである。なお、本件Ｃ地域のうち、本
件Ｃ市道沿いの北東側は商業地域（容積率400％・建ぺい率80％）に、
南西側は第一種住居地域（容積率200％・建ぺい率60％）に、それぞ
れ指定されている。

● 上記の近隣商業地域のうち、本件Ｃ地域以外の地域には、主に戸建住
宅が建ち並んでいる。

第**7**章 広大地の評価に係る判決及び裁決の検討

　イ　審判所の判断

> 　本件C土地が存する本件C地域は、幹線道路沿いで、敷地面積の広い店舗、事務所及び1階が店舗となっている集合住宅等の商業施設等が比較的多く混在しているのに対し、本件C地域以外の周辺地域は、主に戸建住宅が建ち並んだ地域であり、その利用状況を異にしていることからすれば、本件C地域が、利用状況、環境等がおおむね同一と認められる、ある特定の用途に供されることを中心としたひとまとまりの地域であると認められるから、本件C土地に係る広大地通達に定める「その地域」は、本件C地域であると認めるのが相当である。

　ウ　審判所の判断過程について

　上記のとおり、審判所は、上記①のその地域の法令解釈で示されている(b)「地域の一体性を分断する道路、鉄道及び公園などの状況」として、a駅の南東約600メートルに位置し、本件C市道に接面していると認定し、(d)「公法上の規制」として、市街化区域で近隣商業地域に指定された地域、容積率200％、建ぺい率80％と認定しています。それ以外に土地の利用状況の連続性などの事情として、近隣商業地域に指定されている地域の利用状況や本件C地域の利用状況などを認定しています。

　審判所は、上記のとおり法令解釈で示された要素を認定した後、本件C市道沿いの地域を本件C地域として本件C土地に係る広大地通達に定める「その地域」と認めると判断しました。

　③　**その地域をどう判断するか**

　上記のとおり、裁決は、法令解釈に挙げられた要素に関する事実を認定し、その事実を基に「その地域」を認定していることが分かります。実際に広大地の評価を検討する場合には、上記の裁決と同様に、「その地域」を認定することになりますが、裁判所や審判所がどのように認定するかについては、各地域個別の事情によるところが大きく、予測は難しいものとなります。ただ、「その地域」がどう認定されるか

225

II 改正前—広大地評価—

により、その地域の標準的な使用が認定されるため、「その地域」がどのように認定されるかが、広大地の評価が認められるか否かにとって最も重要といえます。

そのため、裁判所や審判所が、どの事実を重視して、「その地域」を認定したか、「その地域」の境界線をどのように認定したかは押さえておく必要があるでしょう。もし、検討している土地の「その地域」の境界線と同様の境界線を認定した裁判例や裁決例があれば、当該裁判例や裁決例を「その地域」を認定した主張を補強する根拠とできるからです。例えば、上記の裁決は、幹線道路沿いで、敷地面積の広い商業施設等が比較的多く混在している地域をそれ以外の戸建住宅が立ち並んだ地域とは利用状況を異にする地域として「その地域」としたものです。そのため、幹線道路や敷地面積の広い商業地域が立ち並んでいる地域の土地の広大地の評価が問題となる場合、上記の裁決が「その地域」の判断の参考にならないか検討する価値があるということになります。

④ 発展（さらに裁判例や裁決例を検討されたい方向けに）

公表されている裁判例や裁決例は、「その地域」に係る図が省略されているものがほとんどで、視覚的に「その地域」を把握するのは難しいものとなっています。そのため、裁判例や裁決例の文言から、評価対象地の「その地域」と類似の要素を見つけ、当該裁判例や裁決例が評価対象地の「その地域」の参考とならないか検討することとなります。

別表の裁判例または裁決例で事実として認定され、その地域の境界線を判断する要素とされたと思われるもの、または当該事例において当事者が主張する境界線にはならないと判断される要素とされたと思われるものを、上記(1)の法令解釈の要素ごとに並べて列挙すると以下のとおりとなります。これらの事実から、裁判例や裁決例を逆引きし、「その地域」を検討する際の参考にしていただければ幸いです。

226

ア　河川や山などの自然状況

① 河川（別表番号15、17、28）

② 河川がないこと（別表番号27、29）

③ 山がないこと（別表番号27、29）

イ　土地の利用状況の連続性や地域の一体性を分断する道路、鉄道及び公園などの状況

① 幹線道路、補助幹線道路、国道、市道（別表番号8、15、16、17、19、20、22、23、24、27、30、31、34、36）

② 幹線道路がないこと（別表番号29）

③ 陸橋（別表番号16）

④ 鉄道がないこと（別表番号8、25、27、29）

⑤ 公園（別表番号16）

⑥ 公園がないこと（別表番号8、27、29）

⑦ 鉄道敷地（別表番号21）

⑧ 駅前広場（別表番号21）

⑨ 高校の敷地（別表番号17）

⑩ 事業所、小売店舗、飲食店等、敷地面積の広い店舗、事務所及び1階が店舗となっている集合住宅等の商業施設等の割合（別表番号15、16、20、22、26、34、36、40、41）

⑪ 戸建住宅の割合（別表番号6、15、16、17、20、21、22、23、25、26、27、28、30、34、36、41）

⑫ 共同住宅（敷地面積の広い中高層の集合住宅を含む）の割合（別表番号15、16、21、22、27、34、40、41）

⑬ 農地等の開発されていない土地の割合（別表番号23、26、30）

⑭ 教会や学校の割合（別表番号28）

⑮ 倉庫敷地の割合（別表番号16、36）

⑯ 工場敷地の割合（別表番号36、40、41）

⑰ 駐車場の割合（別表番号16、21、26、36）

⑱ 公共施設の割合（別表番号21）

ウ　行政区域

① 行政区域が同一、a市b町○丁目地内など（別表番号6、8、

17、19、20、23、25、26、27、29、31、36)

エ　都市計画法による土地利用の規制など公法上の規制等

①　市街化区域（別表番号6、26、32）

②　第一種住居専用地域（別表番号31）

③　第一種低層住居専用地域（別表番号22、23、24、27、28、30）

④　第一種中高層住居専用地域（別表番号6、8、19、20、24、25、26、28、31、32、35）

⑤　第二種中高層住居専用地域（別表番号23、31、32）

⑥　第一種住居地域（別表番号6、15、22、23、25、26、36）

⑦　第二種住居地域（別表番号8、21、25、29、34）

⑧　準住居地域（別表番号20、22、26）

⑨　近隣商業地域（別表番号19、20、21、23、28、31）

⑩　準工業地域（別表番号16、17、19、29、36）

⑪　工業地域（別表番号29）

⑫　容積率（別表番号6、15、21、23、24、25、30、31、32、35）

⑬　建ぺい率（別表番号6、15、23、24、25、30、32、35）

⑭　土地区画整理事業が施行された地区（別表番号8、31、32、35）

⑮　土地区画整理地内における開発許可を要する区域面積の規制（別表番号32）

⑯　市が作成した開発許可制度の手引きによる開発に当たっての画地1区画の面積等の規制（別表番号32）

⑰　都市計画法18条の2に基づき市が定めた都市計画プラン（別表番号15、20、34）

オ　その他

①　路線価（別表番号8）

②　戸建住宅の建築年次別の内訳（別表番号27）

③　共同住宅の建築年次別の内訳（別表番号27）

④　相続開始日前10年間に当該地域で土地の開発許可を受けた建築事例（別表番号22、34）

⑤　奥行価格補正率の適用区分（別表番号40、41）

第 **7** 章 広大地の評価に係る判決及び裁決の検討

別表

一　高裁判決

1	東京高判平成24年9月6日税資262号順号12031
2	大阪高判平成24年7月26日税資262号順号12014
3	仙台高判平成19年1月26日税資257号順号10617
4	東京高判平成18年3月28日税資256号順号10355

二　地裁判決

5	東京地判平成27年12月11日税資265号順号12769
6	東京地判平成26年1月24日税資264号順号12395
7	大阪地判平成24年11月20日税資262号順号12096
8	東京地判平成24年6月20日税資262号順号11971
9	京都地判平成24年2月29日税資262号順号11898（2の原審）
10	東京地判平成24年2月10日税資262号順号11876（1の原審）
11	静岡地判平成23年1月28日税資261号順号11605
12	東京地判平成20年8月29日税資258号順号11014
13	金沢地判平成18年4月10日税資256号順号10361
14	東京地判平成17年11月10日税資255号順号10199（4の原審）

三　国税不服審判所裁決

15	平成28年9月26日裁決・裁事104集241頁（広大地認容）
16	平成28年5月6日裁決・裁事103集173頁
17	平成28年2月29日裁決・裁事102集291頁（広大地認容）
18	平成28年2月9日裁決・裁事102集277頁（広大地認容）
19	平成27年11月25日裁決・裁事101集227頁
20	平成27年5月26日裁決・裁事99集38頁
21	平成24年12月14日裁決・裁事89集253頁
22	平成24年12月13日裁決・裁事89集289頁
23	平成24年8月28日裁決・裁事88集291頁（広大地認容）
24	平成24年7月4日裁決・裁事88集268頁
25	平成23年12月6日裁決・裁事85集347頁
26	平成23年12月6日裁決・裁事85集330頁
27	平成23年9月5日裁決・裁事84集314頁
28	平成23年5月9日裁決・裁事83集887頁（広大地認容）
29	平成23年4月21日裁決・裁事83集865頁
30	平成23年4月1日裁決・裁事83集900頁（広大地認容）
31	平成21年12月15日裁決・裁事78集432頁
32	平成21年6月25日裁決・裁事77集383頁
33	平成19年10月24日裁決・裁事74集274頁（広大地認容）
34	平成19年7月9日裁決・裁事74集326頁
35	平成19年7月9日裁決・裁事74集342頁
36	平成18年12月8日裁決・裁事72集565頁
37	平成18年5月8日裁決・裁事71集533頁（広大地認容）
38	平成18年4月27日LEX/DB文献番号26100238
39	平成18年3月10日LEX/DB文献番号26100199
40	平成16年11月11日LEX/DB文献番号26100011
41	平成16年11月9日LEX/DB文献番号26100004（広大地認容）（13の裁決）
42	平成16年3月5日裁決・裁事第67集606頁
43	平成14年7月22日裁決・裁事第64集416頁

Ⅱ 改正前―広大地評価―

⑸ 集合住宅等の敷地用地（マンション適地）

① 法令解釈

国税庁は、評価対象地が、「中高層の集合住宅等の敷地用地に適しているもの」（中高層の集合住宅等の敷地用地として使用するのが最有効使用と認められるもの）かどうかの判断については、その宅地の存する地域の標準的使用の状況を参考とするとし、16年情報及び17年情報で示されたマンション適地の判断基準を質疑応答事例で公表しています[5]。

平成24年12月14日裁決・裁事89集253頁は、「評価対象地がマンション適地と認められる場合とは、その地域における〔1〕マンション等の建築状況、〔2〕用途地域・建ぺい率・容積率や地方公共団体の開発規制、〔3〕交通、教育、医療等の公的施設や商業地への接近性等から判断して、評価対象地をマンション等の敷地とすることが経済的に最も合理的であると認められる場合を指すと解するのが相当である」として要素を三つに分類しています。

平成19年7月9日裁決・裁事74集326頁は、「評価対象地がマンション適地等と認められる場合とは、その評価対象地における用途地域・建ぺい率・容積率や地方公共団体の開発規制等が厳しくなく、交通、教育、医療等の公的施設や商業地への接近性から判断（社会的・経済的・行政的見地から判断）して、マンション適地等と認められる場合や評価対象地の『その地域』に現にマンション等が建てられており、また、現在も建築工事中のものが多数ある場合、つまり、マンション等の敷地としての利用に地域が移行しつつある状態で、しかもその移行の程度が相当進んでいる場合をいうものと解するのが相当である」として16年情報と同旨の判断をしています。

---

5 国税庁「広大地の評価における『中高層の集合住宅等の敷地用地に適しているもの』の判断」（https://www.nta.go.jp/shiraberu/zeiho-kaishaku/shitsugi/hyoka/18/04.htm）

230

② 具体的な判断

以上のとおり、「その地域」におけるマンション等の建築状況等により、マンション適地か否かが認定されることとなるため、上記(3)で認定した「その地域」の土地の利用状況が問題となります。以下で、具体的に判断した例をみていきましょう。

ア　平成24年12月14日裁決・裁事89集253頁

㋐　審判所の判断（本件A土地について）

「その地域」である本件X地域についての認定

●本件X地域は、用途地域が第二種住居地域であり、容積率が200％であるから、マンション等の建築に係る規制が厳しくない地域である。

●M駅及びM駅東口駅前広場並びにPビルに近接しているなど、公共施設や商業施設との接近性に優れている。

●本件乙地域は、市道i号線を挟んで本件X地域の北側に存し、本件X地域と用途地域、建ぺい率及び容積率は同一であるが、本件X地域と比し交通・接近条件（最寄駅への接近性をいう。以下同じ。）でやや劣るところ、このように交通・接近条件で本件X地域に比しやや劣る本件乙地域の標準的使用及び開発状況は、本件相続開始日現在において、3階建ての集合住宅が3棟あったほか、Rマンションが建築中であり、本件相続開始日以後に本件乙地域内で建築された建物は、2階建ての保育園及び5階建ての老人短期入所生活介護施設であり、平成10年以降、1,000平方メートル以上の土地について戸建住宅用地を含めて開発行為は一切行われていない。

●本件X地域が所在する本件土地区画整理事業の施行地区内の開発状況をみても、平成10年以降、同地区内において、1,000平方メートル以上の土地について戸建住宅用地を含めて開発行為は一切行われていない。

結論

本件X地域に所在する本件A土地の最有効使用は、戸建住宅の敷地として細分化して利用することではなく、中高層の集合住宅等の敷地として一体的に利用することであると認めるのが相当である。

したがって、本件A土地はマンション適地に該当すると認められる。

Ⅱ 改正前―広大地評価―

(ｲ) 審判所の判断（本件Ｂ土地及び本件Ｃ土地について）

「その地域」である本件Ｙ地域についての認定

●本件Ｙ地域は、用途地域が近隣商業地域であり、容積率が200％であるから、マンション等の建築に係る規制が厳しくない地域である。

●Ｍ駅及びＭ駅東口駅前広場並びにＰビルに隣接しているなど、公共施設や商業施設との接近性に優れている。

●本件Ｙ地域の北側に存する本件乙地域は、本件Ｙ地域と比し用途制限が厳しく、かつ、交通・接近条件で劣るところ、このように本件Ｙ地域に比し用途制限及び交通・接近条件で劣る本件乙地域の標準的使用及び開発状況は、本件相続開始日現在において、3階建ての集合住宅が3棟あったほか、Ｒマンションが建築中であり、本件相続開始日以後に本件乙地域内で建築された建物は、2階建ての保育園及び5階建ての老人短期入所生活介護施設であり、平成10年以降、1,000平方メートル以上の土地について戸建住宅用地を含めて開発行為は一切行われていない。

●本件Ｙ地域が所在する本件土地区画整理事業の施行地区内の開発状況をみても、平成10年以降、同地区内において、1,000平方メートル以上の土地について戸建住宅用地を含めて開発行為は一切行われていない。

結論

　本件Ｙ地域に所在する本件Ｂ土地及び本件Ｃ土地の最有効使用は、戸建住宅の敷地として細分化して利用することではなく、中高層の集合住宅等の敷地として一体的に利用することであると認めるのが相当である。

　したがって、本件Ｂ土地及び本件Ｃ土地はマンション適地に該当すると認められる。

(ｳ) コメント

　以上のとおり、上記①で示した、〔1〕マンション等の建築状況、〔2〕用途地域・建ぺい率・容積率や地方公共団体の開発規制、〔3〕交通、教育、医療等の公的施設や商業地への接近性等の要件を個別に認定し

第|**7**|章 広大地の評価に係る判決及び裁決の検討

て判断しています。そのため、「その地域」内及び用途地域、建ぺい率および容積率が同じ隣接地域があれば、当該地域の上記の要件を検討して、マンション適地か否かを判断することになります。

　イ　平成19年7月9日裁決・裁事74集326頁

　㋐　審判所の判断

「その地域」の宅地の利用状況等についての認定
●本件地域は、「Q県用途地域指定の基本方針及び指定基準」の基本方針に基づき、幹線道路であるS通りの沿道であることから、規模に制限のない店舗等を許容する第二種住居地域に指定される。 ●その結果、幹線道路の交通量を勘案して、沿道の後背地にある主に第一種中高層住居専用地域の住環境を保護する効果をもたらしている地域である。 ●P市プランにおいて、商業・文化機能等を強化した建築物の誘導等を推進する地域にある。 ●R駅前商業地域に隣接して、極めて交通の便も良く、中高層の集合住宅等のほか大規模な店舗や事務所の建築に適した地域である。 ●現に、戸建住宅のほか、アパート、マンション、店舗併用集合住宅などの中高層の集合住宅及び事務所、大規模な店舗などの商業施設が混在している。 ●建築物の建築をするために開発許可が必要となる地積500平方メートル以上の土地に係る建築物の建築状況をみると、集合住宅等や商業施設などが建築されている状況にある。 ●本件土地とS通りを挟んで南側に位置する本件土地と規模、形状、接道状況が酷似する土地には、7階建ての分譲マンションが建築されている。
結論
本件土地は、社会的・経済的・行政的見地から総合的にみても、マンション適地等に該当するものと認められる。

II 改正前―広大地評価―

(イ) コメント

法令解釈では、明示されませんでしたが、上記アの裁決と同様に〔1〕マンション等の建築状況、〔2〕用途地域・建ぺい率・容積率や地方公共団体の開発規制、〔3〕交通、教育、医療等の公的施設や商業地への接近性等の要件を個別に認定して判断しています。したがって、「その地域」における上記〔1〕ないし〔3〕の検討が不可欠といえるでしょう。

ウ 平成23年9月5日裁決・裁事84集314頁

(ア) 審判所の判断

「その地域」の宅地の利用状況についての認定
●本件西側が広大地通達における「その地域」と認められる。 ●本件西側地域内に存する宅地の用途別の面積の割合は、登記事項証明書及び住宅地図による限り、戸建住宅用地が66.96%、共同住宅（3階建以下）用地が24.94%、共同住宅（4階建以上）用地が8.10%である。 ●本件贈与の日（平成20年8月27日）を含む平成10年以降に本件西側地域内で新築された建物は共同住宅のみである。

「その地域」の標準的な利用形態の認定
本件西側地域は、戸建住宅と共同住宅が混在する地域であると認められ、これらの用途のいずれもが本件西側地域における宅地の標準的な利用形態であると認めるのが相当である。

結論
本件土地は、標準的な利用形態である共同住宅用地として既に利用されていることになり、周囲の状況に比して特殊な形態として利用されているものとはいえない。 すなわち、本件土地は、その周辺地域の標準的な利用状況に照らしても、共同住宅用地として有効に利用されているということができる。

第**7**章 広大地の評価に係る判決及び裁決の検討

(イ) コメント

本裁決では、「その地域」内での宅地の標準的な利用形態を登記事項証明書及び住宅地図から認定している点が特徴的です。他の事例においても、証拠として「その地域」内の登記事項証明書及び住宅地図を一度検討する価値があることを示すものです。また、戸建住宅と共同住宅のいずれもが、標準的な利用形態としている点も特徴的といえるでしょう。なお、本件は、本件土地上にすでに共同住宅が建築されている事例であるため、他の事例に応用する際には注意が必要です。

③ マンション適地か否かをどのように判断するか

上記のとおり、マンション適地と認められる場合とは、その地域における〔1〕マンション等の建築状況、〔2〕用途地域・建ぺい率・容積率や地方公共団体の開発規制、〔3〕交通、教育、医療等の公的施設や商業地への接近性等から判断されることになります。その際、証拠とされるものとして、「その地域」内の登記事項証明書及び住宅地図があります。これらを基に「その地域」内での評価対象地の地積の土地の標準的使用を検討し、マンション適地か否かを判断することになります。

なお、問題とされるのは、マンション適地だけではなく、例えば、東京地判平成27年12月11日税資265号順号12769は、複数の土地について、それぞれ広大地の評価が可能か否かが問題となった事案であるところ、その地域の標準的な利用方法をそれぞれ店舗敷地、工場敷地と認定して、各評価対象地がその地域における標準的な宅地の地積に比して著しく地積が広大な宅地ということはできないとしています。したがって、「その地域」の標準的な利用方法を認定し、その標準的な利用方法による土地の地積と比して評価対象地が著しく広大といえるかを判断することとなります。

④ 発展（さらに裁判例や裁決例を検討されたい方向けに）

公表されている裁判例や裁決例は、「その地域」に係る図が省略さ

れているものがほとんどであるため、視覚的に「その地域」の〔1〕マンション等の建築状況、〔2〕用途地域・建ぺい率・容積率や地方公共団体の開発規制や〔3〕交通、教育、医療等の公的施設や商業地への接近性等を把握するのは難しいものとなっています。そのため、裁判例や裁決例の文言から評価対象地の「その地域」と類似の要素を見つけ、当該裁判例や裁決例が、評価対象地が「マンション適地」か否かの参考となるか検討することとなります。

229頁の別表の裁判例または裁決例で事実として認定され、マンション適地と判断する要素とされたと思われるものを、区別して列挙すると以下のとおりとなります。これらの事実から、裁判例や裁決例を逆引きし、「マンション適地」を検討する際の参考にしていただければ幸いです。

　ア　評価対象地の周辺の利用状況等
①　鉄道の駅（別表番号21、22、24、34）
②　商業施設、商業ビル、店舗、スーパーマーケット（別表番号2、3、21、22、24、31、34、43）
③　市役所、公共施設（別表番号2、21、31）
④　マンションやハイツ等の集合住宅（別表番号2、3、12、24、34、43）
⑤　駐車場（別表番号3）
⑥　医療機関（別表番号2）
⑦　教育機関、学校（別表番号2、24、43）
⑧　評価対象地（いずれも1000㎡を超える土地）の周辺で、納税者が所有していた1000平方メートルを超える土地は、納税者が売却した後マンションが建築されていること（別表番号12）
⑨　中高層の集合住宅の敷地の存在する数、最小面積、最大面積及び平均面積（別表番号22）
⑩　相続又は贈与前10年間（もしくはそれ以上の年数）の共同住宅ま

たは戸建住宅の建築事例（別表番号12、21、22、24、27、31、34）

⑪ 「その地域」の宅地の用途別の面積の割合（別表番号27、29）

⑫ 賃貸マンションの需要があること（別表番号22）

イ 評価対象地の利用状況等

① 共同住宅、マンション（別表番号2、9、22、27、29）

② 集合住宅のための専用駐車場（別表番号2、9、27）

③ マンションの高い入居率（別表番号22、27、29）

④ マンションの耐用年数（別表番号22、27、29）

⑤ 幅員20メートルの片側2車線道路に面していること（別表番号3）

⑥ 納税者が買主に対し、マンションを建てることを前提として評価対象地を売却したこと（別表番号12）

⑦ 不動産鑑定評価では評価対象地の最有効使用は共同住宅の敷地と判断されていること（別表番号12）

⑧ 相続開始日後にマンションが建築されていること（別表番号12、24）

ウ 評価対象地の隣接地の利用状況等

① 会社ビル敷地（別表番号3）

② 店舗（別表番号3）

③ 駐車場（別表番号3）

④ マンション（別表番号12、34）

⑤ 駅及び駅前広場（バス乗車場及びタクシー乗り場）（別表番号21）

エ 都市計画法による土地利用の規制など公法上の規制等

① 第一種中高層住居専用地域（別表番号12、24）

② 第二種住居地域（別表番号21、34）

③ 準住居地域（別表番号22）

④ 近隣商業地域（別表番号2、21、22、31）

⑤ 商業地域（別表番号3）

237

⑥ 準工業地域（別表番号12）

⑦ 市のプランにおいて、商業・文化機能等を強化した建築物の誘導等を推進する地域（別表番号34）

⑧ 建ぺい率（別表番号12、22、24、31）

⑨ 容積率（別表番号12、21、22、24、31）

オ その地域外の要素

① 「その地域」の北側の地域の標準的使用及び相続前10年間の土地の開発事例（別表番号21）

⑹ 標準的な宅地の地積

① 法令解釈

国税庁は、「標準的な宅地の地積」は、評価対象地の付近で状況の類似する地価公示の標準地又は都道府県地価調査の基準地の地積、評価対象地の付近の標準的使用に基づく宅地の平均的な地積などを総合勘案して判断すると公表しています[6]。

平成28年9月26日裁決・裁事104集241頁は、広大地通達における「標準的な宅地の地積」とは、「評価対象地の付近で状況の類似する地価公示の標準地又は都道府県地価調査の基準地の地積、評価対象地の付近の標準的使用に基づく宅地の平均的な地積などを総合勘案して求めた地積を指すものと解するのが相当」としており、同旨の判断をしています。

一方、大阪地判平成24年11月20日税資262号順号12096は、「評価対象地につきその価額算定の基準とされた標準的な地積の宅地の評価との調整を図るという広大地通達の趣旨からすれば、同通達にいう『その地域における標準的な宅地』については評価対象地の価額算定

---

6 前掲注4　国税庁ウェブページ

238

の基準とされた土地をいうものと解するのが相当である」とし、「評価対象地が路線価地域に所在する場合は、原則として、当該評価対象地の評価の基となる路線価の算定の基準となる宅地（標準地）が『その地域における標準的な宅地』に当たると解するのが相当である」としています。

仙台高判平成19年1月26日税資257号順号10617は、「『その地域における標準的な宅地の地積に比して著しく地積が広大な宅地』における『その地域における標準的な宅地』とは、評価に際して比較対象として相当な宅地をいうのであって、同一地区の中で接する路線等によって使用状況が大きく異なる地域が含まれる場合には、当該土地と同様の使用状況の地域における標準的な宅地の地積を比較対象とすべきである。」として、路線を異にする地域の使用状況を標準的な宅地の比較対象から除外しています。

② 具体的な判断

以上のとおり、標準的な宅地の地積については、「その地域」内の標準的使用に基づく宅地の平均的な地積などを総合勘案するものとされています。

以下で、具体的に判断した例をみていきましょう。

ア 平成28年5月6日裁決・裁事103集173頁

(ア) 審判所の判断

> **「その地域における標準的な宅地の地積」にかかる認定**
>
> ●本件土地に係る「その地域」である本件地域には、地価公示の標準地及び都道府県地価調査の基準地がいずれも存しない。
> ●本件地域における土地の利用状況をみると、駐車場、共同住宅及び事務所の敷地など様々であり、本件地域における一般的な宅地の使用方法である標準的使用を特定することは困難である。
> ●本件地域における全区画の土地の地積の中庸値は約300平方メートル、

II 改正前─広大地評価─

同平均値は約440平方メートルであるところ、地積が主に分布している土地の平均地積を用途別にみると、駐車場、共同住宅及び事務所の用途では、それぞれ約360平方メートル、約400平方メートル、約280平方メートルであり、これらの地積はいずれも、上記の中庸値（約300平方メートル）と平均値（約440平方メートル）のおおむね範囲内である。

結論

以上より、本件土地に係る「その地域」における「標準的な宅地の地積」は300平方メートルないし440平方メートル程度であると認められる。

　(イ)　コメント

「その地域」に地価公示の標準地及び都道府県地価調査の基準地がいずれも存しない事例として参考となるものです。「その地域」の全区画の土地の地積の中庸地と平均値を算出しており、客観性が担保された裁決といえます。一方、「その地域」における一般的な宅地の使用方法である標準的使用も特定できないとして、「その地域」の全区画の土地の地積を調査しており、申告書作成段階でここまでの調査を求められるのは、納税者にとって酷ともいえそうです。申告書作成段階では「その地域」の判断が審判所と同じになるとは限りませんので、その点からみてもどこまでの負担をかけて調査することが合理的かを考えなければなりません。このような場合、申告書を提出してから更正の請求をし、審判所において、客観的に担保された裁決を求めるというのも一つの手法として首肯されるべきでしょう。

　イ　平成28年2月29日裁決・裁事102集291頁

　　(ア)　審判所の判断

「その地域における標準的な宅地の地積」にかかる認定

●審判所認定地域①（審判所が認定した「その地域」）においては、戸建住宅の戸数はその地域における建築物の約7割を占めており、本件相続が開始した平成23年から過去10年の間には3棟の中高層の集合住宅

240

第7章 広大地の評価に係る判決及び裁決の検討

の建築もある一方で戸建住宅敷地としての分譲もされていることからすると、審判所認定地域①における宅地の標準的使用は戸建住宅の敷地であると認められる。

●審判所認定地域①における建築物の敷地面積の最低限度が100平方メートルであり、昭和52年以後に開発された戸建住宅の敷地面積の平均が約110平方メートルである。

●評価対象地の存するa市b町の準工業地域に指定された地域にある地価公示の標準地（2地点）の平均地積は約139平方メートルである。

結論

「その地域における標準的な宅地の地積」は、110平方メートル程度と認めるのが相当である。

　　(イ)　コメント

　「その地域」に地価公示の標準地が存在する事例として参考となるものです。昭和52年以後に開発された戸建住宅の敷地面積の平均を算出しており、客観性が担保された裁決といえます。ただし、この裁決も申告書作成段階で、昭和52年以後に開発された戸建住宅の敷地面積の平均を算出しなければならないというのは、納税者にとって酷ともいえそうです。上記の作業量を考慮し、申告書を提出してから更正の請求をし、審判所において、客観的に担保された裁決を求めるというのも一つの手法として首肯されるべきでしょう。

　ウ　平成27年11月25日裁決・裁事101集227頁

　　(ア)　審判所の判断

「その地域における標準的な宅地の地積」にかかる認定

●平成13年以降に本件地域（審判所が認定した「その地域」）において戸建住宅用地として開発された全61区画の平均の地積は約259平方メートルである。

●その1区画当たりの地積が220平方メートル以上300平方メートル未満であるものが全区画の60.7％を占めている。

241

Ⅱ 改正前―広大地評価―

> **結論**
>
> 「その地域における標準的な宅地の地積」は、220平方メートル以上300平方メートル未満であると認めるのが相当である。

　(ｲ)　コメント

　「その地域」において戸建住宅用地として開発された全61区画の平均の地積を算出しており、客観性が担保された裁決といえます。しかし、この裁決も申告書作成段階では「その地域」の判断が審判所と同じになるとは限らないことに鑑みれば、上記の作業量を考慮し、申告書を提出してから更正の請求をし、審判所において、客観的に担保された裁決を求めるというのも一つの手法として首肯されるべきでしょう。

　エ　平成24年8月28日裁決・裁事88集291頁

　　(ｱ)　審判所の判断

> **「その地域における標準的な宅地の地積」にかかる認定**
>
> ●「その地域」において確認できた戸建住宅用地として平成9年ないし平成20年の間に開発された30区画の宅地の平均面積は200.88平方メートルである。
> ●上記の30区画の宅地のうち、その面積が180平方メートル以上210平方メートル未満のものが17区画と全区画数の56.7％を占めている。
> ●a市開発指導要綱に関する技術基準に定める戸建住宅の1画地の標準とする面積が165平方メートルから230平方メートルである。
>
> **結論**
>
> 「その地域における標準的な宅地の地積」は、180平方メートル以上210平方メートル未満である。

　　(ｲ)　コメント

　「その地域」において戸建住宅用地として開発された30区画の宅地の平均面積を考慮しており、客観性が担保された裁決といえます。本裁決は、さらに当該30区画の地積の分布（180平方メートル以上

210平方メートル未満の地積の土地）の割合を考慮している点が特徴的といえるでしょう。

　オ　平成23年12月6日裁決・裁事85集347頁

　㋐　審判所の判断

「その地域における標準的な宅地の地積」にかかる認定
●「その地域」は、住宅地域であり、その標準的使用は戸建住宅の敷地であると認められる。 ●a市宅地等の開発に関する指導要綱は、事業区域面積が1,000平方メートル未満のものについては1区画の規模を100平方メートル以上としている。 ●「その地域」に所在する地価公示地の地積は、208平方メートルである。 ●「その地域」において行われた戸建住宅の敷地の分譲開発の1区画当たりの地積は、120.10平方メートルから126.17平方メートルまでである。

結論
「その地域における標準的な宅地の地積」は、100平方メートルから210平方メートル程度である。

　㋑　コメント

　「その地域」の地価公示地と分譲開発事例（1件）の1区画あたりの地積を参考として「その地域における標準的な宅地の地積」を算出したものです。この程度の認定に必要な調査であれば、申告書作成段階であっても十分可能といえるでしょう。なお、本件は、標準的な宅地の地積を100平方メートルから210平方メートルと広めに認定しており、評価対象地の地積によっては、100平方メートルで戸建分譲するとして作成した開発想定図では道路開発が必要だが、210平方メートルで戸建分譲するとして作成した開発想定図では道路開発が不要となる可能性もあるものと思われます。広大地の評価を検討する際にあまり幅をもった「その地域における標準的な宅地の地積」を認定する

243

Ⅱ 改正前—広大地評価—

と上記のような可能性もありますので、十分ご留意ください。

　カ　平成23年５月９日裁決・裁事83集887頁

　　㈠　審判所の判断

「その地域における標準的な宅地の地積」にかかる認定

● 「その地域」において確認できた戸建住宅敷地として開発された58区画の宅地の平均面積は111.61平方メートルである。
● 上記の宅地のうちその面積が90平方メートル以上120平方メートル未満のものは34区画と全区画数の58.6％を占めている。

結論

　「その地域における標準的な宅地の地積」は、90平方メートルないし120平方メートル未満である。

　　㈡　コメント

　「その地域」において戸建住宅用地として開発された58区画の宅地の平均面積を考慮しており、さらに、その宅地の面積の分布の割合を検討しており、前掲エの平成24年８月28日裁決・裁事88集291頁と同様の裁決といえます。

　キ　平成23年４月１日裁決・裁事83集900頁

　　㈠　審判所の判断

「その地域における標準的な宅地の地積」にかかる認定

● 本件相続開始日現在、「その地域」は、戸建住宅用地としての開発が進行している地域であると認められる。
● 公示地及び基準地並びに開発事例はいずれも「その地域」内に存する。
● 公示地(順号１ないし３)および基準地(順号４)は以下のとおりである。

順号	1	2	3	4
所在地番	a市b町●●	a市c町●●	a市b町●●	a市b町●●
地積	135㎡	136㎡	150㎡	140㎡
周辺の土地の利用状況	中規模一般住宅が多い閑静な住宅地域	中規模一般住宅が建ち並ぶ低地の住宅地域	中規模一般住宅が建ち並ぶ低地の住宅地域	中規模一般住宅が多い郊外の住宅地域

第 **7** 章 広大地の評価に係る判決及び裁決の検討

●「その地域」内において、平成8年から平成22年にかけて都市計画法29条の開発許可を受けて行われた開発行為のうち、戸建住宅用地の開発事例は24件あり、当該開発事例における一区画当たりの土地の面積は約110平方メートルないし約350平方メートルである。

結論
「その地域における標準的な宅地の地積」は、おおむね135平方メートルないし150平方メートル程度である。

（イ）　コメント

「その地域」に公示地と基準地が存在する事例として参考になるものです。開発事例における1区画当たりの土地の面積は約110平方メートルから約350平方メートルとされているのに対し、公示地と基準地の地積は135平方メートルから150平方メートルであり、「その地域における標準的な宅地の地積」がおおむね135平方メートルないし150平方メートル程度とされていることからすると、審判所は、公示地と基準地の地積を重視していることが分かります。

ク　平成19年7月9日裁決・裁事74集342頁

（ア）　審判所の判断

「その地域における標準的な宅地の地積」にかかる認定
●本件土地は、L地区整備計画区域のB-1に指定された地域（本件地域）に所在し、同地域内の建築物の敷地面積の最低限度は165平方メートル以上でなければならないとされている。 ●本件土地は、本件相続開始後、道路を開設することなく路地状開発により、1区画の地積を186〜188平方メートル程度とする5区画の戸建住宅分譲用地として開発されている。 ●本件地域内において、平成12年に敷地面積165平方メートル及び183平方メートルの戸建住宅用の土地の売買が行われている。

245

II 改正前—広大地評価—

結論
「その地域における標準的な宅地の地積」は、180平方メートルないし200平方メートルである。

(イ) コメント

地区整備計画区域の制限を考慮していること、売買事例を考慮していることが他の事例と比較して特徴的といえます。これらの事実関係を考慮して広大地の評価をする際の根拠となる裁決といえるでしょう。

ケ 平成18年12月8日裁決・裁事72集565頁

(ア) 審判所の判断

「その地域における標準的な宅地の地積」にかかる認定
●本件地域における宅地の利用状況は、一部は住宅用地として使用されている。
●本件地域における宅地の利用状況の大部分は、倉庫敷地、事務所敷地及び駐車場に利用されており、それらの地積の平均は、約1,970平方メートル程度である。

本件各土地周辺の宅地の利用状況及び利用状況ごとの地積

対象物件	利用状況	地番 地積（㎡）						地積合計（㎡）
○○社○○ソーコ	倉庫	○−○ 1,504	−	−	−	−	−	1,504
○○社○○ソーコ○○社	倉庫	○−○ 495.86	○−○ 928.92	−	−	−	−	1,424.78
○○社本社工場	営業所	○−○ 1,469	−	−	−	−	−	1,469
○○社○○（営）○○センター	倉庫	○−○ 1,147	○−○ 536	○−○ 497	○−○ 324	○−○ 215	○−○ 35	2,754
○○社○○センター	営業所 倉庫	○−○ 1,110.74	○番・○番合併1 3,698.07		○番・○番合併8 199.44		−	5,008.25
○○社○○支店○○倉庫	倉庫	○−○ 985	○−○ 113	○−○ 1,300	○−○ 474	−	−	2,872
○○社○○（営）	営業所	○−○ 1,257.03	○−○ 369.4	−	−	−	−	1,626.43

246

○○社	営業所	○-○	○-○	–	–	–	–	1,576.85
	倉庫	1,246.07	330.78	–	–	–	–	
○○社 ○○支店 ○○倉庫	倉庫	○-○	○-○	○-○	○-○	–	–	2,056.97
		410	142.97	1,012	492	–	–	
○○社	営業所	○-○	–	–	–	–	–	2142.86
		2142.86	–	–	–	–	–	
○○社	倉庫	○-○	–	–	–	–	–	807
		807	–	–	–	–	–	
○○社本社 (営)	営業所	○-○	–	–	–	–	–	1,520.84
		1,520.84	–	–	–	–	–	
○○社	倉庫	○-○	○-○	○-○				1,777.81
		1,185.81	58.79	533.21				
○○社 ○○事業所	営業所	○-○						1165.38
		1,165.38						
○○社 ○○社 ○○ソーコ	倉庫	○-○	○-○					1,056.38
		723.96	332.42					
○○社 ○○事業所	営業所	○-○						1105.5
		1,105.50						
○○社 ○○ソーコ	倉庫	○-○						2,833
		2,833						
○○社 ○○センター	倉庫	○-○						3,114.04
		3,114.04						
○○社○○ (営)	営業所	○-○	○-○	○-○				2,392
		992	644	756				
○○社	倉庫	○-○	○-○	○-○				1,196.27
		158	687.69	350.58				
平均面積								1,970.17

結論

「その地域における標準的な宅地の地積」は、約1,970平方メートル程度である。

(イ) コメント

宅地の利用状況と地積を別表でまとめているのが、他の事例と比較して特徴的といえるでしょう。実際に広大地の評価を検討する際には、別表のように宅地の利用状況と地積を整理して検討することとなるでしょう。

③ その地域における標準的な宅地の地積をどう認定するか

上記のとおり、「その地域における標準的な宅地の地積」は「その

Ⅱ 改正前―広大地評価―

地域」の宅地の地積の平均値や公示地や基準地の地積、開発事例や売買事例の地積、開発指導要綱などを参考としていることが分かります。実際に広大地を検討する際にも、基本的には「その地域」における上記の事項を検討することになるでしょう。実務上は、「その地域」の宅地の地積の平均値を算出することは多大な労力が必要となるため、公示地や基準地の地積をまず参考にされることが多いのではないかと思います。判断が難しい場合は、申告書を提出した上で、更正の請求をし、さらに再調査の請求や審査請求をする場合は、処分行政庁や国税不服審判所において、「その地域」の宅地の地積の平均値を算出するための資料を収集するでしょうから、それらを閲覧・謄写することにより、納税者の主張が認められるか否かを再検討することになると思われます。なお、裁判例や裁決例の中には、上記のような判断理由を示さずに、評価対象地は「その地域における標準的な宅地の地積」と比して著しく広大とはいえないと結論を認定しているものも散見されますが[7]、比較的最近の公表裁決は、上記の事項を検討しており、判断が統一されてきているように思われます。

(7) 標準的な宅地の地積に比して著しく広大か否か

① 法令解釈

金沢地判平成18年4月10日税資256号順号10361は、「標準的な宅地の地積に比して著しく広大」の要件について、「財産評価通達が、広大地評価の規定を適用する要件として『標準的な宅地の地積に比して著しく地積が広大』であることを求めたのは、開発行為を行うために都市計画法が定める都道府県知事等の許可が必要とされ、潰れ地が生ずる地積の土地であっても、その地域における標準的な

---

7 拙稿「広大地の評価に係る判決及び裁決の検討(4)」税理2016年4月号76頁以下において、別表記載の他の裁決例等も検討しておりますので、そちらもご参照ください。

第**7**章 広大地の評価に係る判決及び裁決の検討

地積の土地は、路線価から調整を行う必要がないこと、公共公益的施設用地を負担してまで戸建住宅分譲用地として開発する可能性が乏しいことが実質的な理由である。そうすると、『著しく』の要件を厳格に解する必要はないのであって、開発行為を行う場合に都道府県知事等の許可が必要であること及び地積がその地域における土地の標準的な地積よりも有意に広大であれば足りるというべきである」とし、これは、17年情報で普通住宅地区等に所在する土地で開発許可面積基準以上のものについては、その面積が地域の標準的な規模である場合を除き広大地に該当することとしたことと同様の結論を導くものであるとしました。

② **具体的な判断**

以上のとおり、標準的な宅地の地積に比して著しく広大か否かの要件については、厳格に解する必要はなく、開発行為を行う場合に都道府県知事等の許可が必要であること及び地積がその地域における土地の標準的な地積よりも有意に広大であれば足りるとされています。

以下で、具体的に判断した例をみていきましょう。次頁の表は、評価対象地の面積がその地域における標準的な宅地の地積に比して著しく広大か否かについて判断した裁判例と裁決例を表にしたものです。

③ **標準的な宅地の地積に比して著しく広大か否かをどう判断するか**

次頁の表のとおり、金沢地判平成18年4月10日税資256号順号10361が、870㎡の土地が400㎡に比して著しく広大としており、これは、評価対象地がその地域における標準的な宅地の地積の2.17倍であれば、著しく広大として認定されるとする一つの目安となるでしょう。

なお、東京地判平成24年2月10日税資262号順号11876は、その地域の標準的な宅地の地積を認定することなく、評価対象地の地積を示して、その地域における標準的な宅地の地積に比して著しく地積が広大な

249

II 改正前—広大地評価—

広大か否かの判断

裁判例又は裁決例	評価対象地の面積 （㎡）	標準的な宅地の地積 （㎡）	広大か否か
大阪地判平成24年11月20日 税資262号順号12096	665.5	1,040.55	否
金沢地判平成18年4月10日 税資256号順号10361	870	400	広大
平成28年5月6日裁決 裁事103集173頁	1,329.05	300〜440	広大
平成28年2月29日 裁事102集291頁	1,013 （本件1土地）	110	広大
平成28年2月29日 裁事102集291頁	633 （本件2土地）	110	広大
平成28年2月29日 裁事102集291頁	2,254 （本件3土地）	110	広大
平成28年2月29日 裁事102集291頁	725 （本件4土地）	720	否
平成28年2月9日 裁事102集291頁	613.37	110	広大
平成24年12月13日 裁決裁事89集289頁	1,464.38 （本件B土地）	500〜3,100	否
平成24年8月28日 裁決裁事88集291頁	1,038.78	180〜210	広大
平成23年12月6日 裁決裁事85集347頁	550	100〜210	広大
平成23年12月6日 裁決裁事85集330頁	1,077.15	1,000	否
平成23年5月9日 裁決裁事83集887頁	528	90〜120	広大
平成23年4月1日 裁決裁事83集900頁	852 （本件A土地）	135〜150	広大
平成23年4月1日 裁決裁事83集900頁	2,534.25 （本件D土地）	135〜150	広大
平成16年11月9日 裁決LEX/DB 文献番号26100004	947 （甲土地）	100	広大

第**7**章 広大地の評価に係る判決及び裁決の検討

宅地と認定しています。また、裁決平成19年10月24日裁事74集274頁のように裁決で広大地と認められているものであっても、評価対象地が「その地域」の標準的な宅地の地積よりも著しく広大か否かを明示的に判断することなく、公共公益的施設用地の負担が生じるか否かを検討しているものもあります。しかし、通達の文言からすれば、「その地域における標準的な宅地の地積に比して著しく地積が広大か否か」がまず問題となるところですので、この点についての検討は必要でしょう。

(8) 公共公益的施設用地の負担

① 定　義

評価通達24-4は、広大地の要件として、開発行為を行うとした場合に公共公益的施設用地の負担が必要と認められることと定めています。ここでいう開発行為とは、都市計画法4条12項に規定されている開発行為のことであり、「主として建築物の建築又は特定工作物の建設の用に供する目的で行う土地の区画形質の変更」をいいます。単なる分合筆や、形式的な区画の分割又は統合によって建築物等を建築する行為は開発行為に該当しません。

また、土地の区画形質の変更は、宅地の造成だけではなく、道路の新設などを伴う土地区画の変更、農地から宅地への変更などを含む広い概念であり、その具体的な定義は各自治体の条例等に定められています[8]。土地の区画の変更とは、道路、河川、水路等の廃止、付替、あるいは新設等により、一団の土地利用形態を変更することをいい、土地の形質の変更とは、切土、盛土を行う造成行為（形の変更）と、宅地以外の土地を宅地とする行為及び特定工作物の用に供されていな

8　例えば、「『都市計画法』の規定に基づく開発行為の許可等に関する審査基準（東京都都市整備局）第1章1の2(1)ないし(3)
http://www.toshiseibi.metro.tokyo.jp/bosai/kaihatsu/pdf/kaihatsu11.pdf?1306

い土地を特定工作物の用に供する土地とする行為（質の変更）をいうこととされています。

公共公益的施設用地は、評価通達24-4の（注）の1で定義されており、都市計画法4条14項に規定する道路、公園等の公共施設のように供される土地及び都市計画法施行令27条に掲げる教育施設、医療施設等の公益的施設の用に供される土地（その他これらに準ずる施設で、開発行為の許可を受けるために必要とされる施設の用に供される土地を含む。）をいうこととされています。具体的には、教育施設のような大規模なものからごみ集積所のような小規模なものまでが公共公益的施設用地に該当することとなりますが、17年情報において、ごみ集積所などの小規模な施設のみの開設が必要な土地は公共公益的施設用地の負担がほとんど生じないと認められる土地に該当するため、広大地に該当しないとされています。

② 法令解釈

国税庁は、「広大地の評価は、戸建住宅分譲用地として開発した場合に相当規模の公共公益的施設用地の負担が生じる宅地を前提としていることから、『公共公益的施設用地の負担が必要と認められるもの』とは、経済的に最も合理的に戸建住宅の分譲を行った場合にその開発区域内に道路の開設が必要なものをい」うとしており、開発行為を行うとした場合に公共公益的施設用地の負担がほとんど生じないと認められるため、広大地には該当しないものの例示として、17年情報で示した例に追加して、(a)間口が広く奥行きが標準的な場合、(b)道路が二方、三方又は四方にあり、道路の開設が必要ない場合、(c)路地状開発を行うことが合理的と認められる場合があると公表しています[9]。そして、路地状開発が合理的と認められるかどうかは次の事項などを

---

9 国税庁「広大地の評価における公共公益的施設用地の負担の要否」
http://www.nta.go.jp/shiraberu/zeiho-kaishaku/shitsugi/hyoka/18/03.htm

総合的に勘案して判断すると公表しています。

①　路地状部分を有する画地を設けることによって、評価対象地の存する地域における「標準的な宅地の地積」に分割できること

②　その開発が都市計画法、建築基準法、都道府県等の条例等の法令に反しないこと

③　容積率及び建ぺい率の計算上有利であること

④　評価対象地の存する地域において路地状開発による戸建住宅の分譲が一般的に行われていること

東京高判平成24年9月6日税資262号順号12031は、「相続により取得した財産の価額は、当該財産の取得の時における時価によると定められており（相続税法22条）、ここでいう時価とは客観的な交換価値であり、それぞれの財産の現況に応じ、不特定多数の当事者間で自由な取引が行われる場合に通常成立すると認められる価額をいうのであって、財産評価基本通達（評価通達）は上記の意味での時価を評価するために定められており、その一部を成す本件通達の定めも上記の意味での時価を評価する目的にかなうように解するのが相当であるから、土地が、通常、最有効利用を想定して価格が形成されて取引が行われていることに鑑みれば、本件通達の『広大地』の要件である『開発行為を行うとした場合に公共公益的施設用地の負担が必要と認められるもの』とは、その土地の最有効利用のために都市計画法に規定する開発行為を行うことが必要であり、その開発行為を行うとした場合に公共公益的施設用地の負担が必要と認められる場合を意味するものと解するのが相当である」としました。また、平成28年9月26日裁決・裁事104集241頁も「評価通達は、相続税法第22条にいう『時価』すなわち相続開始時における当該財産の客観的な交換価値（不特定多数の当事者間で自由な取引が行われる場合に通常成立すると認められる価

額）を評価するために定められたものであることは前述したとおりであることに照らせば、評価通達の一部を構成する広大地通達についても上記の時価を評価する目的にかなうように解釈するのが相当である。そして、土地は、通常、その土地に係る法規制の下において、経済的に最も合理的であると認められる利用を想定して価格が形成されて取引されていること及び上記広大地通達の趣旨に鑑みれば、広大地通達にいう『開発行為を行うとした場合に公共公益的施設用地の負担が必要と認められるもの』とは、その土地を経済的に最も合理的に利用するために都市計画法に規定する開発行為を行うことが必要であり、その開発行為を行うとした場合に公共公益的施設用地の負担が必要と認められる場合を意味するものと解するのが相当である」としています。

　金沢地判平成18年4月10日税資256号順号10361は、「財産評価通達24-4にいう『開発行為』とは、宅地として経済的に最も合理的であると認められる開発行為をいうと解するべきであり、経済的に最も合理的であるか否かは、評価対象地及びその周辺の土地の利用状況等に照らして判断するべきである」としました。また、裁決平成23年5月9日裁事83集887頁は、公共公益的施設用地の「負担の必要性は経済的に最も合理的に戸建住宅用地の開発を行った場合の、その開発区域内での道路等の開設の必要性により判断するのが相当である」としました。

　なお、裁判例及び裁決例では、「経済的に最も合理的と認められる」開発行為と「最有効利用」の文言が使われていますが、東京地判平成24年2月10日税資262号順号11876は、「経済的に最も合理的であると認められる利用」を「最有効利用」としており、同義と解されます。

③　具体的な判断

　以上のとおり、公共公益的施設用地の負担を要するか否かについては、経済的に最も合理的に戸建住宅の分譲を行った場合にその開発区域内に道路の開設が必要か否か等が問題とされます。

第⑦章 広大地の評価に係る判決及び裁決の検討

以下で、具体的な判断をみていきましょう。

ア 東京地判平成24年2月10日税資262号順号11876

(ア) 本件A土地・本件B土地の概要

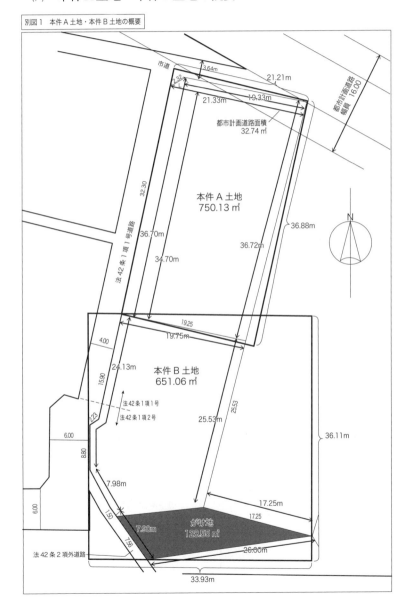

別図1 本件A土地・本件B土地の概要

II 改正前―広大地評価―

(イ) 請求人が主張する開発想定図（本件Ａ土地）

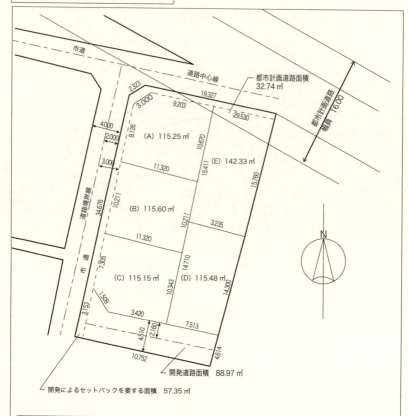

別図２　請求人開発想定図【本件Ａ土地】

区画	地積
(A) 宅地	115.25㎡
(B) 宅地	115.60㎡
(C) 宅地	115.15㎡
(D) 宅地	115.48㎡
(E) 宅地	142.33㎡
開発道路面積	88.97㎡
開発によるセットバックを要する面積	57.35㎡
敷地面積合計	750.13㎡

〈備考〉
立川市宅地開発等まちづくり指導要綱
第14条　最低区面積：115.00㎡以上
第18条　開発によるセットバック：道路中心から3.00m
都市計画法第33条による東京都開発行為の許可等に関する監査基準3-1-2

第7章 広大地の評価に係る判決及び裁決の検討

(ウ) 請求人が主張する開発想定図（本件Ｂ土地）

別図3　請求人開発想定図【本件Ｂ土地】

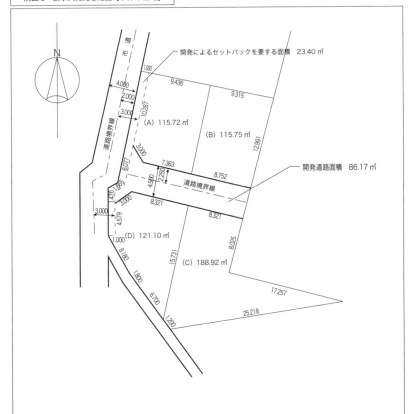

区画	地積
(A) 宅地	115.72㎡
(B) 宅地	115.75㎡
(C) 宅地	188.92㎡
(D) 宅地	121.10㎡
開発道路面積	86.17㎡
開発によるセットバックを要する面積	57.35㎡
敷地面積合計	750.13㎡

〈備考〉
立川市宅地開発等まちづくり指導要綱
第14条　最低区画面積：115.00㎡以上
第18条　開発によるセットバック：道路中心から3.00m
都市計画法第33条による東京都開発行為の許可等に関する監査基準3-1-2

257

II 改正前―広大地評価―

(エ) 原処分庁が主張する開発想定図(本件A土地)

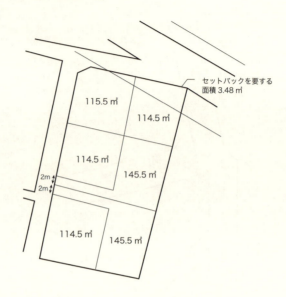

別図4 原処分庁開発想定図【本件A土地】

(オ) 原処分庁が主張する開発想定図(本件B土地)

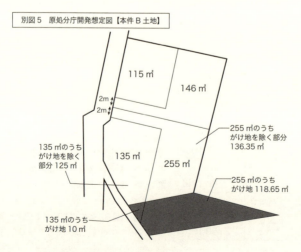

別図5 原処分庁開発想定図【本件B土地】

(注) 各図の数値は、いずれも概数です。

第**7**章 広大地の評価に係る判決及び裁決の検討

(カ) 裁判所の判断

「公共公益的施設用地の負担」にかかる認定

●本件各土地の概要は上記(ア)別図1のとおりであり、本件各土地の西側に接する建築基準法42条1項1号道路からの奥行距離はいずれも約20mで、その形状や接道状況等からすれば、戸建住宅分譲用地として上記(エ)別図4及び上記(オ)別図5のような路地状開発が可能であると認められる。

●本件各土地は、第1種低層住居専用地域である上、建築基準法上の建ぺい率が40%、容積率が80%と厳しく制限されている。

●路地状開発を行った場合は、建築基準法上の建ぺい率及び容積率の算定に当たり、路地状部分の面積も敷地面積に含まれることになり、原告主張の上記(イ)別図2及び上記(ウ)別図3の都市計画法4条12項に規定する開発行為により道路を新設する場合に比べ、より広い建築面積及び述べ床面積の建物等を建築することができ、また、路地状部分も駐車場として利用できることになる。

●都市計画法に基づく開発行為においては、原則として同法29条1項により許可を受けるための手続が必要であり、各地方自治体が定めた開発指導要綱による負担や制約がある上、道路という潰れ地の発生に伴い、開発業者の利益は減少することになる。

結論

　このようなことからすれば、本件各土地については、都市計画法4条12項に規定する開発行為よりも路地状開発の方が経済的により合理的な利用であると認められ、都市計画法4条12項に規定する開発行為が最有効利用であるとは認められない。

(キ) 控訴審（東京高判平成24年9月6日税資262号順号12031）の判断

「公共公益的施設用地の負担」にかかる認定

●建築基準法上の建ぺい率、容積率の算定に当たり、都市計画法による開発により道路を新設することに比べより広い建築面積及び延べ床面積の建物等を建築することができる。

II 改正前─広大地評価─

●戸建住宅分譲用地として、原判決別図4及び5のような路地状開発がされた場合、道路に面する区画と道路から離れ奥に位置する区画があれば購入者の資力に応じた物件を提供できる。

●本件各土地の周辺地域であり、本件各土地と同様に第1種低層住居専用地域に所在する立川市●●ないし●●、同市●●ないし●●、同市●●や立川市●●に隣接する昭島市●●ないし●●、同市●●、同市●●ないし●●及び同市●●の各地域における物件においても、原判決別図4及び5のような路地状開発と同様に、道路を新設せずに路地状敷地を組み合わせる方法により戸建住宅分譲用地として開発・販売された事例が存する。

●路地状敷地が重なる場合であっても各路地状敷地のうち路地状部分に塀、壁等を建てないことにより有効利用が可能である。

結論

これらに照らせば、路地状開発が「経済的に最も合理性のある戸建住宅分譲用地」でないということもできない。

(ク) コメント

一般論として路地状開発の方が道路を新設するよりも有利である理由が列挙されていますが、これらの一般論によってのみ道路を新設するより路地状開発が合理的であるとされると、およそ全ての土地において道路を新設するのではなく路地状開発の方が合理的とされてしまい、公共公益的施設用地の負担が必要な土地はなくなり、広大地と認定される土地はなくなってしまうでしょう。控訴審で、周辺地域で、別図4、5のような路地状開発と同様の事例が存すると認定されており、当該事例が、本件において路地状開発を合理的とする根拠とされたと推測されます。

第7章 広大地の評価に係る判決及び裁決の検討

イ 東京地判平成17年11月10日税資255号順号10199

(ア) 分割図

別紙2 分割図

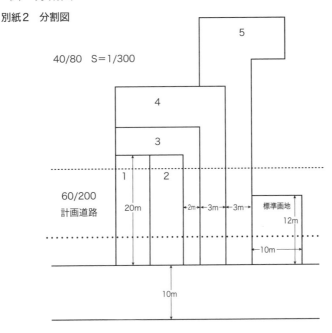

(イ) 裁判所の判断

「公共公益的施設用地の負担」にかかる認定

● 本件土地が現在、農家の敷地として利用されていることが認められるが、本件土地の建ぺい率及び容積率（加重平均した値）がそれぞれ約50パーセント、145パーセントであることからすれば、農家の敷地としての利用が本件土地の最有効利用であるとはいえない。また、上記数値からすると、本件土地がマンション適地であるともいえず、結局、上記(ア)記載の分割図（以下「被告分割図」という。）のとおり本件土地を分割し、戸建住宅分譲用地として開発するのが最有効利用であるものと認められる。

結論

本件土地を被告分割図に従って戸建住宅分譲用地として開発する場合には、区画形質の変更（都市計画法所定の開発行為）に該当せず、国土交通省による開発許可制度の運用指針、都市計画法等の法令及び小平市

261

II 改正前─広大地評価─

の宅地開発指導要綱等に基づく道路等の公共公益的施設用地の負担は不要であるものと認められる。

原告らの主張について①

● 原告らは、被告分割図は一見して異常かつ不自然であり、この分割方法は経済的合理性を欠く旨主張する。

● しかし、道路を新設せず、被告分割図に基づいて本件土地を分割すれば、建築基準法52条所定の容積率、同法53条所定の建ぺい率の算定に当たって、同図の分割地番号3ないし5の区画（以下「本件路地状敷地」という。）のうち路地状部分の面積も敷地面積に含まれることから、より広い延べ面積及び建築面積の建築物を建てることが可能になる上、路地状部分を駐車場として利用することもできること、被告分割図のうち分割地番号1及び2の区画のように、長方形で一辺が道路に面する区画と、道路から離れ、奥に位置する本件路地状敷地の区画があれば、購買者の資力に応じた物件を提供できること等からして、被告分割図には経済的合理性があるといえる。

原告らの主張について②

● 原告らは、被告分割図は非現実的であるとも主張する。

● しかし、小平市の近隣地域である立川市、国分寺市、東村山市に所在する物件においても、被告分割図と同様に、道路を新設せず、路地状敷地を組み合わせる方法により、戸建住宅分譲用地として販売されている事例があること、被告分割図のように路地状敷地が重なる場合であっても、各路地状敷地のうち路地状部分には塀や壁を建てないことにより有効利用が可能であることが、いずれも認められるから、被告分割図には、相応の現実性もあるといえる。

(ウ) 控訴審（東京高判平成18年3月28日税資256号順号10355）の判断

控訴審も、原判決が相当であり、被告分割図には経済的合理性があるとしました。

(エ) コメント

分割図が非現実的であるとして批判の多い裁判例です。このような路地状開発が合理的とされると道路を新設する方が合理的とされる場合はなくなり、およそ公共公益的施設用地の負担を要する土地は認め

262

第7章 広大地の評価に係る判決及び裁決の検討

られないこととなり、広大地の評価が認められる土地がなくなると懸念されていました。しかし、後述のとおり、近年の裁決では、路地状開発より道路の新設の方が合理的として広大地と認定する事例も見受けられ、上記の事例のような路地状開発を合理的とする事例は見受けられなくなりました。

　ウ　平成28年2月29日裁決・裁事102集291頁
　　㋐　請求人らが主張する開発想定図（別図3）

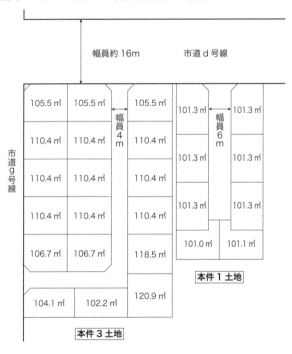

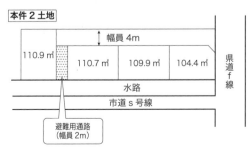

Ⅱ 改正前―広大地評価―

(イ) 審判所の判断（本件１土地から本件３土地）

「公共公益的施設用地の負担」にかかる認定

●本件１土地から本件３土地までの各土地の形状や公道への接面状況は、別図３のとおりであると認められるところ、これらの状況に鑑みると、請求人らが主張する開発想定図（別図３）は、いずれも審判所認定地域①（審判所が認定した本件１土地から本件３土地に係る「その地域」）における標準的な宅地の地積（110平方メートル程度）を踏まえて、同地積に近似した面積によって整形に区画割する方法によるものであり、開発方法として十分な合理性を有するものであると認められる。
●なお、本件２土地については、その南側に市道ｓ号線が通っているが、本件２土地と当該市道の間には水路が通っているため、本件２土地の南側を進入経路とする宅地開発ができないから、別図３のとおり道路を開設しての開発行為が合理的と認められる。

結論

　したがって、本件１土地から本件３土地までの各土地については、道路を開設する開発行為が経済的に最も合理的であり、開発行為を行う場合に公共公益的施設用地の負担が必要と認められる。

(ウ) コメント

　路地状開発の適否の検討はされていませんが、原処分庁の主張が、その地域の標準的使用が工場又はこれに準ずる施設の敷地であり、標準的な宅地の地積は1,200平方メートルから14,000平方メートルとするものであり、路地状開発に関する主張がなされていないことによるものと思われます。このように原処分庁の主張により争点となった要件以外の要件については比較的あっさりと判断されています。本裁決をご覧いただければ、税務当局との折衝の際に、どの広大地の要件が問題とされているかを意識することが重要であることをご理解いただけると思います。

264

エ　平成28年2月9日裁決・裁事102集277頁

(ア)　原処分庁主張の開発想定図（別図1）

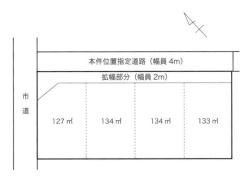

(イ)　請求人ら主張の開発想定図（別図2）

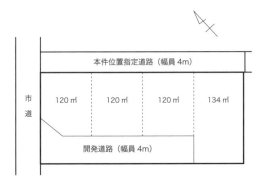

(ウ)　審判所の判断

> 「公共公益的施設用地の負担」にかかる認定
> ●本件地域は、主として戸建住宅用地として利用されていることが認められるから、戸建住宅分譲用地として分割利用することを前提とした開発を行うことが、本件地域における土地の経済的に最も合理的な利用であると認められる。
> ●請求人らが主張する開発想定図（別図2）は、本件地域における標準的な宅地の地積（110平方メートル程度）を踏まえて、同地積に近似した面積によって整形に区画割する方法によるものであり、開発方法として十分な合理性を有するものであると認められる。

Ⅱ 改正前―広大地評価―

結論

本件土地は、開発行為を行うとした場合に公共公益的施設用地の負担が必要と認められる。

原処分庁の主張について

●原処分庁は、本件土地の開発想定は別図1によるべきであり、この場合には、本件位置指定道路の拡幅などが必要ではあるものの、広大地通達にいう公共公益的施設用地の負担は生じない旨主張する。

●確かに、本件位置指定道路を利用して行う戸建住宅の分譲は、本件土地の敷地内に新たな道路を開設して行う戸建住宅の分譲と比較して、より広い建築面積及び延床面積の建物等を建築することができることになるから、このような開発方法を想定すること自体の合理性が肯定されれば、原処分庁が主張する開発方法のほうが、経済的合理性に優れているといえる。しかしながら、本件位置指定道路は、本件私道所有者らが所有するもので、被相続人及び請求人らは本件位置指定道路に係る権利を何ら有していない。そのため、本件位置指定道路を利用した開発の可否は、本件私道所有者らの意向に左右されるものであるところ、本件土地については、本件土地の敷地内に新たな道路を開設して行う開発方法（請求人ら主張の開発方法）が想定でき、十分合理性を有するものである以上、このような場合にまで、第三者の所有に係る土地を利用しての開発行為を想定することに合理性があるとはいえない。本件土地は、開発行為を行うとした場合に公共公益的施設用地の負担が必要と認められる。

　㈎　コメント

　第三者所有の位置指定道路に接している土地の広大地の評価に関する事例として参考となるものです。審判所が、原処分庁の主張を詳細に検討し、第三者の所有に係る土地を利用した土地の開発行為を想定することの合理性を検討している点が特徴的といえるでしょう。

オ 平成27年11月25日裁決・裁事101集227頁
　(ア) 本件土地の分譲完了図（別図1）

　(イ) 原処分庁が主張する開発想定図（別図2）

（注）図中の地積は概算である。

(ウ) 請求人らが主張する開発想定図（別図3）

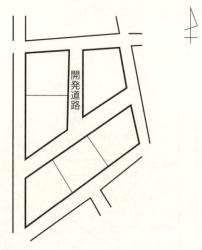

(エ) 審判所の判断

「公共公益的施設用地の負担」にかかる認定

- 本件土地は、戸建住宅用地として開発するのが相当であると認められるところ、本件土地の戸建住宅用地としての開発は、本件地域の標準的な宅地の地積である220平方メートル以上300平方メートル未満を基準に行うことが合理的であると認められる。
- 原処分庁の開発想定図（別図2）は、本件地域における標準的な宅地の地積である約220平方メートルないし約280平方メートルに、本件土地がその四方を幅員約6mないし約8mの公道に面している接道状況を踏まえたものであるところ、同図の各区画には、間口距離、奥行距離及びその形状も特段不合理とする点は認められない。
- 本件地域における戸建住宅用地としての開発形態については、開発事例1ないし同4のいずれも道路の設置を伴う開発であるところ、次のとおり、いずれも本件土地の開発と類似する開発事例、すなわち、本件土地の評価に当たり比較すべき開発事例とは認められない。
- 開発事例1ないし同3は、本件土地より著しく地積が大きく、さらに、同1は、東側は公道と面していなかったことから、道路との接続状況が明らかに異なる。

第**7**章 広大地の評価に係る判決及び裁決の検討

●開発事例4は、本件土地と地積の類似性は認められるものの、東側の一部（おおむね2分の1）を除いて四方が公道と面しているが、そのうち南側に面する道路の幅員は約2mであり、建築基準法第42条第1項第1号及び同法第43条第1項の規定により、土地を建築物の敷地として利用するために必要な幅員（原則として4m以上）を満たしていないことから、道路との接続状況が明らかに異なる。

結論

原処分庁の開発想定図（別図2）は、経済的に合理的な開発想定図と認められ、本件土地は、戸建住宅用地として開発した場合、道路等の公共公益的施設用地の負担を要することなく開発することが可能な土地であると認められる。

請求人らの主張について①

●請求人らは、開発行為における経済的合理性の判断について、分譲が販売である以上、購入者側のニーズや予算すなわち需要に応えた上でのものでなければならず、請求人らの開発想定図（別図3）又は分譲完了直前図（別図1）のように道路を設けることによって、宅地としての付加価値が高まり、経済的に最も合理的な分譲ができるものとなっている旨主張する。

●本件土地は、開発行為を行うとした場合に道路を設置する必要は認められないことは上記で述べたとおりであり、仮に、道路を設置することによって戸建住宅用地としての価値が上がったとしても、そのことが直ちに公共公益的施設用地の負担が必要か否かの判断に影響を与えるものではない。

●本件土地は、本件相続開始日から約1年5か月を経過した平成25年○月頃に実際に道路が設置された開発が行われているが、当審判所の調査によっても、当該開発時点における本件土地の開発に影響を及ぼす諸状況等が、本件相続開始日時点と同じであるとまでは認められず、また、公共公益的施設用地の負担が必要か否かは、土地の形状、道路との接続状況及び土地の所在する地域における経済的に最も合理的と認められる戸建住宅用地としての開発の形態等を総合的に勘案し、判定するものであるから、本件土地の本件相続開始日後の開発形態のみ

269

II 改正前—広大地評価—

により、本件土地について本件相続開始日において開発行為を行うとした場合に道路の設置を伴う開発が経済的に最も合理的と認められる開発であるか否かを判断することは相当でない。

請求人らの主張について②

●請求人らは、近年の販売面積の主流からすれば、1区画当たりの平均地積は本件土地の分譲完了直前図（別図1）のように、60坪（約198平方メートル）ないし70坪（約231平方メートル）程度であるにもかかわらず、原処分庁は開発してから10年を経過した周辺の分譲地の1区画当たりの平均地積である70坪台、80坪台を中心に間口が狭く奥行きが深い等不整形地がある開発想定図（別図2）を作成し、それを基に公共公益的施設用地の負担は不要であると判断していることから、広大地通達にある経済的に最も合理的な分譲とはいえない旨主張する。

●しかしながら、本件地域における本件相続開始日前10年以内に当たる平成13年以降に行われた戸建住宅用地としての開発事例から、本件地域における標準的な宅地の地積は220平方メートル以上300平方メートル未満であると認められるところ、原処分庁の開発想定図（別図2）の1区画当たりの地積はその範囲内であり、本件相続開始日に最も近い時期である平成20年に開発された開発事例4においても、1区画当たりの平均地積は約266平方メートルであることから、原処分庁の開発想定図（別図2）に特段不合理とする点は認められない。

●本件土地は、不整形な形状ではあるもののその四方が幅員約6mないし約8mの公道に面しており、原処分庁の開発想定図（別図2）のように開発すれば、全ての区画が四方の公道に面することとなり、道路等の公共公益的施設用地の負担を要することなく開発することが可能であると認められる。

　㈢　コメント

　実際に道路を新設して分譲がされた事例であっても、路地状開発が合理的とされた事例として参考になるものです。あくまで相続開始日時点の状況で、広大地に該当するか否かを判断するものとして、その後の状況の変化により道路を新設することとなってもそのことのみに

270

第7章 広大地の評価に係る判決及び裁決の検討

よって広大地に該当することにはならないと判示されています。「その地域」の開発事例4例と評価対象地を比較しており、これらとの類似性が認められなかったことが、広大地に該当しない理由となったと推測されます。

カ　平成24年8月28日裁決・裁事88集291頁
(ア)　原処分庁が主張する開発想定図

原処分庁が主張する開発想定図

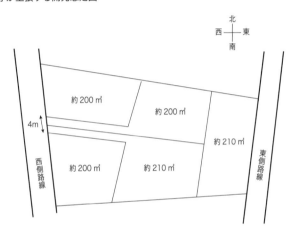

(イ)　審判所認定の開発想定図

審判所認定の開発想定図

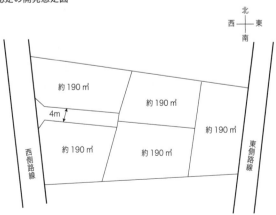

271

II 改正前―広大地評価―

(ウ) 審判所の判断

> **「公共公益的施設用地の負担」にかかる認定**

● 本件丙地域（審判所が認定したその地域）における本件通達に定める「標準的な宅地の地積」は、180平方メートル以上210平方メートル未満であると認められ、当該地積に基づいて本件土地を開発した場合、宅地の区画として5区画の開発が想定される。

● 本件丙地域における平成9年ないし平成20年の宅地開発状況等をみると、道路を開設した戸建住宅用地の開発事例甲は3件あるが、路地状開発による戸建住宅用地の開発事例乙は1件のみである。

● 開発事例甲は、開発面積がいずれも2,000平方メートルを超える土地の事例であり、本件丙地域の標準的な宅地の地積である180平方メートル以上210平方メートル未満の面積でおおむね区画割りされていることから、道路開設による開発によらざるを得ない土地の事例である。

● 開発事例乙は、角地で面積が約980平方メートルのほぼ正方形に近い形状の土地を、比較的小規模の面積で区画割りしていることから、土地の形状や公道との接続状況及び面積からみて、道路の開設による開発がもとより困難で、路地状開発によらざるを得ない土地の事例である。

● 本件土地の面積は1,038.78平方メートルであり、規模的に開発事例甲と、また、形状、接面道路及び奥行距離との関係で、開発事例乙と、それぞれ条件を異にする。

● 本件丙地域を除く本件甲地域の現況は、戸建住宅が整然と立ち並ぶ地域であるのに対し、本件丙地域は、宅地開発されていない土地も多く見受けられる地域である。

● 平成16年以降に行われた本件甲地域内の宅地開発状況をみると、本件丙地域内では4件あるのに対し、本件丙地域の優に5倍を超える面積を有すると推測される本件丙地域を除く本件甲地域においては、5件しかない状況である。

● これらの状況を踏まえると、本件丙地域は、宅地開発が進みつつあり、将来、本件丙地域を除く本件甲地域と同様な街並みになることが予想される。

● 本件丙地域を除く本件甲地域の平成9年ないし平成20年の路地状開発の事例5件について見てみると、本件土地と地積が同規模又はそれ以

上の土地で、本件土地と同様に接面道路から奥行距離の長い土地の形状や公道との接続状況が本件土地と類似する土地での路地状開発の事例は見受けられない。

●本件丙地域における「標準的な宅地の地積」及び本件土地の形状、地積及び西側と東側にある公道との接続状況から、仮に本件土地について路地状開発を行うとすれば、別紙4の原処分庁が主張する開発想定図にある開発を行うことが想定されるところ、この場合の路地の長さは20メートル程度必要となるが、そのような長さの路地がある路地状開発の事例も、本件甲地域内の路地状開発の事例6件の中に1件もない。そうすると、原処分庁の主張する開発想定図は、本件甲地域においても一般的な開発想定図であるとはいえないから、本件土地については、別紙8のとおり、道路開設による開発をするのが経済的に最も合理的な開発であると認められる。

結論

本件土地は開発行為をするとした場合に公共公益的施設用地の負担が必要な土地であると認められる。

　(エ)　コメント

「その地域」（本件丙地域）での開発事例には類似のものがなく、原処分庁が主張する「その地域」（本件甲地域）でも路地状開発をするとした場合の類似事例がないことを理由として、道路開設による開発を合理的としています。路地状開発の場合の路地の長さを類似性の比較の際に検討しており、他の事例においても参考となると思われます。原処分庁が主張する「その地域」（本件甲地域）での開発事例との類似性を検討している点は、原処分庁の主張の合理性という観点から検討されているものと思われます。このように原処分庁の主張の合理性を崩すことが、争訟段階では重要といえます。

273

II 改正前―広大地評価―

キ　平成23年5月9日裁決・裁事83集887頁
(ア)　当事者双方が主張する開発想定図

原処分庁が主張する開発想定図

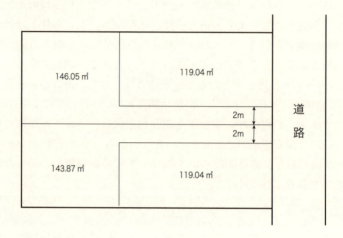

請求人が主張する開発想定図（その1）

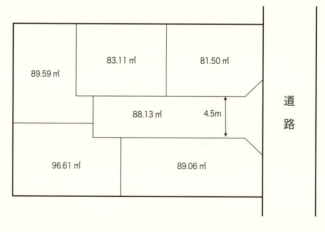

第7章 広大地の評価に係る判決及び裁決の検討

請求人が主張する開発想定図(その2)

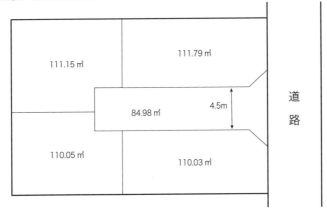

(イ) 審判所の判断

> **「公共公益的施設用地の負担」にかかる認定**
>
> ●本件地域における本件通達に定める「標準的な宅地の地積」は、90平方メートルないし120平方メートル未満であると認められ、当該地積に基づいて本件土地を開発した場合、宅地の区画として4区画又は5区画の開発が想定される。
> ●本件地域における近年の開発状況等を見ると、本件地域においては、道路を開設した開発事例が路地状開発の事例より多く、その開発は、面積が約500平方メートルないし約1,800平方メートルの土地で行われており、宅地の区画数は4区画ないし11区画であり、本件隣接地の開発も含まれている。
> ●本件地域においては、路地状開発による事例もみられるものの、当該事例は、比較的小規模な面積で間口距離に比し奥行距離が長大な細長い形状の土地や、土地の形状や公道との接続状況及び面積から見て路地状開発によらざるを得ない、道路の開設による開発がもとより困難な土地の事例であり、本件土地は上記各事例とは条件を異にする。
> ●本件地域における路地状開発は土地の面積が約280平方メートルないし約400平方メートル程度の比較的小規模な土地においてのみ行われ、開発による区画数も路地状敷地の区画を含めて2区画ないし3区画にとどまっているところ、本件土地と地積が同規模又はそれ以上の土地で、

275

II 改正前―広大地評価―

土地の形状や公道との接続状況が本件土地と類似する土地での原処分庁が主張するような路地状開発の事例は見受けられない。

結論

以上からすると、本件土地は、上記(ア)の「請求人が主張する開発想定図（その2）」のように、道路を開設して開発するのが経済的に最も合理的な開発であると認められる。

(ウ) コメント

「その地域」での近年の開発状況をみて、路地状開発より道路を開設した事例が多いこと、路地状開発による事例は、道路の開設による開発が困難な事例であるなど、「その地域」の開発事例と評価対象地を詳細に比較検討して、公共公益的施設用地の負担の要否を判断しています。「その地域」での開発事例を評価対象地と比較検討することが重要といえるでしょう。

ク　平成23年4月1日裁決・裁事83集900頁（本件D土地）

(ア)　請求人らが主張する開発想定図（別紙21）

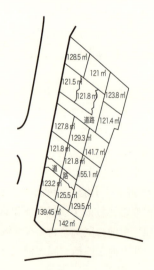

第7章 広大地の評価に係る判決及び裁決の検討

(イ) 原処分庁が主張する開発想定図（別紙22）

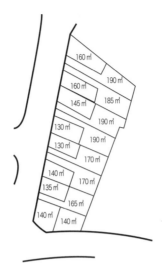

(ウ) 審判所が認定する開発想定図（別紙23）

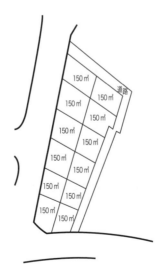

II 改正前—広大地評価—

㈣ 審判所の判断

「公共公益的施設用地の負担」にかかる認定

●本件地域（審判所が認定した「その地域」）における標準的な宅地の地積は、おおむね135平方メートルないし150平方メートル程度であると認められ、また、本件D土地の面積が2,534.25平方メートルであることからすれば、道路を開設しないで戸建住宅用地として開発行為を行う場合には、本件D土地は17ないし18の区割りをした上で戸建住宅用地として開発するのが合理的と認められる。

●本件地域における戸建住宅用地としての開発状況によれば、本件D土地と地積が同規模程度の土地における戸建住宅用地としての開発事例で路地状開発の事例は全くなく、他の路地状開発の事例では、路地状敷地の区画数は、2区画ないし4区画で、原処分庁が主張する開発想定図のように7つもの連続した路地状敷地を配置した開発事例はない。

●本件地域における路地状開発の事例は本件D土地に比べてはるかに面積が小さい土地の開発事例や土地の形状、他の道路との接続状況及び面積からみて、路地状開発によらざるを得ない開発事例であることが認められる。

●本件D土地の形状、他の道路との接続状況及び面積及び本件地域における戸建住宅用地の開発状況等を総合的に勘案して判断すると、本件D土地を標準的な宅地の地積に応じた画地数に区画割りした上で戸建住宅用地として開発する場合、本件D土地は、路地状開発よりも道路を開設し戸建住宅用地として開発する方が経済的に合理的な開発方法であると認めるのが相当である。

結論

本件D土地は、別紙23の開発想定図のような区画割り及び道路を開設して開発するのが経済的に最も合理的な開発方法であると認められる。

㈤ コメント

「その地域」での開発事例で、評価対象地と地積が同規模程度の開発事例では、路地状宅地の事例は全くなく、他の路地状開発の事例では、原処分庁が主張する開発想定図のように7つの連続した路地状敷

第 **7** 章 広大地の評価に係る判決及び裁決の検討

地を配置した開発事例はないということが認定されており、「その地域」での開発事例との比較検討がなされていることがわかります。公益的施設用地の負担を検討する場合、評価対象地の図だけではなく、「その地域」の開発事例との類似性の検討が重要といえます。

④　公共公益的施設用地の負担を要するか否かをどう判断するか

　上記のとおり、公共公益的施設用地の負担を要するか否かについては、評価対象地を標準的な宅地の地積で分割した際に潰れ地が生じるか否かが問題となり、潰れ地が生じるとした場合に路地状開発によるべきか、道路を新設する開発によるべきかが問題となります。国税庁が公表した基準によれば、評価対象地の存する地域において路地状開発による戸建住宅の分譲が一般的に行われているか否かが争点とされますが、裁決例では、さらに詳細に「その地域」の開発事例と評価対象地の開発想定図との類似性を検討していることが分かります。例えば平成27年11月25日裁決・裁事101集227頁は、公共公益的施設用地の負担について、土地の形状、道路との接続状況及び土地の所在する地域における経済的に最も合理的と認められる戸建住宅用地としての開発の形態等を総合的に勘案するとしており、最近の裁決は概ね上記の事項を検討しているものと思われます。評価対象地の図を見ると、土地の形状や道路との接続状況のみで、公共公益的施設用地の負担の要否を判断してしまいがちですが、実際に重要となるのは、「その地域」における開発事例はどのようなものが行われているか、どのような土地で路地状開発が行われているか、開発事例と評価対象地と類似しているか否かの検討になります。そのため、「その地域」をどう認定し、当該地域での開発事例の土地の状況はどうなっているかが問題となりますので、「その地域」の認定と「公共公益的施設用地の負担の要否」の判断は極めて密接に関連しているといえます。「公共公益的施設用地の負担の要否」を検討する場合、「その地域」がどの

279

II 改正前—広大地評価—

ように認定されれば「公共公益的施設用地の負担」が必要とされるか、または不要とされるかを「その地域」を認定する段階から十分に検討する必要があるといえます[10]。

4 おわりに

以上、広大地の評価について判断をした判決及び裁決を検討してきましたが、広大地の評価は、形式的に判断できるものではなく、それぞれの要件について実質的な判断を必要とし、「その地域」の認定が異なるだけで、広大地該当性の結論が変わり得るものです。もちろん、上記は、国税不服審判所や裁判所で問題となった、いわば判断が困難な事例ばかりを集めたものですので、実際には、明らかに広大地と認定できる土地や明らかに広大地ではない土地なども多くあると思います。そのような場合にまで、本書のような精緻な検討が必要とは思われませんが、広大地の評価の誤りによって、多額の税金を納めることを避けるためには、上記の要件を理解したうえで、広大地の評価をすることが肝要といえます。特に税務当局と折衝をする場合、税務当局はどの要件を問題としているのか、どのように説得すればいいのかということについては、本書の内容を参考として、必要に応じて裁決例や裁判例を税務当局に提示するなどしてご対応いただければと思います。また、本書の要点を解説した『月刊税理』WEBセミナー「広大地評価の実務ポイント」も無料でインターネットで公開されていますので、あわせてご覧いただければと思います。

本書が、広大地の評価の実務について、少しでも皆様のお役に立てば幸いです。

---

10 なお、本書では、評価対象地の図が省略されていない裁判例と裁決例を対象として紹介しています。評価対象地の図が省略されている裁判例や裁決例については、拙稿「広大地の評価に係る判決及び裁決の検討(5)」月刊税理2016年5月号81頁以下をご参照ください。

資料5　平成16年情報

資料5　平成16年情報：「財産評価基本通達の一部改正について」通達のあらましについて（情報）（平成16年6月29日付）

2　広大地の評価

> 　広大地の価額は、その正面路線価に「広大地補正率」と広大地の地積を連乗して評価することとした。
> 　また、①いわゆるマンション適地については通達の適用対象でないこと、②広大な市街地農地等、市街地原野及び市街地山林についても、この通達の適用対象であることなどを明確にした。
> （評基通24-4＝改正、評基通49-2外＝新設）

1　従来の取扱い

　広大地とは、その地域における標準的な宅地の地積に比して著しく地積が広大な宅地で、開発行為を行うとした場合に道路や公園等の公共公益的施設用地の負担が必要と認められる宅地をいう。その広大地の価額は、次の算式で計算される割合（有効宅地化率）を奥行価格補正率に代えて画地補正を行って評価することとしていた。

$$※　有効宅地化率 ＝ \frac{広大地の地積－公共公益的施設用地となる部分の地積}{広大地の地積}$$

（参考）通常の宅地の評価額＝正面路線価×<u>奥行価格補正率</u>×各種画地補正率×地積

⇩

広大地の評価額＝正面路線価×<u>有効宅地化率</u>×各種画地補正率×地積

2　通達改正の趣旨

　従来の広大地の評価方法では、公共公益的施設用地となる部分の地積の算定に当たり、開発想定図等を作成する必要があったが、その作成には専門的な知識が必要なことから、有効宅地化率の算定に苦慮する事例が多かった。また、従来の広大地の評価方法によらず、鑑定評価に基づいて申告又は更正の請求をする事例が目立つようになってきた。これらのことなどから、最近の鑑定評価事例を分析・検討するなどして、広大地の評価方法を見直すこととした。

3　通達改正の概要

(1)　広大地の評価方法

　広大地については、上記のとおり、収集した鑑定評価事例を基に、1㎡当たりの鑑定評価額が正面路線価に占める割合と評価対象地の地積との関係を統計学の手法（最小二乗法による回帰分析）を用いて分析・検討を行い、評価の簡便性や安全性にも配慮した次の算式により評価することとした。

　広大地の価額＝正面路線価×広大地補正率×地積

　(注)　通常の宅地の正面路線価は、路線価に奥行価格補正率を乗じた後の価額で判定するが、広大地の正面路線価は、面している路線のうち原則として最も高い路線価で判定することに留意する。

広大地補正率

> （次の算式により求めた率）
>
> $$広大地補正率 ＝ 0.6 － 0.05 × \frac{地積}{1000㎡}$$
>
> (注)　広大地補正率は0.35を下限とする。

（左の算式による広大地補正率の計算例）

地積	広大地補正率
1,000㎡	0.55
2,000㎡	0.50
3,000㎡	0.45
4,000㎡	0.40
5,000㎡	0.35

　広大地補正率を求める算式は、地積が5,000㎡までの広大地について成り立つものであったことから、広大地補正率を用いた評価方法の適用についても、地積が5,000㎡までの広大地に限ることとした。したがって、地積が5,000㎡を超える広大地については、原則として評価通達5（評価方法の定めのない財産の評価）により個別に評価することになるが、地積が5,000㎡を超える広大地であっても、広大地補正率の下限である0.35を適用することは差し支えない。
(注)　広大地補正率については、端数調整を行わないことに留意する。

(2)　広大地の範囲

　評価通達における広大地は、①戸建住宅分譲用地として開発され、道路等の潰れ地が生じる土地を前提としていること、また、②「対象地がその存する地域の標準的な画地との比較において広大地と判定される画地であっても、一体利用することが市場の需給関係等を勘案して合理的と認められる場合には、地積過大による減価を行う必要がない」（「土地価格比準表の取扱いについて」、国土交通省）とされていることなどから、その宅地を中高層の集合住宅等の敷地として使用するのが最有効使用である場合、いわゆるマンション適地等については、広大地には該当しない旨を通達の中で明らかにした。

　なお、「広大地に該当するもの、しないもの」の条件を例示的に示すと、以下のようになる（（参

281

II 改正前―広大地評価―

考)広大地判定フローチャート参照)。
(広大地に該当する条件の例示)
・普通住宅地区等に所在する土地で、各自治体が定める開発許可を要する面積基準以上のもの(ただし、下記の該当しない条件の例示に該当するものを除く。)
(注) ミニ開発分譲が多い地域に存する土地については、開発許可を要する面積基準(例えば、三大都市圏500㎡)に満たない場合であっても、広大地に該当する場合があることに留意する。

(広大地に該当しない条件の例示)
・既に開発を了しているマンション・ビル等の敷地用地
・現に宅地として有効利用されている建築物等の敷地(例えば、大規模店舗、ファミリーレストラン等)
・原則として容積率300%以上の地域に所在する土地
・公共公益的施設用地の負担がほとんど生じないと認められる土地
(例) 道路に面しており、間口が広く、奥行がそれほどではない土地
    (道路が二方、三方及び四方にある場合も同様)

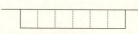

(3) マンション適地の判定
　評価対象地について、中高層の集合住宅等の敷地、いわゆるマンション適地等として使用するのが最有効使用と認められるか否かの判断は、その土地の周辺地域の標準的使用の状況を参考とすることになるのであるが、戸建住宅とマンションが混在している地域(主に容積率200%の地域)にあっては、その土地の最有効使用を判断することが困難な場合もあると考えられる。
　このような場合には、周囲の状況や専門家の意見等から判断して、明らかにマンション用地に適していると認められる土地を除き、戸建住宅用地として広大地の評価を適用することとして差し支えない。
　なお、評価する土地がマンション適地かどうかの判断基準としては、次のような基準が参考となる(清文社刊「特殊な画地と鑑定評価」土地評価理論研究会(1993年8月)より抜粋)。
　イ　近隣地域又は周辺の類似地域に現にマンションが建てられているし、また現在も建築工事中のものが多数ある場合、つまりマンション敷地としての利用に地域が移行しつつある状態で、しかもその移行の程度が相当進んでいる場合
　ロ　現実のマンションの建築状況はどうであれ、用途地域・建ぺい率・容積率や当該地方公共団体の開発規制等が厳しくなく、交通、教育、医療等の公的施設や商業地への接近性から判断しても、換言すれば、社会的・経済的・行政的見地から判断して、まさにマンション適地と認められる場合

(4) 広大な市街地農地等、市街地山林及び市街地原野への適用について
　従来の取扱いでは、広大地の通達上の定義を「宅地」に限っていたが、広大な市街地農地等を戸建住宅分譲用地として活用する場合には、宅地と同様、道路、公園等の潰れ地が生じるのであるから、評価の明確化の観点から、市街地農地、市街地周辺農地、市街地山林及び市街地原野についても、広大地の定義に該当すれば、評価通達24-4の適用がある旨を明らかにした。
　なお、市街地農地等を広大地として評価する場合には、広大地補正率の中に宅地造成費等を考慮してあることから、通達上の造成費については控除しないで評価することになる点に留意が必要である。したがって、広大な市街地農地等、市街地山林及び市街地原野の価額は、広大な宅地と同様に、次の算式により評価した金額となる。
　また、評価対象地が市街地周辺農地である場合には、下記算式によって評価した価額の100分の80に相当する金額によって評価することに留意する。
　　広大な市街地農地等の価額＝正面路線価×広大地補正率×地積
　　　　　　　　　　　(造成費は別途控除しない)
(注) 広大地の定義に該当する市街地農地等について、正面路線価、広大地補正率及び地積の3要素を用いて評価した金額が、その市街地農地等につき宅地比準方式によって評価した金額を上回る場合は、その市街地農地等は宅地比準方式によって評価する。

(5) 広大地補正率と通達上の各種補正率の適用関係
　広大地補正率は、1㎡当たりの鑑定評価額が正面路線価に占める割合を基として算出しており、また、鑑定評価(開発法)は、評価対象地の形状、道路との位置関係など、土地の個別要因に基づいて最も経済的・合理的となるような開発想定図を作成し、それに基づき鑑定評価額を算出していることから、鑑定評価額に基づき算出された広大地補正率は、土地の個別要因の事情補正が考慮されているものということができる。
　このような考え方から、広大地補正率を適用する土地については、土地の形状、道路との位置

資料5　平成16年情報
資料6　平成17年情報

関係等に基づく事情補正、すなわち評価通達15（奥行価格補正）から20-5（容積率の異なる2以上の地域にわたる宅地の評価）までの定めを考慮せず、正面路線価、広大地補正率及び地積の3要素を用いて評価することとした。

なお、鑑定評価における開発法では、広大地にセットバック部分がある場合、セットバック部分を潰れ地として有効宅地化率を計算していることから、広大地補正率にはセットバック部分のしんしゃくは折り込み済みと考えることができる。このような考え方から、広大地補正率を適用する土地については、評価通達24-6（セットバックを必要とする宅地の評価）は適用しないこととした。

また、都市計画道路予定地となる区域内においては、通常2階建ての建物しか建築できないなどの土地の利用制限を受けることになる。この利用制限については、評価通達上の他の利用制限（例えば、特別高圧線下の土地等）と同様、個々にしんしゃくするのが相当と考えられることから、広大地が都市計画道路予定地内にある場合には、広大地補正率により評価した後、評価通達24-7（都市計画道路予定地の区域内にある宅地の評価）を適用できることとした。

(6) 具体的な計算例

改正通達による広大地の具体的な計算例を示せば、次のとおりである。

(設例1) 広大な宅地のケース

面積2,145㎡の宅地（マンション適地に該当しないなど、広大地の要件は満たしている。）

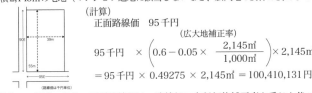

(計算)
正面路線価　95千円
（広大地補正率）
$$95千円 \times \left(0.6 - 0.05 \times \frac{2,145㎡}{1,000㎡}\right) \times 2,145㎡$$
$$= 95千円 \times 0.49275 \times 2,145㎡ = 100,410,131円$$

(注) 1　通常の宅地の正面路線価は、路線価に奥行価格補正率を乗じた後の価額で判定しますが、広大地の正面路線価は、面している路線のうち最も高い路線価で判定します。
    2　広大地補正率は端数処理をしません。

(設例2) 広大な市街地山林のケース

面積2,800㎡の市街地山林（他の広大地の要件は満たしている。）

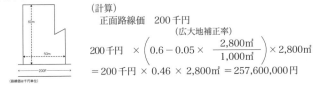

(計算)
正面路線価　200千円
（広大地補正率）
$$200千円 \times \left(0.6 - 0.05 \times \frac{2,800㎡}{1,000㎡}\right) \times 2,800㎡$$
$$= 200千円 \times 0.46 \times 2,800㎡ = 257,600,000円$$

(注) 1　不整形地補正率などの各種補正率は適用しないことに留意する。
    2　宅地造成費は別途控除しないことに留意する。

(参考) 広大地判定フローチャート（略）

資料6　平成17年情報:「広大地の判定に当たり留意すべき事項（情報）」
（平成17年6月17日付）

広大地については、平成16年6月4日付課評2-7ほか2課共同「財産評価基本通達の一部改正について（法令解釈通達）」により、その評価方法を改正し、その改正の趣旨等については、平成16年6月29日付資産評価企画官情報第2号『財産評価基本通達の一部改正について』通達のあらましについて（情報）」（以下「情報第2号」という。）で明らかにしたところである。

広大地の定義については、財産評価基本通達（以下「評価通達」という。）において、『その地域における標準的な宅地の地積に比して著しく地積が広大な宅地で都市計画法第4条((定義))第12項に規定する開発行為を行うとした場合に公共公益的施設用地の負担が必要と認められるもの』のうち、『大規模工場用地に該当するもの及び中高層の集合住宅等の敷地用地に適しているもの（その宅地について、経済的に最も合理的であると認められる開発行為が中高層の集合住宅等を建築することを目的とするものであると認められるもの）』を除く」ものをいうとしている（評基通24-4）。

これを受けて、広大地に該当するかどうかを判定する場合の考え方について、情報第2号において整

II 改正前―広大地評価―

理したところであるが、本情報は、更なる考え方の統一性を図るために、以下に抜粋した部分のうち、アンダーラインを付した部分を中心に留意事項を取りまとめたものである。

○　**情報第2号「2　広大地の評価」（抜粋）**
　3　通達改正の概要
　　⑵　広大地の範囲
　　　評価通達における広大地は、①戸建住宅分譲用地として開発され、道路等の潰れ地が生じる土地を前提としていること、また、②「対象地がその存する地域の標準的な画地との比較において広大地と判定される画地であっても、一体利用することが市場の需給関係等を勘案して合理的と認められる場合には、地積過大による減価を行う必要がない」（「土地価格比準表の取扱いについて」、国土交通省）とされていることなどから、その宅地を中高層の集合住宅等の敷地として使用するのが最有効使用である場合、いわゆるマンション適地等については、広大地には該当しない旨を通達の中で明らかにした。
　　　なお、「広大地に該当するもの、しないもの」の条件を例示的に示すと、以下のようになる。
　　　（広大地に該当する条件の例示）
　　　・<u>普通住宅地区等に所在する土地で、各自治体が定める開発許可を要する面積基準以上のもの</u>（ただし、下記の該当しない条件の例示に該当するものを除く。）
　　　　（注）ミニ開発分譲が多い地域に存する土地については、開発許可を要する面積基準（例えば、三大都市圏500㎡）に満たない場合であっても、広大地に該当する場合があることに留意する。
　　　（広大地に該当しない条件の例示）
　　　・既に開発を了しているマンション・ビル等の敷地用地
　　　・<u>現に宅地として有効利用されている建築物等の敷地</u>（例えば、大規模店舗、ファミリーレストラン等）
　　　・<u>原則として容積率300％以上の地域に所在する土地</u>
　　　・<u>公共公益的施設用地の負担がほとんど生じないと認められる土地</u>
　　　（例）道路に面しており、間口が広く、奥行が
　　　　　それほどではない土地
　　　　　（道路が二方、三方、四方にある場合も同様）
　　⑶　マンション適地の判定
　　　評価対象地について、中高層の集合住宅等の敷地、いわゆるマンション適地等として使用するのが最有効使用と認められるか否かの判断は、その土地の周辺地域の標準的使用の状況を参考とすることになるのであるが、戸建住宅とマンションが混在している地域（主に容積率200％の地域）にあっては、その土地の最有効使用を判断することが困難な場合もあると考えられる。
　　　このような場合には、周囲の状況や専門家の意見等から判断して、明らかにマンション用地に適していると認められる土地を除き、戸建住宅用地として広大地の評価を適用することとして差し支えない。

（以下省略）

1　著しく広大であるかどうかの判定

　上記の情報第2号「2　広大地の評価」（抜粋）のとおり、「普通住宅地区等に所在する土地で、各自治体が定める開発許可を要する面積基準（以下「開発許可面積基準」という。）以上のもの」については、広大地に該当することとしている。これは、一定の面積を超えるものについて、開発行為を行うとした場合の公共公益的施設用地の負担を前提としており、その面積基準としては、基本的に、開発許可面積基準を指標とすることが適当である。

　しかし、一部の都市においては、主要駅周辺の市街地についても市街化区域と市街化調整区域の区域区分（いわゆる「線引き」）が行われていないところがある。線引きが行われていない地域の開発許可面積基準は3,000㎡であることから、当該地域では、評価対象となる土地の面積が3,000㎡以上でなければ、開発を行う場合に公共公益的施設用地の負担が生ずる場合であっても広大地に該当しないこととなる。

　現行の都市計画制度において、線引きを行うかどうかは、首都圏の既成市街地等を除き、都道府県の選択に委ねることとされている。また、線引きが行われていない地域であっても、「用途地域が定められている地域においてはその目標とする市街地像の実現のために必要な都市施設を定めるべきである」（平成15年4月『都市計画運用指針』）とされている。つまり、線引きが行われていない地域のうち用途地域が定められている地域については、その用途地域の目指す環境実現のために市街化が進められていくものと考えられる。このことからすれば、開発許可面積基準

は異なるものの、実態は市街化区域と区別する必要はないものと考えられることから、広大地の判定に当たっては、当該地域を市街化区域と同等に取り扱うのが相当である。
　なお、開発許可面積基準以上であっても、その面積が地域の標準的な規模である場合は、当然のことながら、広大地に該当しない。
　（注）著しく広大であるかどうかの判定は、当該土地上の建物の有無にかかわらず、当該土地の規模により判定することに留意する。

> （面積基準）
> 　原則として、次に掲げる面積以上の宅地については、面積基準の要件を満たすものとする。
> ① 市街化区域、非線引き都市計画区域（②に該当するものを除く。）
> 　……都市計画法施行令第19条第1項及び第2項に定める面積（※）
> 　　※　1　市街化区域
> 　　　　　　三大都市圏・・・・・・・・・・・・・・・・・・・・・・・・・・・・500㎡
> 　　　　　　それ以外の地域・・・・・・・・・・・・・・・・・・・・・・1,000㎡
> 　　　　2　非線引き都市計画区域・・・・・・・・・・・・・・・・・・3,000㎡
> ② 用途地域が定められている非線引き都市計画区域
> 　　・・・・・・・・・・・・・・・・・・・・・・・・・・・・市街化区域に準じた面積
> 　ただし、近隣の地域の状況から、地域の標準的な規模が上記面積以上である場合については、当該地域の標準的な土地の面積を超える面積のものとする。
> （注）1　「非線引き都市計画区域」とは、市街化区域と市街化調整区域の区域区分が行われていない都市計画区域をいう。
> 　　　2　面積基準を図式化したものが（参考1）である。

2　現に宅地として有効利用されている建築物等の敷地

　前記の情報第2号「2　広大地の評価」（抜粋）のとおり、「大規模店舗、ファミリーレストラン等」は、「現に宅地として有効利用されている建築物等の敷地」であることから、広大地に該当しないこととしている。
　これは、比較的規模の大きい土地の有効利用の一形態として大規模店舗等を例示的に示したものである。したがって、大規模店舗等の敷地がその地域において有効利用されているといえるかどうか、言い換えれば、それらの敷地がその地域の土地の標準的使用といえるかどうかで判定するということであり、いわゆる「郊外路線商業地域」（都市の郊外の幹線道路（国道、都道府県道等）沿いにおいて、店舗、営業所等が連たんしているような地域）に存する大規模店舗等の敷地が、この「現に宅地として有効利用されている建築物等の敷地」に該当する。
　一方、例えば、戸建住宅が連たんする住宅街に存する大規模店舗やファミリーレストラン、ゴルフ練習場などは、その地域の標準的使用とはいえないことから、「現に宅地として有効利用されている建築物等の敷地」には該当しない。

3　公共公益的施設用地の負担

　評価通達において、「公共公益的施設用地」とは、「都市計画法第4条第14項に規定する道路、公園等の公共施設の用に供される土地及び都市計画法施行令第27条に掲げる教育施設、医療施設等の公益的施設の用に供される土地（その他これらに準ずる施設で、開発行為の許可を受けるために必要とされる施設の用に供される土地を含む。）」をいうこととしている。したがって、具体的には、教育施設のような大規模なものからごみ集積所のような小規模なものまでが「公共公益的施設」に該当することとなる。
　しかし、広大地の評価は、戸建住宅分譲地として開発した場合に相当規模の「公共公益的施設用地」の負担が生じる土地を前提としていることから、公共公益的施設用地の負担の必要性は、経済的に最も合理的に戸建住宅の分譲を行った場合の、当該開発区域内に開設される道路の開設の必要性により判定することが相当である。なお、ごみ集積所などの小規模な施設のみの開設が必要な土地は、「公共公益的施設用地の負担がほとんど生じないと認められる土地」に該当するため、広大地に該当しない。
　また、例えば、建築基準法第42条第2項の規定によるセットバックを必要とする場合の当該土地部分や、下図のように、セットバックを必要とする土地ではないが、開発行為を行う場合に道路敷きを提供しなければならない土地部分については、開発区域内の道路開設に当たらないことから、広大地に該当しない。

【図】　開発指導等により、道路敷きとして一部土地を提供
　　　しなければならない場合

Ⅱ 改正前―広大地評価―

4　マンション適地の判定

　評価しようとする土地が、課税時期においてマンション等の敷地でない場合、マンション等の敷地として使用するのが最有効使用と認められるかどうかの判定については、その土地の周辺地域の標準的使用の状況を参考とすることとなる。しかし、戸建住宅とマンション等が混在する地域（主に容積率200％の地域）は、最有効使用の判定が困難な場合もあることから、このような場合には、周囲の状況や専門家の意見から判断して、明らかにマンション等の敷地に適していると認められる土地を除き、広大地に該当する。

　一方、容積率が300％以上の地域内にあり、かつ、開発許可面積基準以上の土地は、戸建住宅の敷地用地として利用するよりもマンション等の敷地として利用する方が最有効使用と判定される場合が多いことから、原則として、広大地に該当しないこととなる。

　地域によっては、容積率が300％以上でありながら、戸建住宅が多く存在する地域もあるが、このような地域は都市計画で定めた容積率を十分に活用しておらず、①将来的に戸建住宅を取り壊したとすれば、マンション等が建築されるものと認められる地域か、あるいは、②何らかの事情（例えば道路の幅員）により都市計画法で定めた容積率を活用することができない地域であると考えられる。したがって、②のような例外的な場合を除き、容積率により判定することが相当である。

5　市街化調整区域内の土地に係る広大地の評価について

(1)　市街化調整区域内の土地の分類

　平成12年の「都市計画法及び建築基準法の一部を改正する法律」により、開発許可制度は、地域の実情に応じた柔軟な土地利用規制を実現するために柔軟な規制が行える体系に整備されることとなった。具体的には、旧「既存宅地」制度を、経過措置を設けて廃止することとし、都道府県（指定都市等又は事務処理市町村の区域内にあっては、当該指定都市等又は事務処理市町村。以下同じ。）が条例で区域を定め、その区域においては周辺環境の保全上支障がない用途の建築物の建築等を目的とする開発行為を許可対象とした（都市計画法第34条第八号の三）。

(注)　旧「既存宅地」制度とは、改正前の都市計画法第43条第1項第6号に基づく制度で、市街化区域に近接し50戸以上の建築物が連たんするなどの地域に存し、市街化区域及び市街化調整区域の線引き前からの宅地であったとして、都道府県知事等の確認を受けた宅地を通常、既存宅地という。

　上記の法律改正に伴い、市街化調整区域内の土地については、「条例指定区域内の土地」及び「それ以外の区域内の土地」の2つに分類することができる。

イ　条例指定区域内の土地

　「条例指定区域内の土地」とは、上記の都市計画法の定めにより開発行為を許可することができることとされた区域内の土地であり、具体的には、「市街化区域に隣接し、又は近接し、かつ、自然的社会的諸条件から市街化区域と一体的な日常生活圏を構成していると認められる地域であっておおむね50以上の建築物が連たんしている地域」のうち、都道府県の条例で指定する区域内の土地をいう。

　当該区域内の土地については、都道府県知事は、開発区域及びその周辺の地域の環境の保全上支障があると認められる用途として都道府県の条例で定めるものに該当しないものについて、開発を許可することができることとされている。したがって、その区域内のすべての土地について、都市計画法上の規制は一律となる一方、許可対象とされる区域の詳細や建築物の用途等は、都道府県の条例により定められることとなるため、それぞれの地域によってその内容が異なることとなる。

ロ　それ以外の区域内の土地

　上記イ以外の区域内の土地については、原則として、周辺地域住民の日常生活用品の店舗や農林漁業用の一定の建築物などの建築の用に供する目的など、一定のもの以外は開発行為を行うことができない。

(2)　広大地に該当するかどうかの判定

　上記(1)より、市街化調整区域内の宅地が広大地に該当するかどうかについては、「条例指定区域内の宅地」であり、都道府県の条例の内容により、戸建分譲を目的とした開発行為を行うことができる場合には広大地に該当するが、それ以外の区域内に存するものについては、広大地に該当しない。

　また、市街化調整区域内の雑種地で、宅地に比準して評価する場合については、宅地の場合と同様に取り扱うことが相当である。

(参考1)　○　広大地評価の面積基準のイメージ（本書184頁参照）
(参考2)　○　広大地評価フローチャート（本書182頁参照）

著者紹介

吉田　正毅（よしだ・まさたけ）

弁護士

平成20年弁護士登録（第二東京弁護士会）、牛島総合法律事務所入所、平成24年二重橋法律事務所入所、平成25年〜28年名古屋国税不服審判所国税審判官を務める。平成28年渋谷法律事務所入所、現在に至る。

第38回日税研究賞入選（平成27年7月）。

著作に「広大地の評価に係る判決及び裁決の検討(1)〜(5)」（月刊「税理」平成28年1月号〜5月号）ほか多数。

山田　美典（やまだ・よしのり）

税理士・公認会計士

昭和63年監査法人伊東会計事務所入所、平成4年公認会計士登録、平成18年あらた監査法人（現PwCあらた有限責任監査法人）代表社員、平成24年〜公認会計士・税理士山田美典事務所所長、現在に至る。平成25年〜27年日本公認会計士協会主任研究員を務める。

共著『わかりやすい損金処理判断の手引』税務処理研究会　新日本法規出版㈱ほか。大手住宅会社の税務顧問を務め、相続申告・相談を実施。

村上　直樹（むらかみ・なおき）

不動産鑑定士

平成12年・13年に不動産鑑定士試験第2次試験・試験委員を、平成18年〜国税庁：評価(Ⅱ)研修講師を務める。

前職の東京建物㈱では不動産の鑑定評価・マンション用地取得や再開発等を手掛け、平成23年に独立・開業し現在に至る。

京都府：綾部市ふるさと大使、上場J–REIT投資委員会外部委員

新旧徹底比較!!
決定版　新しい広大地評価の実務

平成 29 年 12 月 21 日　第 1 刷発行
平成 30 年　7 月 11 日　第 3 刷発行

著　者　　吉田　正毅／山田　美典／村上　直樹

発　行　　株式会社 ぎょうせい

〒136-8575　東京都江東区新木場 1 - 18 - 11
電話　編集　03-6892-6508
営業　03-6892-6666
フリーコール　0120-953-431

〈検印省略〉

URL:https://gyosei.jp

印刷　ぎょうせいデジタル㈱　　　　　　　　©2017 Printed in Japan
※乱丁・落丁本はお取り替えいたします。

ISBN978-4-324-10437-8
(5108394-00-000)
〔略号：決定新広大地〕